# RACISMO RELIGIOSO

Hédio Silva Jr.

# RACISMO RELIGIOSO

Histórico e aparato jurídico do ódio ao legado civilizatório africano

2025

- O autor deste livro e a editora empenharam seus melhores esforços para assegurar que as informações e os procedimentos apresentados no texto estejam em acordo com os padrões aceitos à época da publicação, *e todos os dados foram atualizados pelo autor até a data de fechamento da obra*. Entretanto, tendo em conta a evolução das ciências, as atualizações legislativas, as mudanças regulamentares governamentais e o constante fluxo de novas informações sobre os temas que constam do livro, recomendamos enfaticamente que os leitores consultem sempre outras fontes fidedignas, de modo a se certificarem de que as informações contidas no texto estão corretas e de que não houve alterações nas recomendações ou na legislação regulamentadora.

- Data do fechamento do livro: 17/12/2024

- O autor e a editora se empenharam para citar adequadamente e dar o devido crédito a todos os detentores de direitos autorais de qualquer material utilizado neste livro, dispondo-se a possíveis acertos posteriores caso, inadvertida e involuntariamente, a identificação de algum deles tenha sido omitida.

- Direitos exclusivos para a língua portuguesa
  *Copyright* ©2025 by
  **Saraiva Jur, um selo da SRV Editora Ltda.**
  *Uma editora integrante do GEN | Grupo Editorial Nacional*
  Travessa do Ouvidor, 11
  Rio de Janeiro – RJ – 20040-040

- **Atendimento ao cliente: https://www.editoradodireito.com.br/contato**

- Reservados todos os direitos. É proibida a duplicação ou reprodução deste volume, no todo ou em parte, em quaisquer formas ou por quaisquer meios (eletrônico, mecânico, gravação, fotocópia, distribuição pela Internet ou outros), sem permissão, por escrito, da **SRV Editora Ltda.**

- Capa: Tiago Dela Rosa
  Diagramação: Eramos Serviços Editoriais

- **DADOS INTERNACIONAIS DE CATALOGAÇÃO NA PUBLICAÇÃO (CIP)
  ODILIO HILARIO MOREIRA JUNIOR – CRB-8/9949**

S586r    Silva Jr., Hédio
Racismo Religioso: Histórico e aparato jurídico do ódio ao legado civilizatório africano / Hédio Silva Jr. - São Paulo : Saraiva Jur, 2025.

184 p.
ISBN 978-65-5362-950-9 (Impresso)

1. Direito. 2. Racismo Religioso. I. Título.

                          CDD 340
2023-3206            CDU 34

Índices para catálogo sistemático:
1. Direito   340
2. Direito   34

Respeite o direito autoral

# Sumário

**Capítulo I**
INTRODUÇÃO......................................................................... 1

**Capítulo II**
RACISMO RELIGIOSO............................................................. 31
II.1. Racismo Religioso e a recente alteração na Lei n. 7.716/89.......... 35

**Capítulo III**
NOTAS SOBRE O HISTÓRICO DO SISTEMA JURÍDICO E RACISMO
RELIGIOSO NO BRASIL .......................................................... 41

**Capítulo IV**
RACISMO RELIGIOSO NA LEGISLAÇÃO PENAL PRETÉRITA E
VIGENTE ............................................................................... 51

**Capítulo V**
RACISMO RELIGIOSO, INCONSTITUCIONALIDADE E SELETIVIDADE
NO CÓDIGO PENAL E NO CÓDIGO DE PROCESSO PENAL EM VIGOR...... 65

**Capítulo VI**
LIBERDADE DE CRENÇA, DE CULTO E DE LITURGIA NA CONSTITUIÇÃO
DE 1988 ................................................................................ 81
VI.1. A menção a Deus no preâmbulo da Constituição Federal ............. 81
VI.2. Estado laico................................................................... 84
VI.3. Objeção ou escusa de consciência e proteção da ética e sentimento
    religiosos........................................................................ 93
VI.4. Proteção aos locais de culto e liturgias................................... 99

**Capítulo VII**
O ENCAPSULAMENTO DA LEI PELA INTERPRETAÇÃO JURÍDICA
CRISTÃ ................................................................................. 109
VII.1. A fixação de crucifixos em espaços públicos ........................... 109
VII.2. A previsão do uso da Bíblia nos regimentos de casas legislativas..... 112

VII.3. A mensagem religiosa nas cédulas da moeda nacional .................. 114
VII.4. A questão dos feriados religiosos........................................... 116

## Capítulo VIII
CONSTITUIÇÃO FEDERAL PRESCREVE A VALORIZAÇÃO DA DIVERSIDADE E PROTEGE AS MANIFESTAÇÕES CULTURAIS AFRO-BRASILEIRAS, COROLÁRIOS DO PRINCÍPIO CONSTITUCIONAL DO PLURALISMO ........ 119

## Capítulo IX
HONRA E DIGNIDADE DOS GRUPOS RELIGIOSOS INTEGRAM O PATRIMÔNIO SOCIAL E CULTURAL, CONFORME DISPOSIÇÃO EXPRESSA DA LEI DA AÇÃO CIVIL PÚBLICA ................................................................. 121

## Capítulo X
ESTATUTO DA IGUALDADE RACIAL: IGUALDADE JURÍDICA DAS RELIGIÕES AFRO-BRASILEIRAS ................................................................. 123

## Capítulo XI
DAS GRAVES E CRESCENTES VIOLAÇÕES DE DIREITOS HUMANOS DOS ADEPTOS DAS RELIGIÕES AFRO-BRASILEIRAS......................... 127

## Capítulo XII
DOS ATAQUES AO PATRIMÔNIO CULTURAL AFRO-BRASILEIRO......... 131

## Capítulo XIII
DO ABUSO DA LIBERDADE DE RADIODIFUSÃO, PREVISTO TEXTUALMENTE NO CÓDIGO BRASILEIRO DE TELECOMUNICAÇÕES .............. 139

## Capítulo XIV
LIBERDADE DE EXPRESSÃO, PROSELITISMO RELIGIOSO E DISCURSO DE ÓDIO ........................................................................................ 143
XIV.1. Direito de divulgar a própria crença inclui apologia ao infanticídio, feminicídio, extermínio de homossexuais, estupro coletivo, dentre outras prescrições bíblicas?................................................................. 160

## Capítulo XV
RESPONSABILIDADE PELO RACISMO É DO ESTADO, DAS INSTITUIÇÕES PÚBLICAS E PRIVADAS E DOS INDIVÍDUOS ......................................... 165

**Capítulo XVI**
DA TOLERÂNCIA COMO PRINCÍPIO DE POLÍTICA PÚBLICA ............... 171

REFERÊNCIAS ................................................................... 175

# Capítulo I
# INTRODUÇÃO

Por honestidade intelectual e compromisso ético com o Movimento Negro brasileiro, devo iniciar este modesto texto registrando duas considerações preliminares.

A primeira é que o título do livro me obriga a uma aparente adjetivação do racismo.

Faço-o a contragosto pela única e exclusiva razão de que o crescente e alarmante fenômeno da intolerância religiosa no Brasil tem um alvo preferencial, para não dizer único – as religiões afro-brasileiras –, mas estende-se ao rico patrimônio cultural material e imaterial de que é exemplo a capoeira, o acarajé, o carnaval, o samba, o Cais do Valongo, o que significa dizer que a intolerância em sua acepção ordinária seria insuficiente para descrever as violações de direitos dos milhões de brasileiros que professam as religiões de matriz africana.

Isto porque os insultos, ofensas, ultrajes, ataques morais e físicos direcionam-se a todo o legado civilizatório resultante do tráfico transatlântico e da pujança da presença negra no Brasil, tendo a religiosidade como face mais visível, mas irradiando-se por toda a herança africana e tudo o que ela representa em termos de contribuição para a edificação econômica, social e cultural do país.

Neste contexto, a expressão **racismo religioso** cumpre a relevante função de impedir a redução do problema a dissensos ou antagonismos entre confissões religiosas, inclusive porque muito embora diferentes segmentos religiosos, comunidades indígenas, como também ateus e agnósticos enfrentem violências e constrangimentos no cotidiano, o discurso sistemático de ódio direciona-se exclusivamente às religiões afro-brasileiras. O vocábulo religioso designa, neste contexto, uma forma de expressão do racismo, não uma adjetivação.

O segundo registro é que o fenômeno da religiosidade afro-brasileira ilustra a vitalidade, a exuberância e a força do legado africano: estudo que empreendemos em 2016 para a Prefeitura de São Paulo, em parceria com a socióloga Lena Garcia, demonstrou que na cidade de São Paulo cerca de 70% da base das confissões neopentecostais é negra, ao passo que 70% dos adeptos das religiões afro-brasileiras são brancos, não sendo desarrazoado supor que tais dados tendem a refletir a realidade de todo o país[1]. Vale dizer, mesmo enfrentando um

---

[1] Prefeitura de São Paulo. *Diversidade étnico-racial e pluralismo religioso no município de São Paulo*. Hédio Silva Jr. e Marcilene Lena Garcia de Souza, São Paulo, 2016.

ininterrupto e atroz processo de perseguição, desprovidas de pretensões hegemônicas e do acesso a rádio ou TV, abstendo-se de abordar pessoas nas ruas ou em suas residências, sem atacarem outras religiões, sem trânsito nos espaços de poder e sem bancadas parlamentares, as religiões afro-brasileiras constituem espaços inclusivos, de brasileiros negros ou brancos, lembrando que o Rio Grande do Sul, um dos estados mais brancos do país, registra a existência de cerca de 70 mil templos afro-brasileiros.

A presença de uma instituição religiosa altaneira, fulgurante e de abrangência nacional, fenômeno único na diáspora e inclusive no continente africano, explica o êxito do discurso de ódio religioso, que constrói impérios baseados na difamação das religiões afro-brasileiras, utilizando-as como fator de representação terrena do mal e difusão do medo, um embuste discursivo cujo resultado pode ser constatado inclusive em cifras milionárias publicadas na glamourosa revista *Forbes*.

Se no passado, conforme veremos, a perseguição às religiões afro-brasileiras resultava da atrocidade escravagista associada à tirania da então religião oficial de estado, atualmente a perseguição serve, parafraseando o Prof. Sidnei Barreto, a um insaciável projeto econômico, político e religioso, que não apenas vulnera a dignidade da pessoa humana e o Estado Democrático de Direito como também põe em risco a paz social, esgarça o tecido social e insufla conflitos sociais cada dia mais iminentes.

Nossa pretensão neste ensaio resume-se a apontamentos panorâmicos deste fenômeno que ocupa crescente espaço na agenda política do país e apresenta-se como um dos maiores desafios para o sistema de justiça e a consolidação da democracia.

Feitos estes registros, iniciemos pelo enfrentamento do título central do livro, seguido da digressão histórica, da persistência do racismo religioso na lei penal vigente e dos contornos fáticos, jurídicos e sociais da exploração atual do ódio religioso.

## CRIME RACIAL NA CONSTITUIÇÃO DE 1988

O Título I da Constituição Federal prescreve pelo menos dois princípios endereçados especificamente à obrigação estatal de promoção da igualdade racial e vedação ao racismo, nestes termos:

> Art. 3º. Constituem **objetivos fundamentais** da República Federativa do Brasil:
> (...)
> IV – **promover o bem de todos, sem preconceitos** de origem, **raça**, sexo, **cor**, idade e quaisquer outras formas de discriminação.
> Art. 4º. A **República Federativa do Brasil rege-se** nas suas relações internacionais **pelos seguintes princípios**:
> (...)
> VIII – **repúdio** ao terrorismo e **ao racismo**;

## Capítulo I • Introdução

No âmbito sancionatório, sem olvidarmos da dimensão promocional sobre a qual discorremos brevemente adiante, a inscrição destes preceptivos no catálogo dos Princípios Fundamentais da República acarreta relevantes implicações.

A título de ilustração, assinale-se que o Estado não está autorizado a renunciar ao exercício da pretensão punitiva como na hipótese de Acordo de Não Persecução Penal (CPP, art. 28-A), inaplicável aos crimes raciais conforme proclamado pelo STF:

> Recurso Ordinário em *Habeas Corpus*. Penal e processual penal. Agravo regimental. Princípio da dialeticidade recursal. Observância. Necessidade. Embargos de declaração. Tese defensiva. Inovação. Impossibilidade. **Crime racial. Acordo de não persecução penal. Inaplicabilidade.** Recurso ordinário não provido. **1. A construção e o efetivo alcance de uma sociedade fraterna, pluralista e sem preconceitos, tal como previsto no preâmbulo da Constituição Federal, perpassa, inequivocamente, pela ruptura com a *praxis* de uma sociedade calcada no constante exercício da dominação e desrespeito à dignidade da pessoa humana. 2. A promoção do bem de todos, aliás, sem preconceitos de origem, raça, sexo, cor, idade e quaisquer outras formas de discriminação constitui um dos objetivos fundamentais da República Federativa do Brasil, elencados no art. 3º da Constituição Federal de 1988. 3. Assim, a delimitação do alcance material para a aplicação do acordo "despenalizador" e a inibição da *persecutio criminis* exige conformidade com o texto Constitucional e com os compromissos assumidos pelo Estado brasileiro internacionalmente, como limite necessário para a preservação do direito fundamental à não discriminação e à não submissão à tortura – seja ela psicológica ou física, ao tratamento desumano ou degradante, operada pelo conjunto de sentidos estereotipados que circula e que atribui tanto às mulheres quanto às pessoas negras posição inferior, numa perversa hierarquia de humanidades. 4. Considerada, pois, a teleologia da excepcionalidade imposta na norma e a natureza do bem jurídico a que se busca tutelar, tal como os casos previstos no inciso IV do art. 28 do CPP, o Acordo de Não Persecução Penal (ANPP) não abarca os crimes raciais, assim também compreendidos aqueles previstos no art. 140, § 3º, do Código Penal (HC 154248)**. 5. Recurso ordinário em *habeas corpus* não provido (STF – 2ª Turma, RHC 222599, Rel. Edson Fachin, j. em 7-2-2023).

Referido julgado torna questionável inclusive o manejo de certos institutos do processo infracional tais como o arquivamento e remição ministerial (ECA, arts. 180, I, II, e 181, § 1º), bem como a remissão judicial (ECA, arts. 186, § 1º, e 188) baseados em alegada ínfima lesividade, princípio da insignificância ou criminalidade de bagatela nas hipóteses de ato infracional análogo aos delitos raciais.

Não se ignora que o principal escopo da jurisdição juvenil não é a imposição de punição ao adolescente, mas sim a implementação de medidas educativas, uma convenção semântica que não desonera o Estado de observar a inafastável censura constitucional a qualquer discriminação racial ilícita.

Outro efeito prático, por assim dizer, da inscrição do repúdio ao racismo no índice dos princípios constitucionais sensíveis, diz respeito à possibilidade de intervenção federal ou estadual para cessar violações de direito motivadas por discrímen racial:

> CF, art. 25. Os **Estados organizam-se e regem-se pelas Constituições** e leis que adotarem, **observados os princípios desta Constituição**.
>
> CF, art. 29. O **Município reger-se-á por lei orgânica**, votada em dois turnos, com o interstício mínimo de dez dias, e aprovada por dois terços dos membros da Câmara Municipal, que a promulgará, **atendidos os princípios estabelecidos nesta Constituição, na Constituição do respectivo Estado** e os seguintes preceitos:
>
> CF, art. 34. **A União não intervirá nos Estados nem no Distrito Federal, exceto para**:
> (...)
> VII – **assegurar a observância dos seguintes princípios constitucionais**:
> (...)
> b) **direitos da pessoa humana**;
>
> CF, art. 35. **O Estado não intervirá em seus Municípios**, nem a União nos Municípios localizados em Território Federal, exceto quando:
> (...)
> IV – o Tribunal de Justiça der provimento a representação para assegurar a **observância de princípios indicados na Constituição Estadual**, ou para prover a execução de lei, de ordem ou de decisão judicial.

Instrumento de exceção previsto na Carta da República, a intervenção federal ou estadual suspende temporariamente a autonomia de ente federativo (estados, Distrito Federal ou municípios) merecendo registro os casos de intervenção federal no Rio de Janeiro e Roraima (2018) e no Distrito Federal (2023).

Retomando o eixo nuclear deste ensaio anote-se que além de sua inscrição na lista dos princípios constitucionais sensíveis, a censura ao racismo integra o elenco dos mandados constitucionais de criminalização descritos magistralmente pelo lendário Ministro Celso de Mello no julgamento do HC 102.087:

> "*Habeas Corpus*. Porte ilegal de arma de fogo desmuniciada. (a) Tipicidade da conduta. Controle de constitucionalidade das leis penais. **Mandados constitucionais de criminalização e modelo exigente de controle de constitucionalidade das leis em matéria penal**. Crimes de perigo abstrato em face do princípio da proporcionalidade. Legitimidade da

criminalização do porte de arma desmuniciada. Ordem denegada. 1. **Controle de constitucionalidade das leis penais. 1.1. Mandados constitucionais de criminalização: A Constituição de 1988 contém significativo elenco de normas que, em princípio, não outorgam direitos, mas que, antes, determinam a criminalização de condutas (CF, art. 5º, XLI, XLII, XLIII, XLIV; art. 7º, X; art. 227, § 4º). Em todas essas é possível identificar um mandado de criminalização expresso, tendo em vista os bens e valores envolvidos. Os direitos fundamentais não podem ser considerados apenas proibições de intervenção (*Eingriffsverbote*), expressando também um postulado de proteção (*Schutzgebote*). Pode-se dizer que os direitos fundamentais expressam não apenas uma proibição do excesso (*Übermassverbote*), como também podem ser traduzidos como proibições de proteção insuficiente ou imperativos de tutela (*Untermassverbote*). Os mandados constitucionais de criminalização, portanto, impõem ao legislador, para seu devido cumprimento, o dever de observância do princípio da proporcionalidade como proibição de excesso e como proibição de proteção insuficiente.** 1.2. Modelo exigente de controle de constitucionalidade das leis em matéria penal, baseado em níveis de intensidade: Podem ser distinguidos 3 (três) níveis ou graus de intensidade do controle de constitucionalidade de leis penais, consoante as diretrizes elaboradas pela doutrina e jurisprudência constitucional alemã: a) controle de evidência (*Evidenzkontrolle*); b) controle de sustentabilidade ou justificabilidade (*Vertretbarkeitskontrolle*); c) controle material de intensidade (*intensivierten inhaltlichen Kontrolle*). O Tribunal deve sempre levar em conta que a Constituição confere ao legislador amplas margens de ação para eleger os bens jurídicos penais e avaliar as medidas adequadas e necessárias para a efetiva proteção desses bens. Porém, uma vez que se ateste que as medidas legislativas adotadas transbordam os limites impostos pela Constituição – o que poderá ser verificado com base no princípio da proporcionalidade como proibição de excesso (*Übermassverbot*) e como proibição de proteção deficiente (*Untermassverbot*) –, deverá o Tribunal exercer um rígido controle sobre a atividade legislativa, declarando a inconstitucionalidade de leis penais transgressoras de princípios constitucionais. 2. CRIMES DE PERIGO ABSTRATO. PORTE DE ARMA. PRINCÍPIO DA PROPORCIONALDIADE. A Lei n. 10.826/2003 (Estatuto do Desarmamento) tipifica o porte de arma como crime de perigo abstrato. De acordo com a lei, constituem crimes as meras condutas de possuir, deter, portar, adquirir, fornecer, receber, ter em depósito, transportar, ceder, emprestar, remeter, empregar, manter sob sua guarda ou ocultar arma de fogo. Nessa espécie de delito, o legislador penal não toma como pressuposto da criminalização a lesão ou o perigo de lesão concreta a determinado bem jurídico. Baseado em dados empíricos, o legislador seleciona grupos ou classes de ações que geralmente levam consigo o indesejado perigo ao bem jurídico. A criação de crimes de perigo abstrato não representa, por si só, comportamento inconstitucional por parte do legislador penal. A tipificação de condutas que geram perigo em abstrato, muitas vezes, acaba sendo a melhor alternativa ou a medida mais eficaz para a proteção de bens jurídico-penais supraindividuais ou de caráter coletivo, como, por exemplo, o meio ambiente, a saúde etc. Portanto, pode o legislador, dentro de suas amplas margens de avaliação e de decisão, definir quais as medidas mais adequadas e necessárias para a efetiva proteção de determinado bem jurídico, o que lhe permite escolher espécies de tipificação próprias de um direito penal preventivo. Apenas a atividade legislativa que, nessa hipótese, transborde os limites da proporcionalidade, poderá ser tachada de inconstitucional. 3. LEGITIMIDADE DA CRIMINALIZAÇÃO DO PORTE DE ARMA. Há, no contexto empírico legitimador da veiculação da norma, aparente lesividade da conduta, porquanto se tutela a segurança pública (arts. 6º e 144, CF) e indiretamente a vida, a liberdade, a integridade física e psíquica do indivíduo etc. Há inequívoco interesse público e social na proscrição da conduta. É que a arma de fogo, diferentemente de outros objetos e artefatos (faca, vidro etc.) tem, inerente à sua natureza, a característica da lesividade. A danosidade é intrínseca ao objeto. A questão, portanto, de possíveis injustiças pontuais, de absoluta ausência de significado lesivo deve ser aferida concretamente e não em linha diretiva de ilegitimidade normativa. 4. ORDEM DENEGADA" (STF – 2ªTurma, HC 102087, Rel. Celso de Mello, Rel. p/ Ac. Gilmar Mendes, j. em 28-2-2012).

A luminosa interpretação assinada por nossa Corte Suprema encarece o destaque conferido pelo constituinte originário à prática do racismo (CF, art. 5º, XLII), demarcando-a das demais práticas discriminatórias violadoras de direitos (art. 5º, XLI), porquanto atribui-lhe o gravoso estatuto da inafiançabilidade, imprescritibilidade e pena de reclusão.

Dois outros mandados constitucionais de criminalização, a propósito, refutam a fiança, os incisos XLIII e XLIV do art. 5º, os quais, sob o ângulo da censurabilidade constitucional, equiparam a prática do racismo aos crimes hediondos, à tortura, ao tráfico de entorpecentes e drogas afins, ao terrorismo, e à ação armada contra o Estado Democrático de Direito.

Em obediência ao mandado de criminalização do art. 5º, XLI, e imediata eficácia dos direitos fundamentais (art. 5º, § 1º) e reconhecendo deplorável omissão legislativa, a Corte Suprema estendeu a tipificação do crime racial à discriminação por orientação sexual ou identidade de gênero, até que o Congresso Nacional venha legislar a respeito:

> Ação direta de inconstitucionalidade por omissão. Exposição e sujeição dos homossexuais, transgêneros e demais integrantes da comunidade LGBTI+ a graves ofensas aos seus direitos fundamentais em decorrência de superação irrazoável do lapso temporal necessário à implementação dos mandamentos constitucionais de criminalização instituídos pelo texto constitucional (CF, art. 5º, XLI e XLII). A ação direta de inconstitucionalidade por omissão como instrumento de concretização das cláusulas constitucionais frustradas, em sua eficácia, por injustificável inércia do poder público. A situação de inércia do estado em relação à edição de diplomas

legislativos necessários à punição dos atos de discriminação praticados em razão da orientação sexual ou da identidade de gênero da vítima. A questão da "ideologia de gênero". Soluções possíveis para a colmatação do estado de mora inconstitucional: (a) cientificação ao congresso nacional quanto ao seu estado de mora inconstitucional e (b) enquadramento imediato das práticas de homofobia e de transfobia, mediante interpretação conforme (que não se confunde com exegese fundada em analogia *in malam partem*), no conceito de racismo previsto na Lei n. 7.716/89. Inviabilidade da formulação, em sede de processo de controle concentrado de constitucionalidade, de pedido de índole condenatória fundado em alegada responsabilidade civil do estado, eis que, em ações constitucionais de perfil objetivo, não se discutem situações individuais ou interesses subjetivos. Impossibilidade jurídico-constitucional de o Supremo Tribunal Federal, mediante provimento jurisdicional, tipificar delitos e cominar sanções de direito penal, eis que referidos temas submetem-se à cláusula de reserva constitucional de lei em sentido formal (CF, art. 5º, XXXIX) considerações em torno dos registros históricos e das práticas sociais contemporâneas que revelam o tratamento preconceituoso, excludente e discriminatório que tem sido dispensado à vivência homoerótica em nosso país: "o amor que não ousa dizer o seu nome" (Lord Alfred Douglas, do poema "Two Loves", publicado em *The Chameleon*, 1894, verso erroneamente atribuído a Oscar Wilde). A violência contra integrantes da comunidade lgbti+ ou "a banalidade do mal homofóbico e transfóbico" (Paulo Roberto Lotti Vecchiatti): uma inaceitável (e cruel) realidade contemporânea. O poder judiciário, em sua atividade hermenêutica, há de tornar efetiva a reação do estado na prevenção e repressão aos atos de preconceito ou de discriminação praticados contra pessoas integrantes de grupos sociais vulneráveis. A questão da intolerância, notadamente quando dirigida contra a comunidade LGBTI+: a inadmissibilidade do discurso de ódio (Convenção Americana de Direitos Humanos, art. 13, § 5º). A noção de tolerância como a harmonia na diferença e o respeito pela diversidade das pessoas e pela multiculturalidade dos povos. Liberdade religiosa e repulsa à homotransfobia: convívio constitucionalmente harmonioso entre o dever estatal de reprimir práticas ilícitas contra membros integrantes do grupo LGBTI+ e a liberdade fundamental de professar, ou não, qualquer fé religiosa, de proclamar e de viver segundo seus princípios, de celebrar o culto e concernentes ritos litúrgicos e de praticar o proselitismo (ADI 2.566/DF, red. p/ o acórdão Min. Edson Fachin), sem quaisquer restrições ou indevidas interferências do poder público. República e laicidade estatal: a questão da neutralidade axiológica do poder público em matéria religiosa. O caráter histórico do Decreto n. 119-A, de 7-1-1890, editado pelo governo provisório da república, que aprovou projeto elaborado por Ruy Barbosa e por Demétrio Nunes Ribeiro. Democracia constitucional, proteção dos grupos vulneráveis e função contramajoritária do supremo tribunal federal no exercício de sua jurisdição constitucional. A busca da felicidade como derivação constitucional implícita do princípio fundamental da dignidade da pessoa humana. Uma observação final: o significado da defesa da constituição pelo supremo tribunal federal. Ação direta de inconstitucionalidade por omissão conhecida, em parte, e, nessa extensão, julgada procedente, com eficácia geral e efeito vinculante. Aprovação, pelo plenário do Supremo Tribunal Federal, das teses propostas pelo relator,

Ministro Celso de Mello. Práticas homofóbicas e transfóbicas configuram atos delituosos passíveis de repressão penal, por efeito de mandados constitucionais de criminalização (CF, art. 5º, XLI e XLII), por traduzirem expressões de racismo em sua dimensão social – Até que sobrevenha lei emanada do Congresso Nacional destinada a implementar os mandados de criminalização definidos nos incisos XLI e XLII do art. 5º da Constituição da República, as condutas homofóbicas e transfóbicas, reais ou supostas, que envolvem aversão odiosa à orientação sexual ou à identidade de gênero de alguém, por traduzirem expressões de racismo, compreendido este em sua dimensão social, ajustam-se, por identidade de razão e mediante adequação típica, aos preceitos primários de incriminação definidos na Lei n. 7.716, de 8-1-1989, constituindo, também, na hipótese de homicídio doloso, circunstância que o qualifica, por configurar motivo torpe (Código Penal, art. 121, § 2º, I, *in fine*). NINGUÉM PODE SER PRIVADO DE DIREITOS NEM SOFRER QUAISQUER RESTRIÇÕES DE ORDEM JURÍDICA POR MOTIVO DE SUA ORIENTAÇÃO SEXUAL OU EM RAZÃO DE SUA IDENTIDADE DE GÊNERO – Os integrantes do grupo LGBTI+, como qualquer outra pessoa, nascem iguais em dignidade e direitos e possuem igual capacidade de autodeterminação quanto às suas escolhas pessoais em matéria afetiva e amorosa, especialmente no que concerne à sua vivência homoerótica. Ninguém, sob a égide de uma ordem democrática justa, pode ser privado de seus direitos (entre os quais o direito à busca da felicidade e o direito à igualdade de tratamento que a Constituição e as leis da República dispensam às pessoas em geral) ou sofrer qualquer restrição em sua esfera jurídica em razão de sua orientação sexual ou de sua identidade de gênero! Garantir aos integrantes do grupo LGBTI+ a posse da cidadania plena e o integral respeito tanto à sua condição quanto às suas escolhas pessoais pode significar, nestes tempos em que as liberdades fundamentais das pessoas sofrem ataques por parte de mentes sombrias e retrógradas, a diferença essencial entre civilização e barbárie. AS VÁRIAS DIMENSÕES CONCEITUAIS DE RACISMO. O RACISMO, QUE NÃO SE RESUME A ASPECTOS ESTRITAMENTE FENOTÍPICOS, CONSTITUI MANIFESTAÇÃO DE PODER QUE, AO BUSCAR JUSTIFICAÇÃO NA DESIGUALDADE, OBJETIVA VIABILIZAR A DOMINAÇÃO DO GRUPO MAJORITÁRIO SOBRE INTEGRANTES DE GRUPOS VULNERÁVEIS (COMO A COMUNIDADE LGBTI+), FAZENDO INSTAURAR, MEDIANTE ODIOSA (E INACEITÁVEL) INFERIORIZAÇÃO, SITUAÇÃO DE INJUSTA EXCLUSÃO DE ORDEM POLÍTICA E DE NATUREZA JURÍDICO-SOCIAL – O conceito de racismo, compreendido em sua dimensão social, projeta-se para além de aspectos estritamente biológicos ou fenotípicos, pois resulta, enquanto manifestação de poder, de uma construção de índole histórico-cultural motivada pelo objetivo de justificar a desigualdade e destinada ao controle ideológico, à dominação política, à subjugação social e à negação da alteridade, da dignidade e da humanidade daqueles que, por integrarem grupo vulnerável (LGBTI+) e por não pertencerem ao estamento que detém posição de hegemonia em uma dada estrutura social, são considerados estranhos e diferentes, degradados à condição de marginais do ordenamento jurídico, expostos, em consequência de odiosa inferiorização e de perversa estigmatização, a uma injusta e lesiva situação de exclusão do sistema geral de proteção do direito. COMPATIBILIDADE

# Capítulo I • Introdução

CONSTITUCIONAL ENTRE A REPRESSÃO PENAL À HOMOTRANSFOBIA E A INTANGIBILIDADE DO PLENO EXERCÍCIO DA LIBERDADE RELIGIOSA – A repressão penal à prática da homotransfobia não alcança nem restringe ou limita o exercício da liberdade religiosa, qualquer que seja a denominação confessional professada, a cujos fiéis e ministros (sacerdotes, pastores, rabinos, mulás ou clérigos muçulmanos e líderes ou celebrantes das religiões afro-brasileiras, entre outros) é assegurado o direito de pregar e de divulgar, livremente, pela palavra, pela imagem ou por qualquer outro meio, o seu pensamento e de externar suas convicções de acordo com o que se contiver em seus livros e códigos sagrados, bem assim o de ensinar segundo sua orientação doutrinária e/ou teológica, podendo buscar e conquistar prosélitos e praticar os atos de culto e respectiva liturgia, independentemente do espaço, público ou privado, de sua atuação individual ou coletiva, desde que tais manifestações não configurem discurso de ódio, assim entendidas aquelas exteriorizações que incitem a discriminação, a hostilidade ou a violência contra pessoas em razão de sua orientação sexual ou de sua identidade de gênero. TOLERÂNCIA COMO EXPRESSÃO DA "HARMONIA NA DIFERENÇA" E O RESPEITO PELA DIVERSIDADE DAS PESSOAS E PELA MULTICULTURALIDADE DOS POVOS. A PROTEÇÃO CONSTITUCIONAL DA LIBERDADE DE MANIFESTAÇÃO DO PENSAMENTO, POR REVESTIR-SE DE CARÁTER ABRANGENTE, ESTENDE-SE, TAMBÉM, ÀS IDEIAS QUE CAUSEM PROFUNDA DISCORDÂNCIA OU QUE SUSCITEM INTENSO CLAMOR PÚBLICO OU QUE PROVOQUEM GRAVE REJEIÇÃO POR PARTE DE CORRENTES MAJORITÁRIAS OU HEGEMÔNICAS EM UMA DADA COLETIVIDADE – As ideias, nestas compreendidas as mensagens, inclusive as pregações de cunho religioso, podem ser fecundas, libertadoras, transformadoras ou, até mesmo, revolucionárias e subversivas, provocando mudanças, superando imobilismos e rompendo paradigmas até então estabelecidos nas formações sociais. O verdadeiro sentido da proteção constitucional à liberdade de expressão consiste não apenas em garantir o direito daqueles que pensam como nós, mas, igualmente, em proteger o direito dos que sustentam ideias (mesmo que se cuide de ideias ou de manifestações religiosas) que causem discordância ou que provoquem, até mesmo, o repúdio por parte da maioria existente em uma dada coletividade. O caso "United States v. Schwimmer" (279 U.S. 644, 1929): o célebre voto vencido ("dissenting opinion") do Justice OLIVER WENDELL HOLMES JR. É por isso que se impõe construir espaços de liberdade, em tudo compatíveis com o sentido democrático que anima nossas instituições políticas, jurídicas e sociais, para que o pensamento – e, particularmente, o pensamento religioso – não seja reprimido e, o que se mostra fundamental, para que as ideias, especialmente as de natureza confessional, possam florescer, sem indevidas restrições, em um ambiente de plena tolerância, que, longe de sufocar opiniões divergentes, legitime a instauração do dissenso e viabilize, pelo conteúdo argumentativo do discurso fundado em convicções antagônicas, a concretização de valores essenciais à configuração do Estado Democrático de Direito: o respeito ao pluralismo e à tolerância. – O discurso de ódio, assim entendidas aquelas exteriorizações e manifestações que incitem a discriminação, que estimulem a hostilidade ou que provoquem a violência (física ou moral) contra pessoas em razão de sua orientação sexual ou de sua identidade de gênero, não encontra amparo na liberdade constitucional de expressão nem na Convenção Americana de Direitos Humanos (art. 13, § 5º), que expressamente o repele. A QUESTÃO DA OMISSÃO NORMATIVA E DA SUPERAÇÃO TEMPORAL IRRAZOÁVEL NA IMPLEMENTAÇÃO DE ORDENS CONSTITUCIONAIS DE LEGISLAR. A INSTRUMENTALIDADE DA AÇÃO DIRETA POR OMISSÃO NA COLMATAÇÃO E CONCRETIZAÇÃO DAS CLÁUSULAS CONSTITUCIONAIS FRUSTRADAS, EM SUA EFICÁCIA, POR INJUSTIFICÁVEL INÉRCIA DO PODER PÚBLICO. A omissão do Estado – que deixa de cumprir, em maior ou em menor extensão, a imposição ditada pelo texto constitucional (como aquela que deriva do art. 5º, XLI e XLII, de nossa Lei Fundamental) – qualifica-se como comportamento revestido de intensa gravidade político-jurídica, eis que, mediante inércia, o Poder Público também desrespeita a Constituição, também ofende direitos que nela se fundam e também impede, por ausência (ou insuficiência) de medidas concretizadoras, a própria aplicabilidade dos postulados da Lei Fundamental. Doutrina. Precedentes (ADI 1.458-MC/DF, Rel. Min. Celso de Mello, *v.g.*). – Nada mais nocivo, perigoso e ilegítimo do que elaborar uma Constituição sem a vontade de fazê-la cumprir integralmente ou, então, do que a promulgar com o intuito de apenas executá-la com o propósito subalterno de torná-la aplicável somente nos pontos que se mostrarem convenientes aos desígnios dos governantes ou de grupos majoritários, em detrimento dos interesses maiores dos cidadãos ou, muitas vezes, em frontal desrespeito aos direitos das minorias, notadamente daquelas expostas a situações de vulnerabilidade. – A ação direta de inconstitucionalidade por omissão, nesse contexto, tem por objetivo provocar legítima reação jurisdicional que, expressamente autorizada e atribuída ao Supremo Tribunal Federal pela própria Carta Política, destina-se a impedir o desprestígio da Lei Fundamental, a neutralizar gestos de desprezo pela Constituição, a outorgar proteção a princípios, direitos e garantias nela proclamados e a obstar, por extremamente grave, a erosão da consciência constitucional. Doutrina. Precedentes do STF (STF – Tribunal Pleno, ADO 26, Rel. Min. Celso de Mello, j. 13-6-2019).

"Direito Constitucional. Mandado de injunção. Dever do estado de criminalizar as condutas atentatórias dos direitos fundamentais. Homotransfobia. Discriminação inconstitucional. Omissão do congresso nacional. Mandado de injunção julgado procedente.

1. É atentatório ao Estado Democrático de Direito qualquer tipo de discriminação, inclusive a que se fundamenta na orientação sexual das pessoas ou em sua identidade de gênero.

2. O direito à igualdade sem discriminações abrange a identidade ou expressão de gênero e a orientação sexual.

3. À luz dos tratados internacionais de que a República Federativa do Brasil é parte, dessume-se da leitura do texto da Carta de 1988 um mandado constitucional de criminalização no que pertine a toda e qualquer discriminação atentatória dos direitos e liberdades fundamentais.

4. A omissão legislativa em tipificar a discriminação por orientação sexual ou identidade de gênero ofende um sentido mínimo de justiça ao sinalizar que o sofri-

mento e a violência dirigida a pessoa gay, lésbica, bissexual, transgênera ou intersex é tolerada, como se uma pessoa não fosse digna de viver em igualdade. A Constituição não autoriza tolerar o sofrimento que a discriminação impõe.

5. A discriminação por orientação sexual ou identidade de gênero, tal como qualquer forma de discriminação, é nefasta, porque retira das pessoas a justa expectativa de que tenham igual valor.

6. Mandado de injunção julgado procedente, para (i) reconhecer a mora inconstitucional do Congresso Nacional; e (ii) aplicar, até que o Congresso Nacional venha a legislar a respeito, a Lei n. 7.716/89 a fim de estender a tipificação prevista para os crimes resultantes de discriminação ou preconceito de raça, cor, etnia, religião ou procedência nacional à discriminação por orientação sexual ou identidade de gênero" (STF – Tribunal Pleno, MI 4733, Relator Ministro Edson Fachin, j. 13-6-2019).

Importa sublinharmos ainda, no caso específico da prática do racismo, o mandado convencional de criminalização constante do Decreto n. 65.810, de 8 de dezembro de 1969, que ratificou a Convenção Internacional sobre a Eliminação de Todas as Formas de Discriminação Racial, normativa supralegal:

Art. I. Nesta Convenção, a expressão **discriminação racial significará qualquer distinção, exclusão, restrição ou preferência baseadas em raça, cor, descendência ou origem nacional ou étnica que tem por objetivo ou efeito anular ou restringir o reconhecimento, gozo ou exercício num mesmo plano (em igualdade de condição), de direitos humanos e liberdades fundamentais no domínio político, econômico, social, cultural ou em qualquer outro domínio de vida pública**.

Art. IV. Os Estados Partes condenam toda propaganda e todas as organizações que se inspirem em ideias ou teorias baseadas na superioridade de uma raça ou de um grupo de pessoas de uma certa cor ou de uma certa origem étnica ou que pretendem justificar ou encorajar qualquer forma de ódio e de discriminação raciais e comprometem-se a adotar imediatamente medidas positivas destinadas a eliminar qualquer incitação a uma tal discriminação ou quaisquer atos de discriminação com este objetivo, tendo em vista os princípios formulados na Declaração Universal dos Direitos do Homem e os direitos expressamente enunciados no artigo 5 da presente convenção, eles se comprometem principalmente:

a) a **declarar delitos puníveis por lei**, qualquer difusão de ideias baseadas na superioridade ou ódio raciais, **qualquer incitamento à discriminação racial, assim como quaisquer atos de violência ou provocação a tais atos**, dirigidos contra qualquer raça ou qualquer grupo de pessoas de outra cor ou de outra origem étnica, como também qualquer assistência prestada a atividades racistas, inclusive seu financiamento;

b) a declarar ilegais e a proibir as organizações assim como as atividades de propaganda organizada e qualquer outro tipo de atividade de propaganda que incitar à discriminação racial, e que a encorajar, e a **declarar delito punível por lei a participação nestas organizações ou nestas atividades**.

Art. V. De conformidade com as obrigações fundamentais enunciadas no artigo 2, os Estados Partes comprometem-se a proibir e a eliminar a **discriminação racial em todas as suas formas** e a garantir o direito de cada um à igualdade perante a lei sem distinção de raça, de cor ou de origem nacional ou étnica, principalmente no gozo dos seguintes direitos:
(...)
vii) **direito à liberdade** de pensamento, de consciência e **de religião**;

Signatário do tratado em tela, o Brasil obrigou-se a criminalizar a difusão ou incitação ao ódio racial ou religioso e quaisquer atos de violência baseados em raça, cor, etnia ou crença religiosa de modo que, em casos excepcionais, a ocorrência de condutas desta natureza autoriza a vítima inclusive a exercer a garantia constitucional do direito de petição (CF, art. 5º, XXXIV, *a*) visando pleitear o incidente de deslocamento de competência ou atribuição investigatória da polícia federal, ambos plasmados na Carta da República:

CF, art. 109. **Aos juízes federais compete processar e julgar**:
V – os **crimes previstos em tratado ou convenção internacional**, quando, **iniciada a execução no País, o resultado tenha ou devesse ter ocorrido no estrangeiro, ou reciprocamente**;
V-A – as **causas relativas a direitos humanos a que se refere o § 5º deste artigo**;
(...)
§ 5º Nas hipóteses de **grave violação de direitos humanos**, o Procurador-Geral da República, com a finalidade de **assegurar o cumprimento de obrigações decorrentes de tratados internacionais de direitos humanos dos quais o Brasil seja parte**, poderá suscitar, perante o Superior Tribunal de Justiça, **em qualquer fase do inquérito ou processo, incidente de deslocamento de competência para a Justiça Federal**.
CF, art. 144, § 1º **A polícia federal**, instituída por lei como órgão permanente, organizado e mantido pela União e estruturado em carreira, destina-se a:
I – **apurar infrações penais** contra a ordem política e social ou em detrimento de bens, serviços e interesses da União ou de suas entidades autárquicas e empresas públicas, assim como outras infrações **cuja prática tenha repercussão** interestadual ou **internacional** e exija repressão uniforme, **segundo se dispuser em lei**;

A lei em comento é precisamente a Lei n. 10.446/2002, que: "Dispõe sobre infrações penais de repercussão interestadual ou internacional que exigem repressão uniforme, para os fins do disposto no inciso I do § 1º do art. 144 da Constituição":

Lei n. 10.446, art. 1º. Na forma do inciso I do § 1º do art. 144 da Constituição, **quando houver repercussão** interestadual ou **internacional** que exija repressão uniforme, poderá o Departamento de Polícia Federal do Ministério da Justiça, **sem prejuízo da responsabilidade dos órgãos de segurança pública arrolados no art. 144 da Constituição Federal, em especial das Polícias Militares e Civis dos Estados, proceder à investigação, dentre outras, das seguintes infrações penais**:

(...)

**III – relativas à violação a direitos humanos, que a República Federativa do Brasil se comprometeu a reprimir em decorrência de tratados internacionais de que seja parte**; e

(...)

**VII – quaisquer crimes praticados por meio da rede mundial de computadores que difundam conteúdo misógino, definidos como aqueles que propagam o ódio ou a aversão às mulheres.**

(...)

Parágrafo único. Atendidos os pressupostos do *caput*, o Departamento de Polícia Federal procederá à apuração de outros casos, desde que tal providência seja autorizada ou determinada pelo Ministro de Estado da Justiça.

A investigação empreendida pela polícia federal, assinale-se, independe de autorização judicial, não implica obrigatoriamente fixação de competência da Justiça Federal tampouco é inconciliável com investigações estaduais, conforme deliberado pelo Superior Tribunal de Justiça:

"Criminal. RHC. Crimes contra o sistema financeiro. Duplicidade de inquéritos. Polícias Estadual e Federal. Alegação de constrangimento ilegal. Conexão. Unificação das investigações. Recurso provido.

I. Evidenciada a ocorrência de conexão entre os delitos apurados nos inquéritos policiais em trâmite nas polícias estadual e federal, impõem-se a unidade dos feitos inquisitórios, por força dos arts. 76, II e III, e 79, ambos do Código de Processo Penal.

II. Recurso provido para determinar que os autos do inquérito que tramita no 13º Distrito Policial de São Paulo sejam remetidos à Polícia Federal, para que seja dado prosseguimento às investigações juntamente com o IP n. 12.023/99" (STJ – 5ª Turma, RHC n. 10.763/SP, Relator Ministro Gilson Dipp, julgado em 7-6-2001).

À toda evidência, ambos os institutos constitucionais expandem significativamente o horizonte de possibilidades franqueadas às vítimas de crime racial ou religioso, tendo como fundamento o supracitado mandado convencional de criminalização cuja inobservância acarreta descumprimento de tratado internacional ao qual o Brasil encontra-se juridicamente vinculado e obrigado a obedecer.

Nota deve ser dedicada ainda para realçar que embora o delito racial ou religioso encontre previsão em tratado internacional ratificado pelo Brasil, este atributo por si só não atrai a competência da Justiça Federal visto que o mencionado art. 109, V, da Constituição Federal, reclama, além de mandado convencional, a ocorrência da transnacionalidade, como nos casos de crime racial ou religioso materializado pela rede mundial de computadores:

> Conflito negativo de competência. **Art. 20, § 2º, da Lei n. 7.716/89.** Discriminação e preconceito contra o povo judeu. Convenção internacional acerca do tema. Ratificada pelo Brasil. **Disseminação. Praticada por meio da rede social "Facebook". Sítio virtual de amplo acesso. Conteúdo racista acessível no exterior. Potencial transnacionalidade configurada. Competência da justiça federal.** Identificação da origem das postagens. Possibilidade de fixação de terceiro juízo estranho ao conflito.
>
> 1. O presente conflito de competência deve ser conhecido, por se tratar de incidente instaurado entre juízos vinculados a Tribunais distintos, nos termos do art. 105, I, *d,* da Constituição Federal – CF.
>
> 2. Segundo o art. 109, V, da Constituição Federal – CF, compete aos juízes federais processar e julgar "os crimes previstos em tratado ou convenção internacional, quando iniciada a execução no País, o resultado tenha ou devesse ter ocorrido no estrangeiro, ou reciprocamente".
>
> 3. Na presente investigação é incontroverso que o conteúdo divulgado na rede social "Facebook", na página "Hitler Depressão – A Todo Gás", possui conteúdo discriminatório contra todo o povo judeu e não contra pessoa individualmente considerada. Também é incontroverso que a "Convenção Internacional sobre a Eliminação de Todas as Formas de Discriminação Racial", promulgada pela Assembleia das Nações Unidas, foi ratificada pelo Brasil em 27-3-1968. O núcleo da controvérsia diz respeito exclusivamente à configuração ou não da internacionalidade da conduta.
>
> 4. À época em que tiveram início as investigações, não havia sólido entendimento da Suprema Corte acerca da configuração da internacionalidade de imagens postadas no "Facebook". Todavia, o tema foi amplamente discutido em recurso extraordinário cuja repercussão geral foi reconhecida.
>
> "A extração da potencial internacionalidade do resultado advém do nível de abrangência próprio de sítios virtuais de amplo acesso, bem como da reconhecida dispersão mundial preconizada no art. 2º, I, da Lei n. 12.965/2014, que instituiu o Marco Civil da Internet no Brasil" (RE 628624, Relator Min. Marco Aurélio, Relator p/ Acórdão Min. Edson Fachin, Tribunal Pleno, *Dje* 6-4-2016).
>
> 5. Muito embora o paradigma da repercussão geral diga respeito à pornografia infantil, o mesmo raciocínio se aplica ao caso concreto, na medida em que o acórdão da Suprema Corte vem repisar o disposto na Constituição Federal, que reconhece a competência da Justiça Federal não apenas no caso de acesso da publicação por alguém no estrangeiro, mas também nas hipóteses em que a amplitude do meio de divulgação tenha o condão de possibilitar o acesso.
>
> No caso dos autos, diante da potencialidade de o material disponibilizado na internet ser acessado no exterior, está configurada a competência da Justiça Federal, ainda que o conteúdo não tenha sido efetivamente visualizado fora do território nacional.

# Capítulo I • Introdução

6. Na singularidade do caso concreto diligências apontam que as postagens de cunho racista e discriminatório contra o povo judeu partiram de usuário localizado em Curitiba.

Nos termos do art. 70 do Código de Processo Penal – CPP, "a competência será, de regra, determinada pelo lugar em que se consumar a infração, ou, no caso de tentativa, pelo lugar em que for praticado o último ato de execução".

7. "A jurisprudência tem reconhecido a possibilidade de declaração da competência de um terceiro juízo que não figure no conflito de competência em julgamento, quer na qualidade de suscitante, quer na qualidade de suscitado" (CC 168.575/MS, Rel. Ministro Reynaldo Soares da Fonseca, Terceira Seção, *DJe* 14-10-2019).

8. "Conflito conhecido para declarar a competência da Justiça Federal atuante em Curitiba – SJ/PR, a quem couber a distribuição do feito" (STJ, Terceira Seção, CC n. 163.420/PR, Rel. Ministro Joel Ilan Paciornik, julgado em 13-5-2020).

Nesta quadra devemos ressaltar que a despeito da altíssima relevância e das implicações, inclusive processuais, de mandado constitucional e convencional de criminalização de violência racial, aludidos institutos não definem crime tampouco cominam pena.

Com efeito, prescreve o princípio constitucional da reserva legal e da legalidade estrita:

CF, art. 5º, XXXIX – não há crime sem lei anterior que o defina, nem pena sem prévia cominação legal;
CP, art. 1º. Não há crime sem lei anterior que o defina. Não há pena sem prévia cominação legal.

Isto quer significar, a título de ilustração, que no período compreendido entre 5 de outubro de 1988, data de promulgação da Constituição vigente, e 5 de janeiro de 1989, data em que entrou em vigor a Lei n. 7.716/89, que define o crime racial e religioso, predominou um vácuo legislativo que definitivamente impedia o Estado de sancionar, na esfera penal, a discriminação racial ilícita.

O que pretendemos sublinhar é que não se pode confundir o mandado constitucional de criminalização (CF, art. 5º, XLII) com a estrutura dos tipos penais da aludida Lei n. 7.716/89.

Não por acaso os tipos descritos na Lei Caó (Lei n. 7.716/89) não empregam o substantivo racismo, exceção feita ao art. 20-D, que aliás não descreve condutas e sim outorga às vítimas de ilícito racial cível ou penal a prerrogativa da assistência judiciária especial; que não se confunde, a propósito, com a figura do assistente de acusação (CPP, art. 268).

Se é verdade que na jurisdição constitucional a definição de racismo e as modulações feitas pelo STF sujeitam-se a considerações históricas e sociológicas, no âmbito da persecução penal o princípio da taxatividade impõe que se considere exclusivamente a redação da norma penal, qual seja, "praticar, induzir ou incitar a discriminação ou preconceito de raça, cor, etnia, religião ou procedência nacional".

Dispensa maior esforço intelectivo, a título comparativo, a constatação de que embora a Convenção de Belém do Pará (Decreto n. 1.973/96) contenha mandado convencional de criminalização da misoginia (art. 6º, *b*, c/c art. 7º, *c*), o feminicídio (CP, art. 121, § 2º, VI) prescinde de prova de adesão ideológica do agente ao machismo. Basta, para sua materialização, comprovação de violência doméstica ou familiar ou menosprezo/discriminação à condição de mulher (CP, art. 121, § 2º-A, I e II).

Não será ilícito afirmarmos, portanto, que à luz do sistema constitucional brasileiro, mandado de criminalização não é sinônimo de norma penal incriminadora, prática do racismo diferencia-se juridicamente de prática de discriminação racial e, a rigor, a Lei Caó enuncia crime racial e não crime de racismo em sentido formal.

Esta assertiva assume potencial relevância ao verificarmos a assombrosa desenvoltura de certa jurisprudência que bem poderia ter a alcunha de jurisprudência legiferante visto que trata o processo judicial como uma espécie excêntrica e tirânica de processo legislativo idôneo o bastante para amoldar a lei penal às predileções e valores raciais de aplicadores do Direito.

Vejamos, por exemplo, este julgado do Superior Tribunal de Justiça:

"Penal e Processo Penal. Recurso em *habeas corpus*. Crime previsto no art. 20, § 2º, da Lei n. 7.716/89 (delito decorrente de discriminação religiosa). Caracterização. **Necessidade do reconhecimento da desigualdade entre os grupos religiosos, crença na superioridade do grupo a que pertence o agente e intenção de eliminação ou mesmo a supressão de direitos fundamentais das pessoas pertencentes ao outro grupo. Último requisito não demonstrado. Atipicidade da conduta. Absolvição.** Recurso provido.

1. 'O discurso discriminatório criminoso somente se materializa após ultrapassadas três etapas indispensáveis. Uma de caráter cognitivo, em que atestada a desigualdade entre grupos e/ou indivíduos; outra de viés valorativo, em que se assenta suposta relação de superioridade entre eles e, por fim; uma terceira, em que o agente, a partir das fases anteriores, supõe legítima a dominação, exploração, escravização, eliminação, supressão ou redução de direitos fundamentais do diferente que compreende inferior' (Recurso Ordinário em *Habeas Corpus* n. 134.682, julgado pela Primeira Turma do Supremo Tribunal Federal, da Relatoria do Eminente Ministro Edson Fachin, publicado em 29 de agosto de 2017).

2. Como visto, a caracterização do delito de preconceito ou intolerância religiosa depende da coexistência de três requisitos:

a) conhecimento da existência da desigualdade entre os grupos religiosos;

b) a superioridade do grupo a que pertence o agente; c) supor como legítima a dominação, exploração, escravização, eliminação, supressão ou redução dos direitos fundamentais do praticante da outra religião que é objeto de crítica.

3. Na denúncia apresentada pelo Ministério Público do Estado do Paraná pode-se considerar a presença do primeiro requisito, todavia, não resta tipificado o crime pela ausência dos dois últimos, haja vista que **a crítica feita em rede social pelo recorrente não preconiza a eliminação ou mesmo a supressão de direitos fundamentais dos praticantes das religiões de matriz africana, nem transmite o senso de superioridade**.

4. O recorrente somente mostrou a sua indignação com o fato de que a Universidade Estadual de Londrina proibiu a realização de missa em sua capela, ao argumento de que o Estado seria laico, ao mesmo tempo em que na Semana da Pátria, a Direção das escolas públicas, ao invés de divulgar a contribuição dos africanos na construção da identidade cultural da nação brasileira preferiu apresentar uma peça de cunho religioso acerca do mito de Yorubá que envolve a perspectiva africana acerca da criação do mundo.

5. Recurso ordinário em *habeas corpus* provido para absolver o paciente da imputação que lhe foi feita na Ação Penal n. 0079928-78.2016.8.16.0014, com fundamento do art. 386, III, do Código de Processo Penal – CPP, por 'não constituir o fato infração penal'" (**STJ** – 5ª Turma, **RHC n. 117.539**/PR, Relator Ministro Joel Ilan Paciornik, julgado em 17-11-2020).

Sem qualquer cerimônia o aplicador exercita artificiosa interpretação acrescentando ao tipo penal nada menos do que três requisitos completamente estranhos à lei penal:

1. no momento da conduta o agente deve ter ciência da desigualdade entre confissões religiosas, sem especificar se tratar-se-ia de desigualdade ontológica, estatística, financeira ou de influência sobre os poderes da República;

2. a conduta deve exprimir adesão ideológica do agente ao supremacismo religioso;

3. a finalidade da conduta deve ser a supressão de direitos do grupo religioso.

Poderá ser útil, nesta quadra, transcrevermos a norma em exame com a redação vigente à época:

Art. 20. Praticar, induzir ou incitar a discriminação ou preconceito de raça, cor, etnia, religião ou procedência nacional.
Pena: reclusão de um a três anos e multa.
(...)
§ 2º Se qualquer dos crimes previstos no *caput* é cometido por intermédio dos meios de comunicação social ou publicação de qualquer natureza:
Pena: reclusão de dois a cinco anos e multa.

Como pode ser observado, a circunstância qualificadora, de natureza objetiva, refere-se ao meio empregado para a prática, indução ou incitação ao preconceito ou à discriminação religiosa.

De outro ângulo, pressupondo-se que os caracteres do dolo (volição e cognição) integram o tipo e, portanto, são extraídos da conduta e não de uma engenhosa expedição diagnóstica sobre a psique (e capacidade cognitiva) do agente, tem-se que o comportamento deve exprimir/manifestar preconceito ou discriminação religiosa.

Acerca do conteúdo jurídico do preconceito ou da discriminação raciais o parâmetro seguro e confiável é precisamente aquele de índole constitucional, sublinhando que a Constituição Federal trata preconceito como espécie do gênero discriminação, nos exatos termos do art. 3º, IV, que proíbe o preconceito e qualquer outra forma de discriminação.

Na condição de categoria psíquica, constructo mental, desde que circunscrito à inexpugnável esfera da consciência ou da crença, sem exteriorizar-se ou manifestar-se de qualquer forma sobretudo como motivação para a violação de direitos, o preconceito é insuscetível de sanção estatal tampouco de persecução penal.

Já no tocante à discriminação, à ação que discrimina, é imperioso considerar a fidedigna, luminosa e pedagógica distinção demarcada pelo Supremo Tribunal Federal entre discriminação positiva, justa e discriminação negativa, injusta:

"(...) Como se observa da leitura do texto normativo objeto da presente ação declaratória, a Lei n. 12.990 estabelece política afirmativa, por meio da reserva, a pessoas negras e pardas, de 20% das vagas oferecidas em concurso público. Nesse sentido, é preciso registrar que este Tribunal, quando do julgamento da ADPF 186, Rel. Ministro Ricardo Lewandowski, Pleno, DJe 17-10-2014, já assentou a plena constitucionalidade de tais políticas públicas. O acórdão foi assim ementado:

(...) VII – No entanto, as políticas de ação afirmativa fundadas na **discriminação reversa** apenas são legítimas se a sua manutenção estiver condicionada à persistência, no tempo, do quadro de exclusão social que lhes deu origem. Caso contrário, tais políticas poderiam converter-se benesses permanentes, instituídas em prol de determinado grupo social, mas em detrimento da coletividade como um todo, situação – é escusado dizer – incompatível com o espírito de qualquer Constituição que se pretenda democrática, devendo, outrossim, respeitar a proporcionalidade entre os meios empregados e os fins perseguidos.

(...)

Vale registrar um ponto que me parece importante: a Convenção Internacional sobre a Eliminação de Todas as Formas de Discriminação Racial, já incorporada, formalmente, ao plano do Direito Positivo interno brasileiro, estimula, em suas diversas cláusulas, a adoção da chamada **'discriminação positiva ou reversa'**, no sentido de que sejam acolhidas, no plano doméstico, medidas especiais tomadas com o objetivo precípuo de assegurar, de forma conveniente, o progresso de certos grupos sociais ou étnicos ou de indivíduos que necessitem de proteção para poderem gozar e exercitar, em plenitude, os direitos humanos e as liberdades fundamentais em igualdade de condições, advertindo, ainda, que tais medidas não serão consideradas práticas de discriminação racial, desde que não conduzam à manutenção de direitos separados para diferentes grupos raciais e não prossigam após terem sido atingidos os seus objetivos" **(STF – Tribunal Pleno, ADC 41, Relator Ministro Roberto Barroso, j. 8-6-2017).**

"ARGUIÇÃO DE DESCUMPRIMENTO DE PRECEITO FUNDAMENTAL. ATOS QUE INSTITUÍRAM SISTEMA DE RESERVA DE VAGAS COM BASE EM CRITÉRIO ÉTNICO-RACIAL (COTAS) NO PROCESSO DE SELEÇÃO PARA INGRESSO EM INSTITUIÇÃO PÚBLICA DE ENSINO SUPERIOR. ALEGADA OFENSA AOS ARTS. 1º, *CAPUT*, III, 3º, IV, 4º, VIII, 5º, I, II XXXIII, XLI, LIV, 37, *CAPUT*, 205, 206, *CAPUT*, I, 207, *CAPUT*, E 208, V, TODOS DA CONSTITUIÇÃO FEDERAL. AÇÃO JULGADA IMPROCEDENTE. I – Não contraria – ao contrário, prestigia – o princípio da igualdade material, previsto no *caput* do art. 5º da Carta da República, a possibilidade de o Estado lançar mão seja de políticas de cunho universalista, que abrangem um número indeterminado de indivíduos, mediante ações de natureza estrutural, seja de ações afirmativas, que atingem grupos sociais determinados, de maneira pontual, atribuindo a estes certas vantagens, por um tempo limitado, de modo a permitir-lhes a superação de desigualdades decorrentes de situações históricas particulares. II – O modelo constitucional brasileiro incorporou diversos mecanismos institucionais para corrigir as distorções resultantes de uma aplicação puramente formal do princípio da igualdade. III – Esta Corte, em diversos precedentes, assentou a constitucionalidade das políticas de ação afirmativa. IV – Medidas que buscam reverter, no âmbito universitário, o quadro histórico de desigualdade que caracteriza as relações étnico-raciais e sociais em nosso País, não podem ser examinadas apenas sob a ótica de sua compatibilidade com determinados preceitos constitucionais, isoladamente considerados, ou a partir da eventual vantagem de certos critérios sobre outros, devendo, ao revés, ser analisadas à luz do arcabouço principiológico sobre o qual se assenta o próprio Estado brasileiro. V – Metodologia de seleção diferenciada pode perfeitamente levar em consideração critérios étnico-raciais ou socioeconômicos, de modo a assegurar que a comunidade acadêmica e a própria sociedade sejam beneficiadas pelo pluralismo de ideias, de resto, um dos fundamentos do Estado brasileiro, conforme dispõe o art. 1º, V, da Constituição. VI – Justiça social, hoje, mais do que simplesmente redistribuir riquezas criadas pelo esforço coletivo, significa distinguir, reconhecer e incorporar à sociedade mais ampla valores culturais diversificados, muitas vezes considerados inferiores àqueles reputados dominantes. VII – No entanto, as políticas de ação afirmativa fundadas na **discriminação reversa** apenas são legítimas se a sua manutenção estiver condicionada à persistência, no tempo, do quadro de exclusão social que lhes deu origem. Caso contrário, tais políticas poderiam converter-se benesses permanentes, instituídas em prol de determinado grupo social, mas em detrimento da coletividade como um todo, situação – é escusado dizer – incompatível com o espírito de qualquer Constituição que se pretenda democrática, devendo, outrossim, respeitar a proporcionalidade entre os meios empregados e os fins perseguidos. VIII – Arguição de descumprimento de preceito fundamental julgada improcedente" **(STF – Tribunal Pleno, ADPF 186, Relator Min. Ricardo Lewandowski, j. 26-4-2012).**

A distinção entre discriminação lícita e discriminação ilícita proficientemente empreendida pelo STF não poderia ser mais fidedigna ao Texto Constitucional considerando-se que no dispositivo do art. 5º, XLI, a Lei Maior consigna a punição de "qualquer discriminação atentatória dos direitos e liberdades fundamentais".

À toda evidência sujeita-se à punição não toda e qualquer discriminação, mas apenas e tão somente aquela que viole direitos e liberdades fundamentais.

Reside no próprio Texto Constitucional, portanto, o critério distintivo da discriminação, que demarca as duas espécies disciplinadas pela Constituição Federal, de sorte que não sendo atentatória dos direitos e liberdades fundamentais, a discriminação é plenamente admitida no sistema jurídico brasileiro.

Com efeito, mesmo um exame superficial da Carta de 88, marco jurídico do processo de democratização da sociedade brasileira, certifica algo que poderíamos denominar de catálogo constitucional de fatores de discrímen, isto é, um elenco de atributos dos indivíduos recolhidos da realidade social e apontados pelo constituinte como fatores de discriminação, como fontes de desigualação na distribuição de direitos e oportunidades. Entre estes fatores de discrímen podemos destacar: a origem (art. 3º, IV); cor ou raça (arts. 3º, IV, 4º, VIII, 5º, XLII, e 7º, XXX); sexo (arts. 3º, IV, 5º, I, e 7º, XXX); idade (arts. 3º, IV, e 7º, XXX); estado civil (art. 7º, XXX); porte de deficiência (arts. 7º, XXXI, 227, II); credo religioso (art. 5º, VIII); convicções filosóficas ou políticas (art. 5º, VIII); tipo de trabalho (art. 7º, XXXII); e natureza da filiação (art. 227, § 6º).

À cor ou raça devem ser acrescentados ainda os caracteres de etnia e o adjetivo pátrio afro-brasileiro, conjunto este que delineia os parâmetros constitucionais empregados para demarcar a diversidade étnico-racial que caracteriza a sociedade brasileira.

A propósito da definição jurídica de raça, mesmo considerando que no julgamento do paradigmático HC 82.424 o STF haja deliberado que a noção de raça resulta menos de critérios genotípicos ou fenotípicos e sim de uma construção social matizada pelo racismo, a jurisprudência da Corte Suprema solidificou o entendimento de que os traços fenotípicos, de aparência, são suficientemente idôneos para operarem como vetores discriminatórios lícitos ou, acrescentaríamos, ilícitos.

É assim que o Preâmbulo da Constituição Federal consigna o repúdio ao preconceito; o art. 3º, IV, proíbe o preconceito e qualquer outra forma de discriminação; o art. 4º, VIII, assinala a repulsa ao racismo no âmbito das relações internacionais; o art. 5º, XLI, prescreve que a lei punirá qualquer forma de discriminação atentatória dos direitos e garantias fundamentais; o mesmo art. 5º, XLII, criminaliza a prática do racismo; o art. 7º, XXX, proíbe diferença de salários e de critério de admissão por motivo de cor, dentre outras motivações; e finalmente, o art. 227, atribui ao Estado o dever de colocar a criança a salvo de toda forma de discriminação e repudia o preconceito contra pessoas com deficiência.

Esta dimensão negativa, digamos assim, do direito de igualdade, traduzida na sanção estatal das práticas discriminatórias injustas, resultou, desde a promulgação da Constituição vigente, na edição de um pequeno leque de normas infraconstitucionais, leis ordinárias destinadas a coibir, sancionar, punir a discriminação injusta.

O alto relevo atribuído ao princípio da não discriminação e a existência de leis punitivas revelaram-se, no entanto, insuficientes para estancar a reprodução de práticas discriminatórias na sociedade brasileira.

Vale dizer, a dimensão factual, empírica, do direito de igualdade, desnuda flagrante violação de pelo menos dois de seus traços jurídicos fundamentais: igualdade na fruição de direitos e igualdade na aplicação da lei.

Essa a razão pela qual no âmbito dos instrumentos promocionais da igualdade a norma jurídica faz mais do que reprimir a discriminação: ela se ocupa da educação para a diversidade, do condicionamento de comportamentos, adota o princípio aristotélico da justiça distributiva[2], prescreve incentivos para a promoção da igualdade e busca evitar a ocorrência da discriminação.

Trata-se, como preveem alguns dos tratados internacionais dos quais o Brasil é signatário, de diretriz direcionada à garantia da igualdade material, sustentada em três espécies de regras constitucionais.

A primeira, de teor rigorosamente igualitarista, de alta densidade semântica, atribui ao Estado o dever de abolir a marginalização e as desigualdades, destacando-se, entre outras:

Art. 3º, III – erradicar a (....) marginalização e reduzir as desigualdades sociais (...);

Art. 23, X – combater (...) os fatores de marginalização;

Art. 170, VII – redução das desigualdades (...) sociais;

Já uma segunda espécie de regras fixa textualmente prestações positivas destinadas à promoção e integração dos segmentos desfavorecidos, merecendo realce:

---

[2] Segundo o qual uma regra é igualitária quando trata desigualmente os desiguais (BOBBIO Norberto; MATTEUCCI, Nicola & PASQUINO, Gianfranco. *Dicionário de política*. Trad. Carmen C. Varrialle et al. 2. ed. Brasília: Universidade de Brasília, 1986).

Art. 3º, IV – promover o bem de todos, sem preconceitos de origem, raça, sexo, cor, idade e quaisquer outras formas de discriminação;

Art. 23, X – combater as causas da pobreza e os fatores de marginalização, promovendo a integração social dos setores desfavorecidos;

Art. 227, II – criação de programas (...) de integração social do adolescente e do jovem portador de deficiência;

Por último, mas não menos importante, temos as normas que textualmente prescrevem discriminação, discriminação justa, como forma de compensar desigualdade de oportunidades, ou, em alguns casos, de fomentar o desenvolvimento de setores considerados prioritários, devendo ser ressaltadas:

Art. 7º, XX – proteção do mercado de trabalho da mulher, mediante incentivos específicos, nos termos da lei;

Art. 37, VIII – a lei reservará percentual dos cargos e empregos públicos para as pessoas portadoras de deficiência e definirá os critérios de sua admissão;

Art. 145, § 1º Sempre que possível, os impostos terão caráter pessoal e serão graduados segundo a capacidade econômica do contribuinte (...);

Art. 170, IX – tratamento favorecido para as empresas de pequeno porte constituídas sob as leis brasileiras e que tenham sua sede e administração no País;

Art. 179. A União, os Estados, o Distrito Federal e os Municípios, dispensarão às microempresas e às empresas de pequeno porte, assim definidas em lei, tratamento jurídico diferenciado, visando a incentivá-las pela simplificação de suas obrigações administrativas, tributárias, previdenciárias e creditícias, ou pela eliminação ou redução destas por meio de lei.

Temos assim que a Constituição de 88 e seus desdobramentos infraconstitucionais passou a prescrever uma nova modalidade de discriminação, a discriminação justa, o que resultou num alargamento substantivo do conteúdo semântico do princípio da igualdade, bem como na ampliação objetiva das obrigações estatais em face do tema.

Não por acaso, portanto, no histórico julgamento da ADPF 186 referente às cotas raciais no acesso à educação superior adotadas desde 2003, na UERJ, por obra do Movimento Negro, o Supremo decretou a plena constitucionalidade desta espécie de instrumento racialmente igualitário.

Somente após este julgado antológico do STF é que foram editadas as Leis n. 12.711/2012 e n. 12.990/2014, essa última robustecida pela ADC n. 41.

Mais recentemente, por força da Convenção Interamericana contra o Racismo, a Discriminação Racial e Formas Correlatas de Intolerância, ratificada pelo Brasil por meio do Decreto n. 10.932/2022 e recepcionada pelo nosso sistema jurídico com *status* de emenda constitucional, o princípio da ação afirmativa adquiriu estatura de direito fundamental explícito, dado que a Constituição Federal passou a fixar textualmente os *standards* a serem obrigatoriamente observados pelo Estado e particulares na promoção da igualdade racial em qualquer quadrante de política pública ou privada.

Igualdade e discriminação, portanto, são correlacionadas no sistema constitucional em duas fórmulas distintas, complementares e enlaçadas em concordância prática:

1. proíbe e sanciona a discriminação naquelas circunstâncias em que sua ocorrência produz desigualação e, de outro lado;

2. prescreve discriminação como forma de compensar desigualdade de oportunidades, ou seja, quando tal procedimento se faz necessário para a promoção da igualdade.

Este significado binário, evitar desigualação *versus* promover a igualação, atribui ao princípio da igualdade dois conteúdos igualmente distintos e complementares:

1. um conteúdo negativo, que impõe uma obrigação negativa, uma abstenção, um papel passivo, uma obrigação de não fazer: não discriminar; e

2. um conteúdo positivo, que impõe uma obrigação positiva, uma prestação, um papel ativo, uma obrigação de fazer: promover a igualdade.

Como corolário, este mesmo sistema disciplina duas modalidades de discriminação: uma discriminação negativa, injusta, ilícita, por isso vedada e sancionada; outra, positiva, lícita, prevista textualmente na Carta de 88, designada pela Corte Suprema como discriminação positiva.

Neste quadrante evidencia-se a improvisação, precariedade e inconsistência do caricato "direito antidiscriminatório", um pretenso ramo da disciplina jurídica supostamente credenciado para produzir conhecimento e sistematizar o conteúdo jurídico da igualdade racial: primeiro porque os instrumentos de discriminação positiva são amplamente difundidos no direito brasileiro sendo hilária a hipótese de o tal antidiscriminatório demonstrar tamanho descompromisso com as vítimas de discriminação racial a ponto de objetar as ações afirmativas duramente conquistadas pelo Movimento Negro; segundo porque no sistema jurídico brasileiro a noção de antidiscriminação não é sinônimo de igualdade, nomeadamente igualdade material, igualdade de oportunidade e de tratamento; terceiro porque a Carta Magna adota o princípio da intervenção preventiva (art. 227), consistente em instrumentos, medidas e ações destinadas a evitar a ocorrência de discriminação ao invés de simplesmente opor-se àquelas ilícitas.

Voltando ao mencionado RHC n. 117.539, do STJ, fossem os parâmetros constitucionais e legais levados em consideração pelo julgador na apreciação daquele caso, bastaria extrair da conduta a comprovação de diferença de tratamento por motivo de religião, raça, cor, etnia ou procedência nacional, apta a vulnerar o bem jurídico igualdade.

Para a configuração do elemento subjetivo do tipo penal racial, basta o ânimo preconceituoso, de desvalor, de desestima materializado em tratamento preconceituoso (STF-MI 4.733), prática discriminatória ilícita por motivo de religião, cor, raça ou procedência nacional (aparente/STF-ADC 41), etnia, orientação sexual ou identidade de gênero da vítima (STF-ADO 26).

Veja-se, como mera ilustração, entendimento proclamado pelo Supremo Tribunal Federal ao fixar tese de julgamento do perfilamento racial:

> "A busca pessoal, independentemente de mandado judicial, deve estar fundada em elementos indiciários objetivos de que a pessoa esteja na posse de arma proibida ou de objetos ou papéis que constituam corpo de delito, **não sendo lícita a realização da medida com base na raça, sexo, orientação sexual, cor da pele ou aparência física**" (STF – Pleno, HC 208.240, Rel. Edson Fachin, j. 11-4-2024).

Ressalvado que neste julgado o STF não deliberou que o perfilamento racial constitua necessariamente crime racial, podendo configurar ilícito racial civil ou administrativo, este precedente robustece o caráter metajurídico e essencialmente ideológico do aludido acórdão do RHC n. 117.539/STJ, ao exigir que o agente seja um supremacista contumaz, um militante assíduo do racismo, contrariando dispositivo de lei, o qual exige unicamente que a conduta, o tratamento desigual (STF-ADO 46) seja motivado por critério/aparência racial.

Ademais, o acórdão absolutório do STJ insere na norma penal um alegado elemento normativo do tipo – ciência da desigualdade entre crenças – completamente estranho ao tipo penal.

Não é necessário domínio exaustivo da dogmática penal para se ter noção de que sempre que a norma penal exige dolo específico, ela o faz textualmente, como no caso de sequestro qualificado pela finalidade libidinosa (CP, art. 148, § 1º, V): **"fins libidinosos"**; receptação dolosa (CP, art. 180): **"sabe ser produto de crime"**; concussão (CP, art. 316, § 1º): **"sabe ou deveria saber"**; ou descaminho (CP, art. 334, § 1º, III): **"sabe"**, para ficarmos apenas nestes.

Salvo melhor juízo, **na seara dos crimes raciais arrolados na Lei Caó, somente um deles exige dolo específico,** *verbis*:

> Lei n. 7.716/89, art. 20, § 1º Fabricar, comercializar, distribuir ou veicular símbolos, emblemas, ornamentos, distintivos ou propaganda que utilizem a cruz suástica ou gamada, **para fins de divulgação do nazismo**.
> Pena: reclusão de dois a cinco anos e multa.

Trata-se de exceção que confirma a regra segundo a qual o dolo genérico, típico, o requisito subjetivo geral necessário à realização do delito racial consiste única e tão somente na vontade livre e consciente de discriminar com base na raça, cor, etnia, religião, procedência nacional, orientação sexual ou identidade de gênero da vítima.

Ao exigir, portanto, que o agente "saiba" da existência de desigualdades entre confissões religiosas, o sobredito precedente do RHC n. 117.539/STJ lança mão de insidioso expediente destinado a interpretar artificiosamente a lei com o indisfarçável objetivo de negar-lhe vigência, retirar-lhe a eficácia.

Não fosse o bastante, chama atenção a exigência de aferição de supremacismo religioso do agente e finalidade de supressão de direitos do grupo religioso em sua totalidade.

A este respeito é aterrorizante constatarmos o colossal e influente espaço ocupado por certa jurisprudência inventiva que exige prova do intuito de segregação, separação, apartação, dominação, segregacionismo, supremacismo ou supremacia racial ou religiosa.

Trata-se de corrente jurisprudencial, por assim dizer, inconformada com a redação da Lei n. 7.716/89, cujos preceitos incriminadores contentam-se em exigir elemento anímico de discriminar e não de segregar tampouco de suprimir direitos, presumindo-se que supressão não é sinônimo de violação de direitos.

Supremacia, dominação e segregação constituem elementos normativos capitulados em diploma normativo diverso desse, quais sejam os crimes de **perseguição** e de **apartheid** previstos no Estatuto de Roma:

> **Estatuto de Roma**, art. 7º, 1. Para os efeitos do presente Estatuto, entende-se por "crime contra a humanidade", qualquer um dos atos seguintes, quando cometido no quadro de um ataque, generalizado ou sistemático, contra qualquer população civil, havendo conhecimento desse ataque:
> (...)
> j) **Crime de apartheid**;
> 2. Para efeitos do parágrafo 1º:
> a) Por "**ataque contra uma população civil**" entende-se qualquer conduta que envolva a prática múltipla de atos referidos no parágrafo 1º contra uma população civil, de acordo com a política de um Estado ou de uma organização de praticar esses atos ou tendo em vista a prossecução dessa política;
> (...)
> d) Por "**deportação ou transferência à força de uma população**" entende-se o **deslocamento forçado de pessoas**, através da **expulsão ou outro ato coercivo, da zona em que se encontram legalmente, sem qualquer motivo reconhecido no direito internacional**;
> (...)
> g) Por "**perseguição**" entende-se a **privação intencional e grave de direitos fundamentais** em violação do direito internacional, por **motivos relacionados com a identidade do grupo** ou da coletividade em causa;
> h) Por "**crime de apartheid**" entende-se qualquer ato desumano análogo aos referidos no parágrafo 1º, praticado no contexto de um **regime institucionalizado de opressão e domínio sistemático de um grupo racial sobre um ou outros grupos nacionais e com a intenção de manter esse regime** (...).

Ao leitor atento não escapa o fato de que mesmo estes dispositivos pressupõem que dominação, apartação e segregação presumem ação de um grupo, sendo no mínimo remota a hipótese de um único indivíduo segregar todo um grupo.

É igualmente digno de nota que o dolo de supressão de direitos fundamentais integra o mencionado delito de perseguição, sendo despropositada sua exigência no crime racial, cujo núcleo do tipo refere violação e não revogação do direito de igualdade.

Uma última anotação sobre o desditoso julgado do RHC n. 117.539/STJ tem a ver com a suposição de que o bem jurídico tutelado pelo tipo penal racial seria de natureza supraindividual, a exigir lesão a direitos de todo um grupo religioso, racial ou étnico, a título de exemplo.

Trata-se de contorcionismo interpretativo que subordina a lei penal às convicções raciais do aplicador do Direito, visto que a exigência de desígnio ou resultado incidente sobre um grupo racial ou religioso não tem rigorosamente nada a ver com a redação dos tipos penais da Lei n. 7.716/89.

Em obséquio ao princípio constitucional da legalidade e da reserva constitucional de lei formal, reconheçamos que aludido requisito integra delito diverso, qual seja, o genocídio:

> **Convenção para a Prevenção e a Repressão do Crime de Genocídio**, Decreto n. 30.822/51
>
> Art. I. As Partes Contratantes confirmam que o **genocídio, quer cometido em tempo de paz**, quer em tempo de guerra, é um crime contra o Direito Internacional, que elas se comprometem a prevenir e a punir.
>
> Art. II. Na presente Convenção, entende-se por **genocídio qualquer dos seguintes atos, cometidos com a intenção de destruir** no todo ou em **parte, um grupo** nacional, étnico, racial ou religioso, como tal:
>
> a) **matar membros do grupo**;
>
> b) causar **lesão grave à integridade física ou mental de membros** do grupo;
>
> c) **submeter intencionalmente o grupo a condição de existência capazes de ocasionar-lhe a destruição física total ou parcial**;
>
> d) adotar medidas destinadas a impedir os nascimentos no seio de grupo;
>
> e) efetuar a transferência forçada de crianças do grupo para outro grupo.
>
> Art. III. **Serão punidos os seguintes atos**:
>
> **a) o genocídio;**
>
> **b) a associação de pessoas para cometer o genocídio;**
>
> **c) a incitação direta e pública a cometer o genocídio;**
>
> **d) a tentativa de genocídio;**
>
> **e) a co-autoria no genocídio.**

Art. IV. **As pessoas que tiverem cometido o genocídio ou qualquer dos outros atos enumerados no Artigo III serão punidas**, sejam governantes, funcionários **ou particulares**.

Art. V. As Partes Contratantes assumem o compromisso de tomar, de acôrdo com suas respectivas constituições, as medidas legislativas necessárias a assegurar as aplicações das disposições da presente Convenção, e, sobretudo, a estabelecer sanções penais eficazes aplicáveis às pessoas culpadas de genocídio ou de qualquer dos outros atos enumerados no Artigo III.

Art. VI. **As pessoas acusadas de genocídio ou qualquer dos outros atos enumerados no Artigo III serão julgadas pelos tribunais competentes do Estado em cujo território foi o ato cometido**, **ou** pela **Côrte Penal Internacional** competente com relação às Partes Contratantes que lhe tiverem reconhecido a jurisdição.

**Lei n. 2.889/56, Genocídio**:

"Art. 1º. **Quem, com a intenção de destruir**, no todo ou em **parte, grupo** nacional, étnico, **racial** ou religioso, como tal:

(...)

b) **causar lesão grave à integridade física ou mental de membros do grupo**;

Art. 3º. Incitar, direta e publicamente, alguém a cometer qualquer dos crimes de que trata o art. 1º:

Pena – metade das penas ali cominadas".

**Código Penal Militar**, Decreto-lei n. 1.001/69

**Genocídio**

Art. 208. **Matar membros de um grupo nacional, étnico, religioso ou pertencente a determinada raça, com o fim de destruição total ou parcial** dêsse grupo:

Pena – reclusão, de quinze a trinta anos.

**Casos assimilados**

Parágrafo único. Será punido com reclusão, de quatro a quinze anos, quem, com o mesmo fim:

**I – inflige lesões graves a membros do grupo;**

**II – submete o grupo a condições de existência, físicas ou morais, capazes de ocasionar a eliminação de todos os seus membros ou parte dêles;**

**III – força o grupo à sua dispersão**;

IV – impõe medidas destinadas a impedir os nascimentos no seio do grupo;

V – efetua coativamente a transferência de crianças do grupo para outro grupo.

**Genocídio**

Art. 401. Praticar, em zona militarmente ocupada, o crime previsto no art. 208:

Pena – morte, grau máximo; reclusão, de vinte anos, grau mínimo.

**Casos assimilados**
Art. 402. Praticar, com o mesmo fim e na zona referida no artigo anterior, qualquer dos atos previstos nos ns. I, II, III, IV ou V, do parágrafo único, do art. 208:
Pena – reclusão, de seis a vinte e quatro anos.

Recusando-nos a qualquer generalização inclusive porque na condição de advogado negro e candomblecista, frequentemente patrocinamos causas contrárias aos valores do *establishment*, não raro obtendo pronunciamentos isentos, técnicos, baseados em fatos e provas, concluímos este tópico anotando uma possível contribuição ao aprimoramento da administração da Justiça.

Especulações, ilações e arremedos de interpretação, como aquela contida no referido RHC n. 117.539/STJ, desnudam o insidioso encapsulamento da norma jurídica à ideologia racial do julgador, perfazendo uma postura indigna da elevada missão da judicatura, sabotando a democracia, usurpando função própria do Poder Legislativo e frustrando a legítima expectativa de milhões de brasileiros e brasileiras asfixiadas cotidianamente pela violência racial e religiosa – dentre outras – que depositam no Poder Judiciário sua última ou única esperança de fazer valer sua condição de sujeito de direitos.

Fechado este parênteses, quer nos parecer que a esta altura resta evidenciado que o elenco de tipos raciais, contidos na Lei Caó, é meramente exemplificativo.

Com efeito, ao contrário do que normalmente se supõe, a legislação brasileira sobre crime racial vai além da Lei n. 7.716/89.

A tortura racial ou religiosa, isto é, praticada exclusivamente por discriminação racial ou religiosa (Lei n. 9.455/97, art. 1º, I, *c*) é um exemplo.

Outro exemplo de crime racial é a escravização motivada por preconceito racial ou religioso (Código Penal, art. 149, § 2º, II).

O eufemismo da norma penal *"reduzir a condição análoga à de escravo"* não esconde o óbvio: quem trata ser humano como escravo é escravizador.

Também o terrorismo religioso ou racial (Lei n. 13.260/2016, art. 2º, *caput*, V) integra o catálogo das infrações penais raciais.

Veja-se por exemplo os ataques contra terreiros localizados na Baixada Fluminense e outras localidades. Grupos de delinquentes armados torturam e coagem lideranças religiosas a destruir objetos religiosos. As imagens são gravadas e veiculadas em redes sociais com o propósito deliberado de provocar terror social e generalizado.

De seu turno, o genocídio constitui igualmente espécie de crime racial.

Previsto na Lei n. 2.889/56, como também em tratado internacional em vigor e no Código Penal Militar, o genocídio consiste em destruir total ou parcialmente grupo racial ou religioso ou causar grave lesão física ou mental a membros destes grupos.

Além desses delitos, há ainda os crimes de perseguição religiosa ou racial, deslocamento forçado de pessoas (como no caso das lideranças afrorreligiosas expulsas da Baixada Fluminense) e o delito de *apartheid*, todos disciplinados no Estatuto de Roma do Tribunal Penal Internacional, ratificado por meio do Decreto n. 4.388/2002.

Vejamos transcrições dos tipos penais referidos:

CP, **Redução a condição análoga à de escravo**
Art. 149. **Reduzir alguém a condição análoga à de escravo,** quer submetendo-o a trabalhos forçados ou a jornada exaustiva, quer sujeitando-o a condições degradantes de trabalho, quer restringindo, por qualquer meio, sua locomoção em razão de dívida contraída com o empregador ou preposto:
Pena – reclusão, de dois a oito anos, e multa, além da pena correspondente à violência.
(...)
§ 2º A pena é aumentada de metade, se o crime é cometido:
(...)
II – por **motivo de preconceito de raça, cor, etnia, religião ou origem**.

**Lei n. 9.455/97, Lei da Tortura**
Art. 1º, I, c. **Constranger alguém com o emprego de violência ou grave ameaça, causando-lhe sofrimento físico ou mental – em razão de discriminação** racial ou **religiosa**.

**Lei n. 13.260/2016, Lei do Terrorismo**
"Art. 2º. **O terrorismo** consiste na **prática** por um ou mais indivíduos dos atos previstos neste artigo, **por razões de xenofobia, discriminação ou preconceito de raça, cor, etnia e religião**, quando cometidos com a **finalidade de provocar terror social ou generalizado, expondo a perigo pessoa, patrimônio, a paz pública ou a incolumidade pública**.
§ 1º **São atos de terrorismo**:
(...)
**V – atentar contra a vida ou a integridade física de pessoa**:
Pena – reclusão, de **doze a trinta anos**, além das sanções correspondentes à ameaça ou à violência."

# Capítulo II
# RACISMO RELIGIOSO

A definição de **intolerância religiosa motivada por critérios racistas** lança raízes na Declaração sobre a Raça e os Preconceitos Raciais**,** proclamada pela Conferência Geral da Organização das Nações Unidas para a Educação, Ciência e Cultura – Unesco, em 1978:

"Art. 3º. Qualquer distinção, exclusão, restrição ou preferência com base na raça, cor, origem étnica ou nacional ou **intolerância religiosa motivada por considerações racistas**, que destrua ou comprometa a igualdade soberana dos Estados e o direito dos povos à autodeterminação, ou limite de forma arbitrária ou discriminatória o direito de cada ser e grupo humano ao pleno desenvolvimento, é incompatível com as exigências de uma ordem internacional justa e que garanta o respeito pelos direitos humanos; o direito ao pleno desenvolvimento implica igualdade de acesso aos meios de progresso e realização individual e colectiva, num clima de respeito pelos valores das civilizações e culturas nacionais e universais".

Por seu turno, a Convenção Internacional sobre a Eliminação de Todas as Formas de Discriminação Racial, ratificada pelo Brasil (Decreto n. 65.810, de 8 de dezembro de 1969), prevê textualmente a **intolerância religiosa decorrente do racismo**, senão vejamos:

Art. I. "Nesta Convenção, a expressão **discriminação racial significará qualquer distinção, exclusão, restrição ou preferência baseadas em raça, cor, descendência ou origem nacional ou étnica que tem por objetivo ou efeito anular ou restringir o reconhecimento, gozo ou exercício** num mesmo plano (em igualdade de condição), de **direitos humanos** e liberdades fundamentais no domínio político, econômico, social, cultural ou **em qualquer outro domínio de vida pública**".
(...)
Art. V. "De conformidade com as obrigações fundamentais enunciadas no artigo 2, **os Estados Partes comprometem-se a proibir e a eliminar a <u>discriminação racial em todas as suas formas</u>** e a garantir o direito de cada um à igualdade perante a lei sem distinção de raça, de cor ou de origem nacional ou étnica, **<u>principalmente no gozo dos seguintes direitos</u>**: VII) <u>**direito à liberdade de**</u> pensamento, de consciência e de **<u>religião</u>**;"

Anote-se que a convenção em foco estatui a discriminação religiosa como modalidade, espécie de discriminação racial.

Ainda na seara dos tratados internacionais ratificados pelo Brasil, a Convenção 111 da OIT – Organização Internacional do Trabalho, concernente à Discriminação em Matéria de Emprego e Profissão (Decreto n. 62.150, de 19-1-1968) e a Convenção Relativa à Luta contra a Discriminação no Campo do Ensino (Decreto n. 62.223, de 6-9-1968) equiparam as clivagens racial e religiosa, fixando juridicamente a similitude destas como elementos anímicos de violações de direitos, nestes termos:

> "Conv. 111, art. 1º, 1. Para os fins da presente convenção, o termo '**discriminação**' compreende:
> 
> a) **Toda distinção, exclusão ou preferência fundada na raça, cor,** sexo, **religião**, opinião política, ascendência nacional ou origem social, que tenha por efeito destruir ou alterar a igualdade de oportunidades ou de tratamento em matéria de emprego ou profissão;"
> 
> "Conv. Unesco, art. I. Para os fins da presente Convenção, o termo '**discriminação**' abarca qualquer distinção, exclusão, limitação ou preferência que, por **motivo de raça, cor,** sexo, língua, **religião**, opinião pública ou qualquer outra opinião, origem nacional ou social, condição econômica ou nascimento, tenha por objeto ou efeito destruir ou alterar a igualdade de tratamento em matéria de ensino e, principalmente:
> 
> (...)
> 
> d) de impor a qualquer pessoa ou grupo de pessoas condições incompatíveis com a dignidade do homem.
> 
> 2. Para os fins da presente Convenção, a palavra 'ensino' refere-se aos diversos tipos e graus de ensino e compreende o acesso ao ensino, seu nível e qualidade e as condições em que é subministrado."

Preceptivos de teor análogo constam da Convenção Interamericana contra o Racismo, a Discriminação Racial e Formas Correlatas de Intolerância (Decreto n. 10.932, de 10-1-22):

> "Art. 1º, item 6. **Intolerância é um ato ou conjunto de atos ou manifestações que denotam desrespeito, rejeição ou desprezo à dignidade, características, convicções ou opiniões** de pessoas por serem diferentes ou contrárias. Pode manifestar-se como a marginalização e a exclusão de grupos em condições de vulnerabilidade da participação em qualquer esfera da vida pública ou privada ou como violência contra esses grupos".
> 
> "Art. 4º, b, IV. Os Estados comprometem-se a **prevenir, eliminar, proibir e punir**, de acordo com suas normas constitucionais e com as disposições desta Convenção, **todos os atos e manifestações de racismo, discriminação racial e formas correlatas de intolerância, inclusive: ix. qualquer restrição ou limitação do uso de idioma, tradições, costumes e cultura das pessoas em atividades públicas ou privadas**;"

Cabe anotar que esta normativa qualifica o racismo religioso como ilícito civil, lembrando que o ato ilícito designa aquela conduta humana juridicamente qualificada como indesejável ou nociva, à qual a lei comina sanção – seja esta de natureza civil ou penal.

A consideração do racismo religioso como ilícito civil, que viola direitos individuais mas também coletivos, adquire especial relevo num contexto em que os movimentos sociais e parte significativa dos atores do sistema de Justiça tendem a centrar foco na norma penal, na persecução penal, olvidando o princípio da independência das instâncias, vale dizer, um mesmo ilícito pode ensejar responsabilização nas esferas administrativa, civil e penal.

No caso do racismo religioso atualmente há inclusive conceituação na norma cível, trabalhista e penal, mas não exclusivamente, insistimos, na norma penal.

Dispomos, portanto, de variado e robusto leque de instrumentos jurídicos para o enfrentamento das violações de direitos decorrentes do racismo religioso, cujo domínio é imprescindível se pretendemos superar a impunidade traduzida quase sempre na lavratura de boletins de ocorrência que raramente se desdobram em inquéritos, denúncias e condenações.

A propósito, o tema da responsabilidade civil por racismo religioso dá nome a um livro de nossa autoria em parceria com Dr. Anivaldo dos Anjos Filho, Dra. Silvia Souza, Dra. Evane Kramer e Dra. Isabela Dario.

Retomando os tratados internacionais, é igualmente digno de nota o fato de que ao ratificar a Convenção Internacional sobre a Eliminação de Todas as Formas de Discriminação Racial, **o Brasil se obrigou juridicamente a criminalizar qualquer incitação ou indução ao ódio racial/religioso**:

> Art. IV. "**Os Estados Partes condenam toda propaganda** e todas as organizações que se inspirem em ideias ou teorias baseadas na superioridade de uma raça ou de um grupo de pessoas de uma certa cor ou de uma certa origem étnica ou que **pretendem justificar ou encorajar qualquer forma de ódio e de discriminação raciais e comprometem-se a adotar imediatamente medidas positivas destinadas a eliminar qualquer incitação a uma tal discriminação ou quaisquer atos de discriminação com este objetivo, tendo em vista os princípios formulados na Declaração Universal dos Direitos do Homem** e os direitos expressamente enunciados no artigo 5 da presente convenção, eles se comprometem principalmente:"
>
> (...)
>
> "a) a **declarar delitos puníveis por lei, qualquer difusão de ideias baseadas** na superioridade ou <u>ódio raciais</u>, **qualquer incitamento à discriminação racial, assim como quaisquer atos de violência ou provocação a tais atos, dirigidos contra qualquer raça ou qualquer grupo de pessoas de outra cor ou de outra origem étnica**, como também qualquer assistência prestada a atividades racistas, inclusive seu financiamento;"

Debruçando-nos ainda sobre o Estatuto da Igualdade Racial, seu articulado descreve o **conteúdo jurídico da igualdade racial**, nele inserindo o **direito de professar religiões de matriz africana**:

> "Lei n. 12.288/10, art. 24, *caput*. O **direito à liberdade de** consciência e de **crença e ao livre exercício dos cultos religiosos de matriz africana** compreende:"

Do ângulo jurisprudencial, em 2003, ao julgar *Habeas Corpus* impetrado por um editor de livros condenado pela indução ao preconceito contra judeus, o Supremo Tribunal Federal ratificou a previsão legal de que a discriminação religiosa subsume-se na norma constitucional que criminaliza a prática do racismo.

Dizemos ratificar porque a Lei n. 7.716/89, a Lei Caó, que regulamentou a previsão constitucional da criminalização do racismo (CF, art. 5º, XLII), apresenta a seguinte redação em seu art. 20:

> Lei n. 7.716/89, art. 20. Praticar, induzir ou incitar a discriminação ou preconceito de **raça**, cor, etnia, **religião** ou procedência nacional.
> Pena: reclusão de um a três anos e multa.

Ao interpretar este dispositivo legal, o STF demarcou um precedente paradigmático porque pela primeira vez associou textualmente o antissemitismo ao racismo, qualificando a **violação de direitos baseada em critério religioso como espécie de prática de racismo**:

> "1. Escrever, editar, divulgar e comerciar livros 'fazendo **apologia de ideias preconceituosas e discriminatórias' contra a comunidade judaica** (Lei n. 7.716/89, art. 20, na redação dada pela Lei n. 8.081/90) constitui crime de **racismo** sujeito às cláusulas de inafiançabilidade e imprescritibilidade (CF, art. 5º, XLII). 6. **Adesão do Brasil a tratados e acordos multilaterais, que energicamente repudiam quaisquer discriminações raciais**, aí compreendidas as **distinções entre os homens por restrições ou preferências oriundas de raça, cor, credo**, descendência ou origem nacional ou étnica, **inspiradas na pretensa superioridade de um povo sobre outro**, de que são exemplos a **xenofobia**, '**negrofobia**', '**islamafobia**' e o **antissemitismo**" (STF – Pleno, HC 82424, Relator Min. Moreira Alves, Relator para o Acórdão Min. Maurício Correia, j. 17-9-2003).

Desde então a expressão **racismo religioso passou a integrar a gramática do STF**, como neste caso:

> "Recurso Ordinário em *Habeas Corpus*. Direito penal. **Crime de racismo religioso**. Inépcia da denúncia. Inocorrência. Imprescritibilidade. Previsão constitucional expressa. Livro. Publicação. Proselitismo como núcleo essencial da liberdade de expressão religiosa. Trancamento da ação penal" (STF, 1ª Turma, RHC 134682, Relator Min. Edson Fachin, j. 29-11-2016).

## II.1. RACISMO RELIGIOSO E A RECENTE ALTERAÇÃO NA LEI N. 7.716/89

Aprovada poucos dias depois da posse do Presidente Luiz Inácio Lula da Silva, a Lei n.14.532, de 11 de janeiro de 2023, imprimiu alterações substantivas na Lei Caó, a Lei n. 7.716/89.

Leitura desapaixonada da lei alteradora comprova que a despeito dos rarefeitos avanços, prevaleceram o desapreço pela técnica legislativa, açodamento e despreocupação com as vítimas.

Uma inovação significativa, louvável, diz respeito à previsão de assistência judiciária especial às vítimas de discriminação racial:

> Lei n. 7.716/89, art. 20-D. Em todos os atos processuais, cíveis e criminais, a vítima dos crimes de racismo deverá estar acompanhada de advogado ou defensor público.

Anote-se que a tutela jurisdicional específica outorgada às vítimas de ilícito racial civil ou penal decorre da garantia constitucional do acesso à Justiça (CF, art. 5º, XXXV) robustecida por emenda constitucional segundo a qual, "Os Estados Partes comprometem-se a garantir às vítimas do racismo, discriminação racial e formas correlatas de intolerância um tratamento equitativo e não discriminatório, acesso igualitário ao sistema de justiça, processos ágeis e eficazes e reparação justa nos âmbitos civil e criminal, conforme pertinente" (Convenção Interamericana contra o Racismo, a Discriminação Racial e Formas Correlatas de Intolerância, Decreto n. 10.932/2022, art. 10).

Trata-se de instituto que não se confunde com a figura do assistente de acusação cuja habilitação processual subordina-se à discricionariedade judicial irrecorrível (CPP, art. 273), ao passo que a capacidade postulatória do assistente especial decorre diretamente de mandamento legal insuscetível de apreciações subjetivas de oportunidade e conveniência.

Compete soberanamente à vítima decidir, na jurisdição criminal, se será ou não assistida por advogado(a) ou defensor(a) público(a), cabendo-lhe ainda, no âmbito civil, outorgar mandato àquela(e) profissional de sua livre escolha ou fazer-se representar pela Defensoria Pública.

Reservar-se-ão ao assistente especial, no processo penal, os poderes enumerados na Constituição Federal, art. 5º, LIX; Código Penal, art. 100, § 3º; Código de Processo Penal, art. 5º, II e §§ 1º, 2º, 3º, 4º e 5º; arts. 14, 28, 29 e 271; e no Estatuto da Igualdade Racial, art. 52, para ficarmos apenas nesses exemplos.

Inobstante o aludido avanço normativo, uma alteração anedótica tem a ver com a invenção de crime racial preterdoloso, preterintencional, culposo:

> Lei n. 7.716/89, art. 20-A. Os crimes previstos nesta Lei terão as penas aumentadas de 1/3 (um terço) até a metade, quando ocorrerem em contexto ou com intuito de descontração, diversão ou recreação.

Intuito, isto é, desígnio, propósito, intenção recreativa encerra essa excêntrica modalidade de racismo culposo no qual a intenção de entreter, desanuviar, o dolo recreativo transborda para discriminação acidental, isto é, culposa.

O nexo subjetivo composto pelo binômio "dolo na produção de resultado antecedente (descontração)" e "culpa no resultado subsequente (discriminação)" perfaz o escalafobético tipo penal.

À luz do princípio da paciência humana e das diretrizes constitucionais da proporcionalidade e razoabilidade, soa estapafúrdio o aumento de pena de um terço até a metade para delito racial culposo comparativamente ao doloso.

A redação da norma diz muito sobre o desleixo com que o tema foi abordado pelo Congresso Nacional.

Pena mais severa para crime racial culposo e amena para o doloso desnuda a gambiarra, o escárnio com que "assunto de preto" é tratado no Brasil, além de escancarar a ausência de qualquer empatia pelo sofrimento e dor das vítimas.

Dispensa maior esforço cognitivo antever o destino que será reservado pelo cotidiano forense à esta burlesca inovação legislativa, sem olvidarmos do desserviço que ela presta à luta diária das vítimas por acesso à Justiça.

Outro atestado de açodamento e escracho diz respeito ao art. 20, § 2º-A e § 2º-B, os quais descrevem crime racial em contexto religioso ou com o objetivo de obstar, impedir ou atacar manifestação ou prática religiosa, com pena de 2 a 5 anos de reclusão e de 1 a 3 anos respectivamente.

O detalhe é que não houve qualquer preocupação em revogar a figura do impedimento ou perturbação de culto (CP, art. 208) cuja pena é de detenção de um mês a um ano, de sorte que o princípio constitucional da lei mais benéfica fará com que esta irresponsável inovação termine por beneficiar acusados de delito religioso oferecendo penas mais leves do que aquelas previstas na redação anterior da lei.

Basta ser estudante de Direito para saber que havendo conflito aparente entre normas penais aplicáveis à mesma situação fática prevalecerá aquela mais favorável ao imputado.

Cabe anotar ainda o entusiasmado alinhamento da norma alteradora ao *lobby* pretensamente religioso do Congresso Nacional que ambiciona obter licença jurídica para ofender, constranger e ultrajar, visto que a injúria religiosa, há décadas equiparada pelo STF à injúria racial, foi cuidadosamente excluída da alteração e mantida no Código Penal.

Não será demasiado lembrar alguns dos julgados por meio dos quais o STF já havia assentado a inexistência de diferença ontológica entre injúria religiosa e injúria racial, ambas qualificadas como espécies do gênero crime racial, uma conquista das vítimas solenemente ignoradas pela lei alteradora:

"Penal e Processo Penal. Agravo regimental no Agravo em Recurso Especial. Injúria racial. Cerceamento de defesa. Não ocorrência.

4. Não cabe, na via do recurso especial, a análise de suposta violação de artigos da Constituição Federal.

**De acordo com o magistério de Guilherme de Souza Nucci, com o advento da Lei n. 9.459/97, introduzindo a denominada injúria racial, criou-se mais um delito no cenário do racismo, portanto, imprescritível, inafiançável e sujeito à pena de reclusão.**

Agravo Regimental desprovido" (STJ – 6ª Turma, AgRg no AREsp 686.965/DF, Rel. Ministro Ericson Maranho – Desembargador Convocado do TJ/SP, j. 18-8-2015).

"Direito penal. Agravo interno. Recurso extraordinário com agravo. **Crime de injúria racial. Imprescritibilidade**. Matéria infraconstitucional amplamente analisada na origem. Negativa monocrática de seguimento. Manutenção da decisão. Desprovimento do agravo.

4. Agravo a que se nega provimento" (STF, 1ª Turma, ARE 983531 AgR, Relator Ministro Roberto Barroso, j. 21-8-2017).

"*Habeas Corpus*. Matéria Criminal. **Injúria Racial (art. 140, § 3º, do Código Penal). Espécie do Gênero Racismo. Imprescritibilidade**. Denegação da ordem. 1. Depreende-se das normas do texto constitucional, de compromissos internacionais e de julgados do Supremo Tribunal Federal o reconhecimento objetivo do racismo estrutural como dado da realidade brasileira ainda a ser superado por meio da soma de esforços do Poder Público e de todo o conjunto da sociedade. 2. **O crime de injúria racial reúne todos os elementos necessários à sua caracterização como uma das espécies de racismo**, seja diante da definição constante do voto condutor do julgamento do HC 82.424/RS, seja diante do conceito de discriminação racial previsto na Convenção Internacional sobre a Eliminação de Todas as Formas de Discriminação Racial. 3. **A simples distinção topológica entre os crimes previstos na Lei n. 7.716/89 e o art. 140, § 3º, do Código Penal não tem o condão de fazer deste uma conduta delituosa diversa do racismo, até porque o rol previsto na legislação extravagante não é exaustivo. 4. Por ser espécie do gênero racismo, o crime de injúria racial é imprescritível.** 5. Ordem de *habeas corpus* denegada. (...) **Acrescento ainda que o legislador, na esteira de aproximar os tipos penais de racismo e injúria, inclusive no que se refere ao prazo para o exercício da pretensão punitiva estatal, aprovou a Lei n. 12.033/09, que alterou a redação do parágrafo único do art. 145 do Código Penal, para tornar pública condicionada, antes privada, a ação penal para o processar e julgar os crimes de injúria racial**. Assim, o crime de injúria racial, porquanto espécie do gênero racismo, é imprescritível. Por conseguinte, não há como se reconhecer a extinção da punibilidade que pleiteiam a impetração. (...)" (STF – Tribunal Pleno, HC 154248, Relator Min. Edson Fachin, j. 28-10-2021).

Às vítimas de discriminação religiosa resta, portanto, o embate judicial para fazer consolidar o entendimento da Corte Suprema e contornar o estorvo representado pela supracitada lei alteradora.

Não fosse o suficiente, a lei alteradora inseriu inusitada norma interpretativa estatística com a seguinte redação:

Art. 20-C. Na interpretação desta Lei, o juiz deve considerar como discriminatória qualquer atitude ou tratamento dado à pessoa ou a grupos minoritários que cause constrangimento, humilhação, vergonha, medo ou exposição indevida, e que usualmente não se dispensaria a outros grupos em razão da cor, etnia, religião ou procedência.

Não bastassem as dificuldades históricas para se assegurar efetividade à Lei Caó, agora os seus opositores dispõem de argumento adicional para não aplicá-la: o tormentoso exercício de identificação do que seria "pessoa minoritária" ou quiçá "pessoa majoritária".

Uma vez que desde três anos antes da edição da nova lei, isto é, a contar de 2020, o IBGE comprova que o grupo negro perfaz a maioria da população brasileira, estamos diante de parâmetro interpretativo segundo o qual o Estado-juiz deve julgar esquadrinhando as hipóteses nas quais a conduta de uma pessoa negra cause a um indivíduo branco fundado e grave sentimento de medo, vergonha, exposição indevida, constrangimento ou humilhação em razão de sua brancura.

Tendo em conta que aferição de sentimento de vergonha requer diagnose, avaliação técnica, temos agora que o aplicador deverá contar com o imprescindível e luxuoso auxílio de um perito judicial para constatar se um branco, com ou sem letramento racial, sentiu vergonha de ser branco em razão de comportamento de um negro.

Houvesse sido o Presidente Lula, assessorado por advogado(a) sério(a), com um mínimo de prática forense e diminuta empatia pelas vítimas certamente referida lei teria sido vetada.

Cabe neste quadrante um registro histórico; monografia publicada por nós no longínquo ano de 2002 ressaltava um importante atributo do crime racial descrito na Lei Caó:

> "Como pode ser facilmente observado, a norma do art. 20 da Lei n. 7.716/89, encerra tipo penal aberto. Vale lembrar que a ciência criminal utiliza o termo tipo penal aberto para designar aquelas normas que não descrevem perfeitamente o modelo de conduta proibida, exigindo, para sua aplicação a um caso concreto, complementação derivada da interpretação feita por juristas, advogados e juízes.
>
> Já a expressão norma penal em branco, não raro confundida com o aludido tipo aberto, indica aquelas normas que apresentam conteúdo incompleto, vago, formadas por preceitos indeterminados ou genéricos, e que dependem, para sua aplicação a um caso concreto, de complementação extraída de outra norma jurídica (v. g., CP, art. 237). Numa palavra, tipo penal aberto exige complementação pela jurisprudência e pela doutrina; norma penal em branco requer complementação por regra jurídica.
>
> Por evidente, a expressão **"prática da discriminação"**, tanto quanto **"prática do preconceito"** apresenta conteúdo vago, <u>podendo incidir em um amplo leque de condutas, dentre os quais, a fala, a palavra</u>"[1].

---

[1] SILVA JR., Hédio. *Direito de igualdade racial*: aspectos constitucionais, civis e penais. São Paulo: Ed. Juarez de Oliveira, 2002, p. 96.

Há mais de duas décadas, portanto, já defendíamos a tese de que os crimes de palavra motivados por racismo constituíam espécie do gênero crime racial.

À época, doutrina e jurisprudência inventaram, no entanto, uma exótica e brasileiríssima distinção entre injúria racial e crime racial, sob o pretexto de que a injúria violaria direitos de uma única pessoa, devendo ser subsumida ao art. 140, § 3º, do Código Penal, não configurando espécie de crime racial – em afronta direta e patente ao art. 5º, XLII, da Constituição Federal e ignorando os predicados do art. 20, da Lei n. 7.716/89.

Ao arrepio da lei, a doutrina e a jurisprudência fabricaram uma espécie anômala de "racismo privilegiado", algo equiparável ao homicídio privilegiado (CP, art. 121, § 1º) ou tráfico privilegiado (Lei n. 11.343/2006, art. 33, § 4º), cujo resultado prático é a diminuição da pena, a consideração da injúria racial/religiosa como conduta de menor potencial ofensivo e o embaraçamento do acesso da vítima à Justiça, visto que injúria racial e religiosa demandavam representação da vítima no prazo de seis meses autorizando o Ministério Público a propor a ação penal (CP, art. 145).

Não obstante, conforme descrito anteriormente, a partir de 2015, o Superior Tribunal de Justiça e o Supremo Tribunal Federal passaram a adotar o entendimento de que a injúria racial/religiosa possuem todos os atributos de crime racial.

A propósito, o autor deste manuscrito, juntamente com o eminente advogado Dr. Paulo Iotti, atuou no HC 154248 representando várias organizações sociais na condição de *amicus curiae*, tendo inclusive ocupado a tribuna do STF para defender a tese jurídica vencedora.

Finalizando estas breves considerações sobre a conceituação e as bases normativas e jurisprudenciais da expressão **racismo religioso**, em sua acepção cível e criminal, convém transcrevermos extratos do acórdão do STF que reconheceu a legitimidade e constitucionalidade do abate religioso de animais praticado, dentre outras, pelas religiões afro-brasileiras, em cujo julgamento o autor desta compilação atuou como advogado e sustentou oralmente em nome das religiões afro-brasileiras:

> "Direito Constitucional. Recurso Extraordinário com Repercussão Geral. Proteção ao Meio Ambiente. Liberdade Religiosa. Lei n. 11.915/2003 do Estado do Rio Grande do Sul. Norma que dispõe sobre o sacrifício ritual em cultos e liturgias das religiões de matriz africana. Competência concorrente dos estados para legislar sobre florestas, caça, pesca, fauna, conservação da natureza, defesa do solo e dos recursos naturais, proteção do meio ambiente e controle da poluição. Sacrifício de animais de acordo com preceitos religiosos. Constitucionalidade.
>
> 5. **A proteção específica dos cultos de religiões de matriz africana é compatível com o princípio da igualdade, uma vez que sua <u>estigmatização</u>**, fruto de um preconceito estrutural, está a merecer especial atenção do

Estado" (STF – Tribunal Pleno, RE 494601, Relator Min. Marco Aurélio, Relator p/ Acórdão Min. Edson Fachin, j. 28-3-2019).

A estigmatização a que se refere o eminente Ministro Edson Fachin requer uma breve digressão histórica sobre as diferentes formas de perseguição e opressão enfrentadas pelas religiões afro-brasileiras ao longo da história do país e na contemporaneidade.

# Capítulo III
# NOTAS SOBRE O HISTÓRICO DO SISTEMA JURÍDICO E RACISMO RELIGIOSO NO BRASIL

Um aforismo característico da escassa historiografia dos aspectos jurídicos da discriminação racial, incluindo o racismo religioso, refere-se ao credo na suposta neutralidade da lei na conformação do modelo brasileiro de dominação racial e religiosa. É patente o predomínio de um certo entendimento segundo o qual aquele modelo, mesmo em sua versão pós-abolição, teria prescindido do suporte, do aparato, da força da lei na imposição de suas regras de funcionamento.

Sobre o tema, assim se manifesta, por exemplo, Peter Eccles: "Minha tese é de que o sistema jurídico brasileiro não conseguiu garantir o princípio da não discriminação contra os negros, **não obstante ter sido historicamente neutro com respeito à raça**, garantindo a todos igual proteção da lei"[1].

Ao contrário do que supõe o pesquisador, **o Brasil republicano, tanto quanto a colônia e o império, não registra um único período no qual a lei, nomeadamente a lei penal, não tenha sido utilizada para conformar uma verdadeira supremacia jurídica racial e religiosa, merecendo destaque, de início, extratos das constituições brasileiras**.

### Constituição de 25 de março de 1824

Art. 5º. A Religião Catholica Apostolica Romana continuará a ser a Religião do Imperio. Todas as outras Religiões serão permitidas com o seu culto doméstico, ou particular em casas para isso destinadas, sem forma alguma exterior de Templo.

Art. 102. O Imperador é o Chefe do Poder Executivo, e o exercita pelos seus Ministros de Estado. São suas principaes atribuições:

II. Nomear Bispos, e prover os Benefícios Ecclesiásticos.

XIV. Conceder, ou negar Beneplacito aos Decretos dos Concilios, e Letras Apostolicas, e quaesquer outras Constituições Ecclesiasticas, que se não oppozerem á Constituição; e precedendo approvação da Assembléa, se contiverem disposição geral.

Art. 103. O Imperador antes de ser acclamado prestará nas mãos do Presidente do Senado, reunidas as duas Camaras, o seguinte Juramento – Juro manter a Religião

---

[1] ECCLES, Peter R. Culpados até prova em contrário: os negros, a lei e os direitos humanos no Brasil. *Cadernos Cândido Mendes*, Rio de Janeiro: Estudos Afro-Asiáticos, n. 20, jun./1991. p. 135.

Catholica Apostolica Romana, a integridade, e indivisibilidade do Imperio; observar, e fazer observar a Constituição Politica da Nação Brazileira, e mais Leis do Imperio, e prover ao bem geral do Brazil, quanto em mim couber.

Art. 141. Os conselheiros de Estado, antes de tomarem posse, prestarão juramento nas mãos do Imperador de – manter a Religião Catholica Apostolica Romana; observar a Constituição, e as Leis; ser fieis ao Imperador; aconselhal-o segundo suas consciencias, attendendo sómente ao bem da Nação.

Art. 179. V. Ninguém póde ser perseguido por motivo de Religião, uma vez que respeite a do Estado, e não offenda a Moral Pública.

## Constituição de 24 de fevereiro de 1891

Art. 11. É vedado aos Estados, como à União:

(...)

§ 2º Estabelecer, subvencionar, ou embaraçar o exercício de cultos religiosos;

Art. 70, § 2º Não podem alistar-se eleitores para as eleições federaes, ou para as dos Estados: 1º Os mendigos; 2° Os analphabetos;

Art. 72, § 2º Todos são iguaes perante a lei. A Republica não admitte privilegio de nascimento, desconhece foros de nobreza, extingue as ordens honoríficas existentes e todas as suas prerrogativas e regalias, bem como os títulos nobiliarchicos e de conselho.

Art. 72, § 3º Todos os individuos e confissões religiosas podem exercer publica e livremente o seu culto, associando-se para esse fim e adquirindo bens, observadas as disposições do direito commum.

§ 4º A Republica só reconhece o casamento civil, cuja celebração será gratuita.

§ 5º Os cemiterios terão caracter secular e serão administrados pela autoridade municipal, ficando livre a todos os cultos religiosos a pratica dos respectivos ritos em relação aos seus crentes, desde que não offendam a moral publica e as leis[2].

§ 6º Será leigo o ensino ministrado nos estabelecimentos publicos.

§ 7º Nenhum culto ou igreja gozará de subvenção official, nem terá relações de dependencia ou alliança com o Governo da União, ou o dos Estados.

(...)

§ 28º Por motivo de crença ou funcção religiosa, nenhum cidadão brazileiro poderá ser privado de seus direitos civis e políticos nem eximir-se do cumprimento de qualquer dever civico.

§ 29º Os que allegaram motivo de crença religiosa com o fim de se isentarem de qualquer onus que as leis da Republica imponham aos cidadãos, e os que aceitarem condecorações ou titulos nobiliarchicos estrangeiros perderão todos os direitos políticos.

---

[2] Trata-se de norma que revogou a Lei de 1º de outubro de 1828, denominada Regimento das Câmaras Municipais do Império (uma espécie de lei orgânica de todos os municípios, que vigeu até o advento da Constituição de 1891). Por força do art. 66, § 2º, desta lei, a administração dos cemitérios cabia à autoridade religiosa local.

## Constituição de 16 de julho de 1934

Art. 17. É vedado à União, aos Estados, ao Districto Federal a os Municipios:
(...)
II. estabelecer, subvencionar ou embaraçar o exercício de cultos religiosos;
III. ter relação de alliança ou dependencia com qualquer culto ou igreja, sem prejuízo da collaboração reciproca em prol do interesse colletivo;

Art. 113. 4) Por motivo de convicções philosophicas, politicas ou religiosas, ninguém será privado de qualquer dos seus direitos, salvo o caso do art. 111, letra *b*.

5) É inviolável a liberdade de consciencia e de crença, e garantido o livre exercício dos cultos religiosos, desde que não contravenham á ordem pública a aos bons costumes. As associações religiosas adquirem personalidade juridica nos termos da lei civil.

6) Sempre que solicitada, será permitida a assistencia religiosa nas expedições militares, nos hospitaes, nas penitenciarias e em outros estabelecimentos officiaes, sem onus para os cofres publicos, nem constrangimento ou coacção dos assistidos. Nas expedições militares a assistencia religiosa só poderá ser exercida por sacerdotes brasileiros natos.

7) Os cemitérios terão caracter secular e serão administradas pela autoridade municipal, sendo livre a todos os cultos religiosos a pratica dos respectivos ritos em relação aos seus crentes. As associações religiosas poderão manter cemitérios particulares, sujeitos, porém, á fiscalização das autoridades competentes. É-lhes prohibida a recusa de sepultura onde não houver cemiterio secular.

Art. 111. Perdem-se os direitos politicos: b) pela isenção de onus ou serviço que a lei imponha aos brasileiros, quando obtida por motivo de convicção religiosa, philosophica ou politica.

Art. 113, 1. Todos são iguaes perante a lei. Não haverá privilégios, nem distincções, por motivo de nascimento, sexo, raça, profissões proprias ou dos paes, classe social, riqueza, crenças religiosas ou ideas politicas.

Art. 121, § 6º A entrada de immigrantes no territorio nacional soffrerá as restricções necessárias á garantia da integração ethnica e capacidade physica e civil do immigrante...

Art. 138. Incumbe á União, aos Estados e aos Municipios, nos termos das leis respectivas: b: estimular a educação eugenica;

Art. 146. O casamento será civil e gratuita a sua celebração. O casamento perante ministro de qualquer confissão religiosa, cujo rito não contrarie a ordem publica ou os bons costumes, produzirá, todavia, os mesmos effeitos que o casamento civil, desde que, perante a autoridade civil, na habilitação dos nubentes, na verificação dos impedimentos e no processo de opposição, sejam observadas as disposições da lei civil e seja elle inscripto no Registro Civil. O registro será gratuito e obrigatório. A lei estabelecerá penalidades para a transgressão dos preceitos legaes attinentes á celebração do casamento.

Art. 153. O ensino religioso será de frequencia facultativa e ministrado de acôrdo com os principios da confissão religiosa do alumno, manifestada pelos paes ou responsaveis, e constituirá materia dos horarios nas escolas publicas primarias, secundarias, profissionaes e normaes.

## Constituição de 10 de novembro de 1937

Art. 32. É vedado à União, aos Estados e aos Municípios:
(...)
b) estabelecer, subvencionar ou embaraçar o exercício de cultos religiosos;

Art. 122, item 4 – Todos os indivíduos e confissões religiosas podem exercer pública e livremente o seu culto, associando-se para êsse fim e adquirindo bens, observadas as disposições do direito comum, as exigências da ordem pública e dos bons costumes.

Item 5 – Os cemitérios terão caráter secular e serão administrados pela autoridade municipal.

Art.133. O ensino religioso poderá ser contemplado como matéria do curso ordinário das escolas públicas primárias, normais e secundárias. Não poderá, porém, constituir objeto de obrigação dos mestres ou professores, nem de frequência compulsória por parte dos alunos.

## Constituição de 18 de setembro de 1946

Art.31. À União, aos Estados, ao Distrito Federal e aos Municípios é vedado:
(...)
II – estabelecer ou subvencionar cultos religiosos, ou embaraçar-lhes o exercício;
III – ter relação de aliança ou dependência com qualquer culto ou igreja, sem prejuízo da colaboração recíproca em prol do interêsse coletivo;
(...)
V – lançar impôsto sobre:
(...)
b) templos de qualquer culto, bens e serviços de partidos políticos, instituições de educação e de assistência social, desde que as suas rendas sejam aplicadas integralmente no país para os seus respectivos fins; (Emenda Constitucional n. 18/1965, publicada no DOU de 6 de dezembro de 1965)

Art. 141, § 7º É inviolável a liberdade de consciência e de crença e assegurado o livre exercício dos cultos religiosos, salvo o dos que contrariem a ordem pública ou os bons costumes. As associações religiosas adquirirão personalidade jurídica na forma da lei civil.

§ 8º Por motivo de convicção religiosa, filosófica ou política, ninguém será privado de nenhum dos seus direitos, salvo se a invocar para se eximir de obrigação, encargo ou serviço impostos pela lei aos brasileiros em geral, ou recusar os que ela estabelecer em substituição daqueles deveres, a fim de atender escusa de consciência.

§ 9º Sem constrangimento dos favorecidos, será prestada por brasileiro (art. 129, ns. I e II) assistência religiosa às fôrças armadas e, quando solicitada pelos interessados ou seus representantes legais, também nos estabelecimentos de internação coletiva.

§ 10º Os cemitérios terão caráter secular e serão administrados pela autoridade municipal. É permitido a tôdas as confissões religiosas praticar nêles os seus ritos. As associações religiosas poderão, na forma da lei, manter cemitérios particulares.

Art. 163, § 1º O casamento será civil, e gratuita a sua celebração. O casamento religioso equivalerá ao civil se, observados os impedimentos e as prescrições da lei, assim o requerer o celebrante ou qualquer interessado, contando que seja o ato inscrito no registro público.

§ 2º O casamento religioso, celebrado sem as formalidades dêste artigo, terá efeitos civis, se a requerimento do casal, fôr inscrito no registro público, mediante prévia habilitação perante a autoridade competente.

Art. 168, V – o ensino religioso constitui disciplina dos horários das escolas oficiais, é de matrícula facultativa e será ministrado de acôrdo com a confissão religiosa do aluno, manifesta por êle, se fôr capaz, ou pelo seu representante legal ou responsável.

## Constituição de 18 de setembro de 1967

Art. 9º. À União, aos Estados, ao Distrito Federal e aos Municípios é vedado:

(...)

II – estabelecer cultos religiosos ou igrejas, subvencioná-los; embaraçar-lhes o exercício; ou manter com êles ou seus representantes relações de dependência ou aliança, ressalvada a colaboração de interesse público, notadamente nos setores educacional, assistencial e hospitalar.

Art. 20. É vedado à União, aos Estados, ao Distrito Federal e aos Municípios:

(...)

III – criar impostos sôbre:

(...)

b) templos de qualquer culto;

Art.150, § 1º Todos são iguais perante a lei, sem distinção de sexo, raça, trabalho, credo religioso e convicções políticas. O preconceito de raça será punido pela lei.

(...)

§ 5º É plena a liberdade de consciência e fica assegurado aos crentes o exercício dos cultos religiosos, que não contrariem a ordem pública e os bons costumes.

§ 6º Por motivo de crença religiosa, ou de convicção filosófica ou política, ninguém será privado de qualquer dos seus direitos, salvo se a invocar para eximir-se de obrigação legal imposta a todos, caso em que a lei poderá determinar a perda dos direitos incompatíveis com a escusa de consciência.

§ 7º Sem constrangimento dos favorecidos, será prestada por brasileiros, nos têrmos da lei, assistência religiosa às forças armadas e auxiliares e, quando solicitada pelos interessados ou seus representantes legais, também nos estabelecimentos de internação coletiva.

Art. 167, § 2º O casamento será civil e gratuita a sua celebração. O casamento religioso equivalerá ao civil se observados os impedimentos e as prescrições da lei, assim o requerer o celebrante ou qualquer interessado, contanto que seja o ato inscrito no registro público.

§ 3º O casamento religioso celebrado sem as formalidades dêste artigo terá efeitos civis se, o requerimento do casal, fôr inscrito no registro público, mediante prévia habilitação perante a autoridade competente.

Art. 168, § 3º, IV – o ensino religioso, de matrícula facultativa, constituirá disciplina dos horários normais das escolas oficias de grau primário e médio.

## Constituição de 17 de outubro de 1969

Art. 9º. À União, aos Estados, ao Distrito Federal e aos Municípios é vedado:

(...)

II. estabelecer cultos religiosos ou igrejas, subvencioná-los; embaraçar-lhes o exercício ou manter com eles ou seus representantes relações de dependência ou aliança, ressalvada a colaboração de interesse público, na forma e nos limites da lei federal, notadamente no setor educacional, no assistencial e no hospitalar.

Art. 19. É vedado à União, aos Estados, ao Distrito Federal e aos Municípios:

(...)

III – instituir imposto sobre:

(...)

b) os templos de qualquer culto;

Art. 153, § 1º Todos são iguais perante a lei, sem distinção de sexo, raça, trabalho, credo religioso e convicções políticas. Será punido pela lei o preconceito de raça.

(...)

§ 5º É plena a liberdade de consciência e fica assegurado aos crentes o exercício dos cultos religiosos, que não contrariem a ordem pública e os bons costumes.

§ 6º Por motivo de crença religiosa, ou de convicção filosófica ou política, ninguém será privado de qualquer dos seus direitos, salvo se o invocar para eximir-se de obrigação legal a todos imposta, caso em que a lei poderá determinar a perda dos direitos incompatíveis com a escusa de consciência.

§ 7º Sem caráter de obrigatoriedade, será prestada por brasileiros, nos termos da lei, assistência religiosa às forças armadas e auxiliares e, nos estabelecimentos de internação coletiva, aos interessados que a solicitarem, diretamente ou por intermédio de seus representantes legais.

Art. 175, § 2º O casamento será civil e gratuita a sua celebração. O casamento religioso equivalerá ao civil se, observados os impedimentos e as prescrições da lei, o ato for inscrito no registro público, a requerimento do celebrante ou de qualquer interessado.

§ 3º O casamento religioso celebrado sem as formalidades do parágrafo anterior terá efeitos civis, se, a requerimento do casal, for inscrito no registro público, mediante prévia habilitação perante a autoridade competente.

Art. 176, § 3º, V – o ensino religioso, de matrícula facultativa, constituirá disciplina dos horários normais das escolas oficiais de grau primário e médio.

Cabe sublinhar alguns apontamentos, ainda que esquemáticos e concisos.

Dispensável realçar que a Constituição do Império conferia ao Estado um caráter eminentemente confessional, não apenas porque operava com a noção de religião oficial, religião de Estado, como também porque limitava o culto das confissões dissidentes ao espaço privado, doméstico, vedando inclusive a edificação de templos não católicos.

Investido de atribuições próprias de autoridade religiosa, além das prerrogativas de chefe de governo, o Imperador detinha poderes para nomear bispos, abastecer a Igreja Católica com recursos do erário e homologar normativas internacionais deliberadas pela hierarquia católica.

Ícone robusto da simbiose entre Estado e religião, o juramento de posse do Imperador apresentava termos que atribuíam primazia à defesa da Igreja Católica, dispondo num lugar secundário a integridade e indivisibilidade do Império.

Eloquente e inequívoca nesta matéria, a Constituição de 1891, elaborada por uma Assembleia Constituinte, instituiu o mais rigoroso arcabouço separatista no que diz respeito à relação entre Estado e Religião, assegurando ampla liberdade de culto, reconhecendo tão somente o casamento de natureza civil, secularizando[3] os cemitérios e fixando expressamente o caráter laico do ensino público.

A Constituição de 1891 também foi expressa ao proibir o financiamento público da atividade religiosa, assegurar ampla liberdade de culto e introduzir o instituto da objeção de consciência (art. 72, § 29º, primeira parte), ressalvado que o objetor sujeitava-se à perda dos direitos políticos.

Impende sublinhar, nesta quadra, que referida Constituição ampliou os direitos civis e políticos mas impediu o acesso da população negra às urnas – ao impor a alfabetização como requisito para o direito de sufrágio num país recém-saído da escravização e vedação de acesso dos escravizados ao ensino; além de excluir outros segmentos, a exemplo das mulheres.

Não será demais realçar que os analfabetos passaram a exercer o direito de sufrágio quase um século depois, mais precisamente em 1985, por meio da Emenda Constitucional n. 25.

Fato memorável ocorrido sob a égide da primeira Constituição Republicana merece um parêntesis.

Inaugurada no dia 12 de outubro de 1931 no Corcovado, mais alta colina da capital carioca, a escultura do Cristo Redentor pesa 1.145 toneladas e mede 38 metros de altura e 30 de largura (de mão a mão). A obra é considerada a maior

---

[3] Expressão que, em sua acepção jurídica, designa objetos ou condutas das quais a lei retirou o caráter religioso, passando a ser qualificadas como civis (não religiosas).

estátua *art déco* do mundo, estilo arquitetônico marcado por linhas simples, elegantes e traços geométricos.

Em contraposição à topografia do Palácio do Catete, sede do Governo e da então capital da República, posicionado no nível do mar, o Corcovado situa-se a 710 metros de altitude.

Na inauguração do Cristo Redentor, Getúlio Vargas e todo o Ministério do Governo Provisório subiram o Corcovado para ouvir a pregação do Cardeal Sebastião Leme, que consagrou a nação "ao Coração Santíssimo de Jesus, reconhecendo-o para sempre seu Rei e Senhor".

Tratava-se de uma contundente resposta da Igreja Católica ao famoso Decreto n. 119-A, de 7 de janeiro de 1890, assinado por Deodoro da Fonseca e à Constituição então em vigor: o Estado é laico mas a nação, o povo "pertence" ao Rei e Senhor Jesus Cristo.

Foi assim que o símbolo de uma religião foi erigido ao *status* de emblema nacional, símbolo da nação.

Naquele mesmo ano, aliás, Getúlio Vargas assinou o famoso Decreto n. 19.941, de 30 de abril de 1931, autorizando a instrução religiosa em escolas públicas, uma ofensa direta e frontal ao art. 72, § 6º, da Constituição vigente à época, a qual prescrevia ensino de natureza laica.

Vejamos extratos do reportado decreto:

"Dispõe sobre a instrução religiosa nos cursos primário, secundário e normal
Art. 1º. Fica facultado, nos estabelecimentos de instrução primária, secundária e normal, o ensino da religião.
Art. 4º. A organização dos programas do ensino religioso e a escolha dos livros de texto ficam a cargo dos ministros do respectivo culto, cujas comunicações, a este respeito, serão transmitidas às autoridades escolares interessadas.
Art. 5º. A inspeção e vigilância do ensino religioso pertencem ao Estado, no que respeita a disciplina escolar, e às autoridades religiosas, no que se refere à doutrina e à moral dos professores.
Art. 6º. Os professores de instrução religiosa serão designados pelas autoridades do culto a que se referir o ensino ministrado.
Art. 9º. Não é permitido aos professores de outras disciplinas impugnar os ensinamentos religiosos ou, de qualquer outro modo, ofender os direitos de consciência dos alunos que lhes são confiados.
Art. 10. Qualquer dúvida que possa surgir a respeito da interpretação deste decreto deverá ser resolvida de comum acordo entre as autoridades civis e religiosas, a fim de dar à consciência da família todas as garantias de autenticidade e segurança do ensino religioso ministrado nas escolas oficiais".

São carecedores de criatividade ou novidade, portanto, os arroubos sectários e tirânicos impunemente protagonizados no passado recente por autoridades públicas que deveriam observar os princípios constitucionais da impessoalidade e da legalidade, mas que sem qualquer cerimônia vociferavam que "o Estado é laico, mas eu sou terrivelmente evangélico!!!".

Retomando os apontamentos históricos, a Constituição de 1934 inaugurou a previsão de assistência religiosa nas unidades e expedições militares e nos hospitais e penitenciárias, sem ônus para os cofres públicos.

Mantendo como regra a secularização dos cemitérios, aquela Carta passou a prever, também, a construção de cemitérios particulares mantidos por associações religiosas. A validação civil do casamento religioso, bem como a adoção do ensino religioso, de frequência facultativa, passaram a constar no direito constitucional.

De outra parte, é repleto de significados o fato de que a Constituição de 34, promulgada por um colegiado popular, uma assembleia constituinte que contou, pela primeira vez, com uma presença feminina e representação trabalhista, tenha consignado o repúdio à discriminação racial, ao mesmo tempo em que prescrevia o ensino da eugenia[4] e fixava restrições étnicas na seleção dos imigrantes. Em homenagem a este último preceito, o Decreto-lei n. 7.967/45 consignava em seu art. 2º: "Atender-se-á, na admissão de imigrantes, à necessidade de preservar e desenvolver, **na composição étnica da população, as características mais convenientes da sua ascendência europeia..."**[5].

De seu turno, a Carta de 1937 manteve-se silente em relação ao casamento religioso, à assistência religiosa nas instituições de internação coletiva e à objeção de consciência. Ao referir-se ao ensino religioso, aquela Constituição facultava a inclusão de tal disciplina como matéria do curso regular das escolas públicas, proibindo, porém, o engajamento compulsório dos professores ou a frequência obrigatória dos alunos.

A Carta de 1946 apresenta dois traços peculiares: 1. a introdução da imunidade tributária do templo, decreto visando impedir a obstrução, por meio do fisco, do funcionamento das confissões religiosas; 2. o aperfeiçoamento do instituto da objeção de consciência, proibindo a perda de quaisquer direitos, desde que o objetor cumprisse prestação alternativa fixada em lei.

A Constituição de 1967 notabilizou-se por associar o princípio da igualdade à proibição de discriminação em razão de credo religioso, entre outros, como já o fizera o Texto de 1934. O enunciado "Todos são iguais perante a lei" passou a ser

---

[4] Eugenia (higiene racial), ideologia formulada em 1908 pelo inglês Francisco Dalton, que preconizava a ideia de pureza racial como contraposição à alegada degeneração decorrente dos cruzamentos raciais.

[5] Decreto-lei n. 7.967, de 18 de setembro de 1945: "Dispõe sobre a imigração e colonização e dá outras providências".

acompanhado de vedações que apuram e decompõem seu significado, acentuando-o: "sem distinção de (...) credo religioso (...)".

A Constituição de 1969 aboliu a obrigatoriedade da assistência religiosa às forças armadas. Vale notar ainda que, na trilha de suas antecessoras, excetuando-se a primeira Constituição republicana, referida Carta assegurava ampla liberdade de crença, mas condicionava o culto religioso à observância da ordem pública e dos bons costumes, previsão esta abolida do Texto Constitucional de 1988.

# Capítulo IV
# RACISMO RELIGIOSO NA LEGISLAÇÃO PENAL PRETÉRITA E VIGENTE

Conforme salientado, a Constituição de 1891 adotou a mais rígida demarcação das áreas de domínio do Estado e da religião.

Fosse necessário referir algo para encarecer o relevo deste atributo da primeira Constituição republicana, bastaria mencionar a ruptura com a legislação colonial e, consequentemente, com o racismo religioso legalizado que persiste na atualidade.

Com efeito, até a outorga da Constituição Política do Império do Brasil, de 25 de março de 1824, seguida da edição do Código Criminal do Império do Brasil, de 1830, o Brasil esteve sob a égide das chamadas Ordenações do Reino: as Ordenações Afonsinas (1446-1521), Manoelinas (1521-1603) e as Filipinas (1603-1830), assinaladas as influências do Direito Canônico e especialmente do Direito Romano, que não apenas marcaram todo o período colonial, como também, vale lembrar, respondem pela inscrição do Brasil na galeria dos países de sistema jurídico de tradição romano-germânica, o *civil law*.

O Código Filipino foi o mais amplamente empregado no Brasil. Um exame exploratório do famoso Livro V das Ordenações Filipinas aponta as seguintes regras implícitas ou explicitamente endereçadas ao controle e subjugação dos africanos escravizados:

- criminalizava a heresia, punindo-a com penas corporais (Título I);
- criminalizava a negação ou a blasfêmia de Deus ou dos Santos (Título II);
- criminalizava a feitiçaria, punindo o feiticeiro com a pena capital (Título III);
- punia a invasão de domicílio com a finalidade de manter conjunção carnal com mulher virgem, viúva honesta ou escrava branca, donde se infere que caso se tratasse de mulher negra e/ou escravizada, o crime não se configuraria (Título XVI);
- punia o estupro, prevendo, no caso de escrava ou prostituta, um procedimento judicial que possibilitava a não execução da pena de morte (Título XVIII);
- punia o escravo que sacasse arma contra seu senhor (Título XLI);
- equiparava o escravo a animais e coisas (Título LXII);

- punia os indivíduos que auxiliassem a fuga de escravos ou os acolhesse (Título LXIII);
- punia a vadiagem (Título LXVIII);
- criminalizava reuniões, festas ou bailes organizados por escravos (Título LXX).

Modificações interessantes foram introduzidas neste cenário pela Constituição Política do Império[1], de 25 de março de 1824, e pelo Código Criminal, editado seis anos depois. A propósito, convém pôr em relevo a prioridade dispensada à repressão da rebeldia: a referida Constituição determinava a organização "quanto antes" de um Código Civil e um Código Criminal (art. 179, XVIII). No entanto, transcorreram-se quase cem anos até que fosse promulgado o Código Civil (1916), sendo que vinte cinco anos depois da promulgação da Constituição entrava em vigor o Código Comercial (1850), contendo regras próprias e outras típicas de um Código Civil. Já o Código Criminal, este não tardou a ser organizado.

Merece registro que até 2002 o Código Comercial equiparava escravizado a semovente:

> "Art. 273. Podem dar-se em penhor bens móveis, mercadorias e quaisquer outros efeitos, títulos da Dívida Pública, ações de companhias ou empresas e em geral quaisquer papéis de crédito negociáveis em comércio.
> Não podem, porém, dar-se em penhor comercial **escravos, nem semoventes**".

Anote-se que para todos os efeitos civis – contratos, herança etc. – o africano escravizado não era considerado pessoa, titular de direitos; no entanto, para o direito penal, melhor dizendo, para efeito da persecução penal, o escravo era considerado responsável, humano, isto caso figurasse como réu; já se tivesse uma parte de seu corpo mutilada, a lesão era qualificada juridicamente como mero dano – algo atinente ao direito de propriedade e não ao direito penal. Ou ainda caso fosse um escravo arrebatado, configurado estaria o crime de furto, ou de roubo. Numa palavra: sendo réu era pessoa, sendo vítima, coisa.

Uma miríade de leis, avisos e posturas municipais, assegurava aos senhores de engenho parte do aparato de força necessário para subjugar e explorar o negro escravizado, merecendo destaque, dentre outras:

**Lei de 15 de outubro de 1827** – Crêa em cada uma das freguezias e das capellas curadas um Juiz de Paz e supplente.

---

[1] Escravista sem consignar uma única palavra sobre o assunto, a Constituição de 1824 aboliu formalmente a pena de tortura, a marca de ferro quente e todas as demais penas cruéis.

"Art. 5º. Ao Juiz de Paz compete:

§ 6º **Fazer destruir os quilombos**, e providenciar a que se não formem."

**Decreto – de 11 de novembro de 1833** – Dá novo Regulamento para a Administração Geral da Fábrica da Pólvora.

"Havendo mostrado a experiência que o Regulamento para a Administração geral da Fábrica da Pólvora da Estrella, que baixou com o Decreto de 21 de Fevereiro de 1832, não satisfaz aos uteis e importantes fins daquelle estabelecimento; e não tendo sido ainda approvado o mesmo Regulamento pela Assembléa Geral Legislativa, achando-se por isso o Governo autorizado ainda pelo artigo dezanove capitulo quinto da Lei de quinze de Novembro de mil oitocentos trinta e um para fazer as convenientes reformas, que na pratica se mostram necessarias para o bom regimen, andamento, e fiscalisação da referida Fabrica da Polvora;

Ha por bem a Regencia, em Nome do Imperador o Senhor D. Pedro II, Determinar que fique sem effeito o mencionado Regulamento e respectivo Decreto na parte que o autorizou, e se observe provisoriamente o que com este baixa, assignado pelo Brigadeiro Antero José Ferreira de Brito, Ministro e Secretario de Estado dos Negocios da Guerra, que assim o tenha entendido, e faça executar com os despachos necessarios.

Art. 34. Os escravos não serão empregados em serviço particular que não pertença à Fabrica.

Art. 35. As madeiras e mais productos extrahidos da Fazenda serão carregados ao Almoxarife á vista das guias remettidas pelo Administrador, com declaração das dimensões, qualidades e preços.

DO HOSPITAL E SEUS EMPREGADOS

Art. 36. Haverá um Hospital proporcionado ao numero de escravos e trabalhadores da Fabrica que possam enfermar em serviço.

Art. 39. Haverá um enfermeiro livre, e os serventes necessarios, tirados dos escravos da fabrica.

Art. 40. As receitas, dietas, e pedidos para o hospital serão assignados pelo Facultativo.

DA INSTRUCÇÃO CHRISTÃ

Art. 41. **Haverá um Capellão, que terá a seu cargo celebrar o Santo Sacrificio da Missa nos domingos e dias santos; instruir a escravatura nos principios da Religião Christã, desobrigal-os pela quaresma, e ministrar-lhes os mais Sacramentos necessarios**."

**Decreto n. 796, de 14 de junho de 1851** – Regula o serviço dos enterros, o quantitativo das esmolas das sepulturas, a policia dos Cemiterios publicos e o preço dos caixões, vehiculos de conducção dos cadaveres, e mais objectos relativos aos funeraes.

"Art. 21. As vallas geraes destinadas para sepultura dos pobres fallecidos nos Hospitaes, e dos indigentes, serão separadas das dos escravos; e tanto humas como outras terão nove palmos de largura, quartorze de profundidade, e comprimento compativel com a qualidade do terreno. Serão abertas a quatro palmos de distancia huma das outras; e só passados sete annos poderão servir para novos enterramentos, se maior espaço de tempo não for necessario para completa consumição dos corpos.

Art. 32. As sobreditas ordens serão escriptas por duas vias em Tabellas impressas, fornecidas gratuitamente pela Administração sobredita, e deverão designar: 1º o nome e cognomes do finado, a sua naturalidade, condição civil, idade, estado e profissão; a molestia de que falleceo, e o lugar e numero da casa da sua moradia, ou onde o corpo se achar depositado: na morte dos Indigenas deverá esta circumstancia ser tambem declarada: sendo escravo, a nação e o nome do senhor: e se for africano livre, o nome da pessoa ou Repartição a quem os seus serviços tiverem sido concedidos: 2º o dia e hora a que deverá partir o enterro, e o Cemiterio a que he destinado: 3º a classe das Tabellas que hão de ser fornecidas, com declaração nominativa dos objectos que forem excluidos; ficando entendido que devem ser fornecidos todos aquelles objectos que não forem designadamente excluidos."

**Decreto n. 1.331-a, de 17 de fevereiro de 1854** – Approva o Regulamento para a reforma do ensino primario e secundario do Municipio da Côrte.

"**Art. 69. Não serão admittidos á matricula, nem poderão frequentar as escolas**:
§ 1º Os meninos que padecerem molestias contagiosas.
§ 2º Os que não tiverem sido vaccinados.
§ 3º Os **escravos**."

**Decreto n. 3.609, de 17 de fevereiro de 1866** – Approva o Regulamento para o serviço da Guarda Urbana creada pelo Decreto n. 3.598 de 27 de janeiro de 1866.

"§ 41. Os commandantes de districto devem tambem:
5º Prender os escravos fugidos, ou que forem encontrados nas ruas depois das 10 horas da noite sem bilhete dos senhores, salvo reconhecendo por qualquer modo que vão a serviço dos mesmos.
7º **Dispersar ajuntamento de escravos e não permittir vozerias, cantatas e tocatas** nas tabernas e outras casas de negocio, e participar ao Subdelegado semelhantes infracções, com designação dos nomes das testemunhas, conduzindo á sua presença os desobedientes livres e prendendo os escravos.
CAPITULO III
Dos guardas urbanos
Art. 4º. Aos guardas urbanos incumbem os deveres que constão dos paragraphos seguintes:

§ 24. Os guardas devem conduzir ás respectivas estações por meio dos guardas dos postos intermedios:

17. Os escravos fugidos ou encontrados depois das 10 horas da noite sem licença dos senhores, salvo reconhecendo-se que vão a serviço dos mesmos.

§ 25. E' recommendado aos guardas:

3º **Dispersar ajuntamentos de escravos** nas tabernas, botequins e outras casas de negocio e **não permitindo nellas cantatas e tocatas**, communicando estas infracções aos commandantes de districto."

## O Código Criminal do Império

Saudado como símbolo de modernidade e portador das novas ideias liberais então em voga na Europa, o Código Criminal editado em 16 de dezembro de 1830 exibia, entre seus 312 artigos, um significativo leque de normas diretamente destinadas à contenção da rebeldia negra, seja entre escravizados, seja entre livres e libertos, entre elas:

- fixava a responsabilidade penal em 14 anos (art. 10, § 1º);
- atribuía ao senhor a responsabilidade pela indenização dos danos causados pelo escravo (art. 28, § 1º);
- estabelecia a pena de açoites e uso compulsório de ferros para escravos (art. 60);
- criminalizava a insurreição (art. 113);
- punia as pessoas livres que encabeçassem insurreição (art. 114);
- punia a ajuda, o incitamento ou aconselhamento à insurreição, bem como o fornecimento de armas, munições ou outros meios para o mesmo fim (art. 115);
- punia a celebração, propaganda ou culto de confissão religiosa que não fosse a oficial[2] (art. 276);
- punia a vadiagem (art. 295);
- criminalizou a mendicância (art. 296).

Um exame mesmo superficial de tais preceitos patenteia o fato de que, num certo sentido, a história da empresa colonialista e do escravismo no Brasil confunde-se com a história da subordinação do direito penal aos interesses dos senhores de engenho.

Note-se que a lei não se limita a garantir o trabalho e a subjugação do negro escravizado. Ela faz muito mais que isso, imiscuindo-se na seara religiosa, por exemplo.

---

[2] O art. 5º da Constituição de 1824 prescrevia que a "Religião Catholica Apostólica Romana continuará a ser a Religião do Império".

Mais do que escravizar e explorar o africano, era necessário impor-lhe uma religião, devassar sua identidade cultural, convencendo-o do poder de vida e de morte de que dispunham seus algozes.

Prosseguindo, proclamada a República, o Governo Provisório, do qual Campos Sales era Ministro da Justiça, encomenda ao Conselheiro Baptista Pereira a organização de um projeto de Código Penal, convertido em lei em 11 de outubro de 1890.

Tendo em vista que a primeira constituição republicana data de 24 de fevereiro de 1891, vê-se que a nova ordem constitucional passou a viger um ano e quatro meses depois da edição do aludido Código Penal, porquanto o Brasil experimentou um excêntrico caso de mudança de regime político instituída primeiramente por um código penal e secundariamente por uma nova ordem constitucional.

Dentre seus artigos, convém destacar:

- fixava a responsabilidade penal em 9 anos (art. 27, § 1º);
- punia o crime de capoeiragem (art. 402);
- punia o crime de curandeirismo (art. 158);
- punia o crime de espiritismo (art. 157);
- punia o crime de mendicância (art. 391);
- punia o crime de vadiagem (art. 399).

Três registros se impõem neste ponto: a criminalização da capoeira, do curandeirismo e do espiritismo, uma vez mais certifica o destaque legalmente conferido à dominação cultural, à imposição da cultura e da supremacia racial e religiosa como estratégia para a dominação política e a exploração econômica.

Sobre o delito de espiritismo, Antonio Bento Faria atribui ao aludido termo o significado de "feitiçaria, evocação de espíritos, bruxaria"[3].

Décadas depois era aprovado o **Código Penal vigente, de 1940, que manteve os delitos** de charlatanismo (art. 283) e **curandeirismo** (art. 284).

Cabe aqui um parêntesis: a temática da maioridade penal apresenta uma interessante trajetória na história do direito penal no Brasil. No Livro V das Ordenações Filipinas, o Título 135 fixava a idade de 17 anos para a imputabilidade penal. O Código Criminal do Império reduziu o limite de idade para 14 anos (art. 9º).

Adotado dois anos depois da abolição formal do escravismo, o Código Penal de 1890 prescrevia a condição de maioridade penal aos 9 anos (art. 27, § 1º). Assim é que, durante quatro décadas, vigeu no Brasil a regra da imputabilidade

---

[3] FARIA, Antonio Bento. *Annotações theorico-praticas ao Código Civil Penal do Brasil*. Rio de Janeiro: Ed. Jacinto Ribeiro dos Santos, v. I, 1929, p. 307-310.

penal aos 9 anos, revogada apenas em 1932, com a aprovação da Consolidação das Leis Penais, que elevou o limite mínimo para 14 anos (art. 27, § 1º). O Código de 1940 fixou a capacidade penal aos 18 anos (art. 27), norma alçada ao nível constitucional, conforme disposto no art. 228 da Constituição vigente.

Voltemos ao primeiro código republicano. Aplaudindo a fixação da responsabilidade penal em 9 anos, Raymundo Nina Rodrigues discorre sobre as razões do legislador. Segundo o autor,

> O nosso Código Penal vigente, inspirado (perdoe-me o legislador), mal copiado do código penal italiano, trouxe-nos portanto um progresso reduzindo a menoridade de quatorze para nove annos [...] Os povos civilisados mais cultos, o inglez, o italiano, o allemão, por exemplo, cujas cerebrações devem ser de mais lento desenvolvimento, se contentam com sete, nove, doze annos; no Brazil, por causa das suas raças selvagens e barbaras, o limite de quatorze annos ainda era pequeno! [...] as raças inferiores chegam á puberdade mais cedo do que as superiores [...] "o menino negro é precoce, affirma ainda Letorneau; muitas vezes excede ao menino branco da mesma idade; mas cedo seus progressos param: o fructo precoce aborta [...] quanto mais baixa fôr a idade em que a acção da Justiça, ou melhor do Estado se puder exercer sobre os menores, maiores probabilidades de exito terá ella, visto como poderá chegar ainda a tempo de impedir a influencia deleteria de um meio pernicioso sobre um caracter em via de formação, em época em que a acção delles ainda possa ser dotada de eficácia[4].

Na tentativa de construir um raciocínio lógico, coerente, Nina Rodrigues vai ao ponto de afirmar que as "raças inferiores" teriam desenvolvimento precoce, de modo a justificar o encarceramento de crianças de 9 anos de idade. Todavia, assevera o aclamado cientista que tal desenvolvimento teria vida curta, donde se pode inferir que a partir de determinado estágio, não indicado pelo autor, os membros das "raças inferiores" teriam a sua celebração paralisada ou mesmo reduzida, situando-se então em um plano intelectualmente inferior às "raças superiores".

O positivismo do autor também fica evidente no seu pessimismo em relação à possibilidade de a família ou a sociedade atuarem no sentido de educar ou orientar o "menino negro", possibilidade que ele vislumbra tão somente na possível profilaxia decorrente do cárcere.

Considerado por Cesare Lombroso[5] como seu apóstolo na América do Sul, Raymundo Nina Rodrigues – denominação atual do Instituto Médico Legal e de

---

[4] RODRIGUES, Raymundo Nina. *As raças humanas e a responsabilidade penal no Brasil*, p. 109.
[5] Médico, psiquiatra, militante do Partido Socialista Italiano dos Trabalhadores, Cesare Lombroso (1835-1909) é considerado fundador da Antropologia Criminal e um dos precursores da Criminologia, ciência cujo objeto ainda hoje é alvo de controvérsias. Deve-se a Lombroso as definições de delinquente nato, atavismo (herança remota) criminoso, associação entre fenótipo e predisposição delituosa, entre outras. Lombroso responde, juntamente com Enrico Ferri e Rafael Garofalo, pela denominada escola italiana – a escola do positivismo criminológico.

um museu localizado na capital baiana – não se viu diante de maiores embaraços para proceder a identificação, no contexto brasileiro, da figura do delinquente nato criada por seu mestre italiano.

Preleciona o médico:

> [...] se pode admittir que os selvagens americanos e os negros africanos, bem como seus mestiços, já tenham adquirido o desenvolvimento physico e a somma de faculdades psychicas, sufficientes para reconhecer, num caso dado, o valor legal do seu acto (discernimento) e para se decidir livremente a commettel-o ou não (livre arbitrio)? – Por ventura pode-se conceder que a consciencia do direito e do dever que teem essas raças inferiores, seja a mesma que possue a raça branca civilisada? [...] O negro crioulo conservou vivaz os instinctos brutaes do africano: é rixoso, violento nas suas impulsões sexuaes, muito dado á embriaguez e esse fundo de caracter imprime o seu cunho na criminalidade colonial actual[6].

Dentre as manifestações da genialidade do cientista Nina Rodrigues, uma merece especial atenção: freniatria, frenologia e quetais, notabilizaram-se, na Europa, pela associação entre determinadas características ou medidas corporais e delinquência; daí a importância atribuída às medições de estatura, comprimento da cabeça, do dedo médio, dos braços etc., às quais foi acrescentada, no Brasil, a largura do nariz, como resultante do esforço adaptativo do cientista Nina Rodrigues.

Crítico feroz do tratamento igualitário conferido pelo Código Penal a negros e brancos, bem como da noção de livre arbítrio[7] e outras características do código, o médico maranhense propugnava a adoção de quatro códigos[8]: um para os mestiços superiores, um para os mestiços evidentemente degenerados, um para os mestiços comuns e, finalmente, um para os brancos, assim descritos:

> A civilisação aryana está representada no Brazil por uma fraca minoria da raça branca a quem ficou o encargo de defendela, não só contra os actos anti-sociaes – os crimes – dos seus proprios representantes, como ainda contra os actos anti-sociaes das raças inferiores[9].

Note-se que, para Nina Rodrigues, a chave para a explicação do comportamento seria a raça, isto é, o grupo racial a que pertence o indivíduo, e não este, donde sua objeção à presença do instituto do livre arbítrio no primeiro Código Penal republicano.

---

[6] RODRIGUES, Raymundo Nina. *As raças humanas e a responsabilidade penal no Brasil*, 1894, p. 112-124.

[7] Para Nina Rodrigues, a raça e não o indivíduo determinava o comportamento. Daí porque sua oposição à adoção da premissa do livre arbítrio prevista no código.

[8] RODRIGUES, Raymundo Nina. *As raças humanas e a responsabilidade penal no Brasil*, p. 167.

[9] Id., p. 170-171.

Opondo-se à universalização do livre arbítrio, incorre o autor, entretanto, em uma importante contradição: fosse verdade que "os selvagens e africanos" não possuíam desenvolvimento físico e psíquico suficiente para divisar a licitude ou ilicitude de seus atos, nem liberdade para decidir sobre estes, seria então o caso de considerá-los inimputáveis.

Nota deve ser dedicada também para destacar que, além das categorias "raças superiores" e "raças inferiores", Nina Rodrigues pretende explorar subcategorias, do que deriva a alusão aos grupos de "mestiços superiores, degenerados e comuns".

Outra preocupação do cientista referia-se à criminalização da vadiagem, que mereceu esfuziante aclamação:

> A indolência da população mestiça é talvez um dos factos sobre o qual menos se discutirá no Brazil, e não é menor o accordo unanime em attribuil-a á riqueza nativa do sólo, que dispensa qualquer trabalho. O último código penal, feliz por ter com o consenso geral, encontrado na indolência dos mestiços, uma manifestação da livre vontade de não querer trabalhar, correu pressuroso, com o art. 399, em auxílio desse prejuízo[10].

E arremata o professor:

> A bem conhecida incapacidade de um trabalho physico continuado e regular dos selvagens tem sua explicação natural na physiologia comparada das raças humanas[11].

Nessa quadra, o paradoxo fica por conta do fato de que, na data da publicação da obra em tela, o Brasil contabilizava mais de três séculos e meio de trabalho do negro escravizado, o qual, segundo Nina Rodrigues, teria compulsão genética para o ócio.

Note-se, a esse respeito, que estudos de Boris Fausto atestam o endereçamento racial da criminalização da vadiagem:

> Os relatórios do Secretário de Justiça dos anos 1904 e 1906 – únicos a estabelecer um cruzamento entre presos por contravenção e nacionalidade – mostram como os brasileiros são amplamente majoritários na rubrica "vadiagem", enquanto os estrangeiros predominam em "embriaguez" e mais ainda em "desordens". [...] Por sua vez, as indicações referentes a pessoas processadas por vadiagem nos anos 1907 e 1908 indicam como os nacionais continuam sendo majoritários, mas em proporção bem menor. [...] Estes dados dão alguma consistência à hipótese de que a massa de vadios era formada por uma população destituída predominantemente nacional, onde talvez fosse possível encontrar um número significativo de pretos e mulatos, marginalizados de atividades econômicas atraentes nos anos pré e pós-Abolição[12].

---

[10] RODRIGUES, Raymundo Nina. *As raças humanas e a responsabilidade penal no Brasil*, p. 141.

[11] Id., p. 142.

[12] FAUSTO, Boris. *Crime e cotidiano*, p. 44.

Boris Fausto cita ainda Audferheid, que, segundo o autor, mostrou como as autoridades sempre fizeram uma aproximação entre a vadiagem e a população negra. Por exemplo, as "partes de semana", feitas pelos juízes de paz de Salvador (1834-1836) referiam-se com muita frequência, em suas descrições, a "crioulo forro, negro, pardo, cabra vadio, ou preto vadio"[13].

Tratamento especial igualmente mereceu a capoeira, tipificada pelo código republicano em um capítulo sugestivamente intitulado "Dos vadios e capoeiras". Como asseverava Boris Fausto,

> Trata-se, no caso, de um claro exemplo de criminalização de um comportamento com o propósito de reprimir uma camada social específica, discriminada pela cor. A preocupação com a "capoeiragem" está ligada a uma conjuntura histórica e em particular a uma cidade – o Rio de Janeiro no período imediatamente posterior à Abolição[14].

O impacto da produção rodrigueana e seus pressupostos lombrosianos não ficou restrito às dependências da Faculdade de Medicina da Bahia, na qual lecionava o médico-legista, mas influenciou a literatura médica nacional e, sobretudo, o discurso jurídico veiculado nas Faculdades de Direito de Recife e de São Paulo, lançando as bases de uma verdadeira escola teórica.

Segundo Lilia Schwarcz[15], a frenologia, a freniatria, a biologia criminal e similares marcaram todo um período da produção científica no Brasil, notadamente no campo da criminologia e do direito penal.

Um observador imprudente por certo se sentiria mais confortável com a conclusão de que a história terminou profligando o ideário rodrigueano.

Trata-se, contudo, de uma conclusão que não resiste à mais superficial das análises dos postulados de matiz lombroso/rodrigueano na literatura criminológica contemporânea. Vejamos esquematicamente alguns extratos de obras contemporâneas, seguidos de comentários de nossa autoria.

- João Farias Júnior, *Manual de Criminologia* (2001): após exibir dados, estatísticas e tabelas rústicas e improvisadas, o autor conclui que o "coeficiente de criminalidade dos homens de cor (negros e mulatos) é, no Brasil, comparativamente muito maior do que o da população branca"[16].

Eis algumas das inferências do especialista:

> Por que os índices de criminalidade do homem de cor são substancialmente mais elevados que os do branco ou amarelo?[17] [...]

---

[13] Apud FAUSTO, 1984, p. 45.
[14] FAUSTO, Boris. *Crime e cotidiano*, p. 35.
[15] SCHWARCZ, Lilia Moritz. *O espetáculo das raças*, 1993.
[16] FARIAS JR., João. *Manual de Criminologia*, p. 74-76.
[17] Id., p. 86.

Passado um século dessa abolição, o negro ainda não se ajustou aos padrões sociais e o nosso mestiço, o nosso caboclo, em geral é indolente, propenso ao alcoolismo, vive de atividades primárias e, dificilmente consegue prosperar na vida (sic). É este tipo que normalmente migra e forma as favelas dos grandes centros demográficos. Ele forma um vasto contingente, sem instrução e sem nível técnico, não consegue se firmar socialmente e envereda para a marginalidade e para o crime (grifo nosso)[18].

- João Marcello de Araújo Júnior e Roberto Lyra, *Criminologia* (1995): sem nenhuma advertência ao leitor, os autores reproduzem trechos selecionados da obra rodrigueana, agrupados sob a sugestiva rubrica "Sobrevivência psíquica na criminalidade dos negros e índios"[19]. Assim:

Só os africanos e os índios conservam os seus usos e costumes e fazem deles com os novos um amálgama indissolúvel. Nas suas ações hão de influir poderosamente as reminiscências, conscientes ou inconscientes, da vida selvagem de ontem, muito mal contrabalançadas ainda pelas novas aquisições emocionais da civilização que lhes foi imposta. [...]

O conceito de direito de propriedade das sociedades africanas dá a justificação moral de grande número de crimes praticados pelos negros brasileiros. Dos negros americanos, a este respeito escreveu Thomas: "Furtos de coisas grandes ou pequenas não são uma ofensa culposa aos olhos dos libertos, e o ladrão preto não é para eles um objeto de aversão, senão quando o ato criminoso é praticado contra sua própria pessoa ou bens; nesses casos, eles são os mais prontos a denunciar o crime e os mais vociferadores na condenação do criminoso". Antes de ver neste fato, como pensa o autor citado, uma especial manifestação de egoísmo criminoso, é lícito pensar numa persistência do estádio da evolução jurídica, em que não há responsabilidades individuais nos crimes praticados contra os representantes das gentes ou tribos distintas e mais ou menos diferentes. Então os atos só são sentidos como criminosos, só despertam e ferem a consciência jurídica, quando praticados contra os membros da própria comunidade, e não quando lesivos de comunidades estranhas. Ora, esta a fase da evolução jurídica em que se achava grande número de povos negros, quando deles foram retirados os escravos vendidos para a América[20].

- Newton Fernandes e Valter Fernandes, *Manual de Criminologia* (1995):

As raças estariam por representar a adaptação máxima às condições físicas circundantes. Longe do seu "habitat" natural, sofrem vários tipos de frustração e têm que iniciar um novo e penoso período de readaptação [...] Assim, a raça negra tendo sido levada bruscamente da África para a América teria que sofrer todas as

---

[18] Id., p. 86.
[19] LYRA, Roberto; ARAÚJO JR., João Marcello de. *Criminologia*, p. 130.
[20] Id., p. 132.

vicissitudes de readaptação, com suas consequências naturais, de modificação do comportamento inclusive [...] até na situação de escravos, esta condição última talvez responsável pela forma de insanidade mental, que quando acomete os negros, reveste-se de marcante característica, qual seja, a mania de perseguição (grifo nosso)[21].

Gustavo Le Bon, em sua obra *Leis psicológicas da evolução dos povos*, sobre a miscigenação, afirma que uma certa mistura racial pode originar, pelo menos, alguma instabilidade de conduta.

No Brasil, onde crimes praticados por negros e mulatos é bem maior do que os imputados aos brancos, provavelmente também não é problema racial, e, sim, pelas mesmas razões apontadas com relação aos negros nos Estados Unidos. Quem em sã consciência pode negar certa discriminação que existe aqui contra os negros? E quem é tão cego a ponto de não enxergar que negros e mulatos brasileiros vivem em condições econômicas, sociais e de educação, acentuadamente inferiores aos brancos?[22]

Encerrando, quando se falou que a raça judaica pratica menos crime que as outras, há que se observar que tal fato não abrange os crimes, de uma maneira geral, pois sabido é que o judeu, quando se dá às lides do comércio, tem um índice delinquencial bastante grande, no referente à prática de fraudes, falsificações, falências fraudulentas e outras modalidades delituosas correlatas ao exercício de tais atividades profissionais[23].

• Israel Drapkin, *Manual de Criminologia* (1978):

Continuando o estudo dos fatores endógenos do crime, vamos analisar a influência que poderiam ter na criminalidade, três deles, de suma importância, como a idade, sexo e raça[24].

Teoricamente se atribui certo valor ao fator étnico ou racial, ao pretender-se que a criminalidade se encontra influenciada pelo "fator raça". "No entanto, se é certo que existe a possibilidade da criminalidade ser influenciada por tal fator, não é menos certo que isto não significa que devamos desprezar a influência do fator cultura [...]".

> A criminalidade judaica – Foi manifestado que a criminalidade entre os indivíduos desta raça é menor do que entre as outras; porém observando certos tipos de delitos como a fraude, a falsificação, a falência fraudulenta etc. chegaremos à

---

[21] FERNANDES, Newton; FERNANDES, Valter. *Criminologia integrada*, p. 371.
[22] FERNANDES, Newton; FERNANDES, Valter. *Criminologia integrada*, p. 372.
[23] FERNANDES, Newton; FERNANDES, Valter. *Criminologia integrada*, p. 373.
[24] DRAPKIN, Israel. *Manual de Criminologia*, p. 153-158.

conclusão inversa. Onde o judeu se dedicou ao comércio, observa-se esta maior criminalidade [...][25].

Digno de registro é também o fato de que pelo menos dois autores refutam veementemente especulações como as que acabamos de transcrever, quais sejam, Nelson Hungria[26] e Saulo Monte Serrat[27].

Feitas estas considerações preliminares, passemos então a um exame esquemático da norma penal e processual penal em vigor, nomeadamente aquelas que possuem atributos de pertinência com o objeto do presente ensaio.

---

[25] Id., p. 158.
[26] HUNGRIA, Nelson. *Comentários ao Código Penal*, p. 289-314.
[27] MONTE SERRAT, Saulo. *Fatores biológicos da criminalidade*, p. 403-404.

# Capítulo V
# RACISMO RELIGIOSO, INCONSTITUCIONALIDADE E SELETIVIDADE NO CÓDIGO PENAL E NO CÓDIGO DE PROCESSO PENAL EM VIGOR

Pesquisando julgamentos de charlatanismo e curandeirismo no Brasil, desde o início do século passado, Ana Lúcia Pastore Schirtzmeyr comprova a frequente associação entre tais delitos e ritos religiosos de origem africana, vistos como bárbaros e primitivos[1].

Inserto no Título VIII, Capítulo III, do Código Penal, que enumera os crimes contra a saúde pública, o tipo penal do curandeirismo apresenta a seguinte dicção:

> Art. 284. Exercer o **curandeirismo**:
> I – prescrevendo, ministrando ou aplicando, habitualmente, qualquer substância;
> **II – usando gestos, palavras ou qualquer outro meio;**
> **III – fazendo diagnósticos**:
> Pena – detenção, de 6 (seis) meses a 2 (dois) anos.
> Parágrafo único. Se o crime é praticado mediante remuneração, o agente fica também sujeito a multa.

Os verbetes "curandeirice", "curandeirismo", "curandeiro" e "curandice", do "Dicionário Aurélio da Língua Portuguesa", ilustram o substrato racista do tipo em tela, porquanto lhes atribui o significado de: "Aquele que cura sem título nem habilitações, em geral por meio de rezas e feitiçarias (...) carimbamba, puçanguara"[2].

Três condutas perfazem o tipo: a) prescrever significa receitar, preceituar, recomendar, ordenar; b) ministrar denota fornecer, fazer ingerir, dar para consumir; c) aplicar tem o sentido de administrar, inocular, empregar.

---

[1] SCHRITZMEYR, Ana Lúcia Pastore. Direito e Antropologia: uma história de encontros e desencontros – Julgamentos de curandeirismo e charlatarismo – (Brasil – 1900/1990), *Revista Brasileira de Ciências Criminais*, São Paulo: Revistas dos Tribunais, n. 18, abr./jun., 1997, p. 135-145.

[2] FERREIRA, Aurélio Buarque de Holanda. *Dicionário Aurélio da língua portuguesa*. Coordenação: Marina Baird Ferreira, Margarida dos Anjos. 5. ed. Curitiba: Editora Positivo, 2010, p. 626.

Chama a atenção, inobstante, o emprego da locução "qualquer substância", visto que o pronome indefinido admite a materialidade do delito ainda que a substância – de origem vegetal, mineral ou animal – seja reconhecidamente inócua, desprovida de malefícios, inofensiva enfim à saúde pública.

Visto por outro ângulo, ainda que indigitada substância seja benigna, benfazeja, salutar, tais predicados não desoneram o curandeiro da implacável persecução penal, ao tempo em que trazem à tona intrigantes indagações:

1. qual o bem jurídico tutelado pelo tipo do curandeirismo?

2. admitindo-se como válido o princípio segundo o qual à norma penal deve ser reservada a intervenção estatal imprescindível, estrita e rigorosamente essencial para garantir a convivência social pacífica, qual seria a ilicitude da ministração de substância salutar?

3. haveria compatibilidade entre o supracitado art. 284 do Código Penal – na hipótese de substância salutar – e o art. 17 do mesmo Código, que trata do intitulado "crime impossível", isto é, impossibilidade de conclusão do ato ilícito em razão da ineficácia do meio, da impropriedade ou inidoneidade do objeto?

4. considerando-se o princípio constitucional da igualdade de todos perante a lei, por que razão pune-se o curandeiro pela ministração de substância salutar sendo que a Resolução n. 1, de 25 de janeiro de 2010, do Conselho Nacional de Políticas sobre Drogas – CONAD, autoriza o uso da ayahuasca, popularmente conhecida como Chá do Santo Daime, em contexto religioso?

5. teria sido o crime de curandeirismo recepcionado pela Constituição de 1988, mais precisamente pela presunção constitucional de inocência?

Acerca desta última interrogação, é forçoso reconhecer que estamos diante de flagrante seletividade do sistema penal e que o crime em foco presume que o curandeiro é detentor de culpa inata, responsável objetivamente pelo dano decerto representado por sua existência.

Cintila na norma penal em exame uma mensagem agourenta, histórica e de amplo e penoso conhecimento por parte da população negra e dos milhões de brasileiros que professam as religiões de matriz africana: sendo curandeiro, culpado é, independentemente de contribuir para a saúde pública.

O direito penal do fato (CP, art. 18, parágrafo único) transmuda-se em direito penal do insalubre, ainda que este desempenhe atividade salutar, autorizada pelo ordenamento jurídico, lícita enfim, a evidenciar que a **incriminação persegue o agente independentemente da licitude ou ilicitude de sua conduta: ser curandeiro é ser insalubre, passível de sanção penal**.

A este respeito, pronunciamento tristemente emblemático do Superior Tribunal de Justiça não disfarça as preferências raciais e religiosas da norma penal:

"Penal. **Curandeirismo**. Substituição de pena detentiva por multa. Dever do juiz.

1. O curandeirismo ficou comprovado com a habitualidade com que o **réu ministrava os 'passes'** e **obrigava, adultos e menores, a ingerirem sangue de animais** e **bebida alcoólica**, colocando em perigo a saúde e **levando os adolescentes a dependência do álcool**" (STJ – 5ª Turma, REsp n. 50.426/ MG, Relator Ministro Jesus Costa Lima, j. 10-8-1994).

Atendo-nos exclusivamente à topografia da descrição das condutas neste acórdão, à ordem de aparição das mesmas, evidencia-se a primazia conferida à ministração de "passes" (rito aparentemente associado às religiões afro-brasileiras e ao kardecismo), secundada pela imposição de ingestão de sangue de animais e, por último, imposição de ingestão de bebida alcoólica.

Dizemos aparentemente porque do ângulo da gestualidade, da conduta e da motivação, a unção batismal, a aspersão de água e o traçado da cruz na fronte da criança, ministrados pelo padre no rito do batismo, primeiro sacramento católico, não guardam nenhuma distinção relevante com os increpados "passes".

Também a Unção dos Enfermos, referida inclusive no Código de Direito Canônico, Cân. 998, com utilização de óleo benzido aplicado na fronte ou outra parte do corpo, com a própria mão, acompanhada de orações litúrgicas, não apresenta diferenciação substantiva se comparada aos recriminados "passes". Sobre a ingestão de sangue animal, nossos registros não apontam criminalização de adultos por servirem quibe cru, carne mal passada, picanha sangrando, chouriço ou morcela a crianças e adolescentes.

Acerca da ingestão de álcool, é imperioso recordar que a Lei n. 9.294/96, que: "Dispõe sobre as **restrições ao uso e à propaganda** de produtos fumígeros, **bebidas alcóolicas**, medicamentos, terapias e defensivos agrícolas, nos termos do § 4º do art. 220 da Constituição Federal", determina que:

"Art. 3º, § 1º A **propaganda** comercial dos produtos referidos neste artigo **deverá ajustar-se aos seguintes princípios**:
I – **não** sugerir o consumo exagerado ou irresponsável, nem a **indução** ao bem-estar ou saúde, ou fazer **associação a celebrações** cívicas ou **religiosas**;
II – **não induzir as pessoas ao consumo**, atribuindo aos produtos propriedades calmantes ou estimulantes, que reduzam a fadiga ou a tensão, ou qualquer efeito similar;
(...)
VI – **não incluir a participação de crianças ou adolescentes**".

Inobstante, na eucaristia e outras cerimônias cristãs, o sacerdote, figura de autoridade, representação terrena de divindades, faz uso de bebida alcóolica na presença de crianças ou adolescentes, contexto cujos elementos possuem altíssimo potencial de induzir pessoas em desenvolvimento (ECA, art. 6º) ao consumo de álcool.

Aludida indução, a propósito, contraria frontalmente os **princípios constitucionais e legais da intervenção preventiva e da proteção integral e absoluta da criança e do adolescente** (CF, art. 227, *caput*, e § 1º, III; ECA, arts. 1º, 4º, 70, 74, 78, *v.g.*).

Ademais, o Estatuto da Criança e do Adolescente apresenta a seguinte prescrição:

> "Art. 243. Vender, fornecer, servir, **ministrar** ou entregar, ainda que gratuitamente, de qualquer forma, **a criança ou a adolescente, bebida alcoólica** ou, sem justa causa, outros produtos cujos componentes possam causar dependência física ou psíquica:
> Pena – detenção de 2 (dois) a 4 (quatro) anos, e multa, se o fato não constitui crime mais grave".

Por sua vez, a supracitada **Resolução n. 1, de 25 de janeiro de 2010, do Conselho Nacional de Políticas sobre Drogas – CONAD**, dispõe que:

> "IV.VIII – **Uso da Ayahuasca por Menores** e Grávidas. Item 46. Tendo em vista a inexistência de suficientes evidências científicas e levando em conta a utilização secular da Ayahuasca, que não demonstrou efeitos danosos à saúde, e os termos da Resolução n. 05/04, do CONAD, **o uso da Ayahuasca por menores de 18 (dezoito anos) deve permanecer como objeto de deliberação dos pais ou responsáveis, no adequado exercício do poder familiar (art. 1.634 do CC)**; e quanto às grávidas, cabe a elas a responsabilidade pela medida de tal participação, atendendo, permanentemente, a preservação do desenvolvimento e da estruturação da personalidade do menor e do nascituro".

Inexistem, no entanto, registros de criminalização de sacerdotes cristãos ou daimistas pela indução ao uso de bebida alcóolica ou ingestão de ayahuasca por crianças e adolescentes, fato este que robustece a comprovação de racismo religioso, inconstitucionalidade e seletividade do delito de curandeirismo e sua aplicação pelo sistema penal.

Neste mesmo quadrante situa-se a contravenção penal da vadiagem, prevista no art. 59 do Decreto-lei n. 3.668/41, incriminada desde 1603 e reproduzida em todos os Códigos Penais, cuja supremacia racial dispensa maiores comentários.

Outra patente manifestação de racismo religioso e de supremacia racial no sistema jurídico em vigor refere-se à acintosa e inconstitucional Lei da Capelania Militar.

Com efeito, a Lei n. 6.923, de 29 de junho de 1981, que: "Dispõe sobre o Serviço de Assistência Religiosa nas Forças Armadas", exibe a seguinte redação:

> Art. 2º. O serviço de assistência religiosa tem por finalidade prestar assistência Religiosa e espiritual aos militares, aos civis das organizações militares e às suas famí-

lias, bem como atender a encargos relacionados com as atividades de educação moral realizadas nas Forças Armadas.

Art. 4º. O Serviço de Assistência Religiosa será constituído por Capelães Militares, selecionados entre **sacerdotes, ministros religiosos ou pastores**, pertencentes a **qualquer religião que não atente contra a disciplina, a moral e as leis em vigor**.

Parágrafo único. Em cada Força Singular será instituído um Quadro de Capelães Militares, observado o efetivo de que trata o art. 8º desta Lei.

Art. 11. Os Capelães Militares prestarão serviços nas Forças Armadas, como oficiais da ativa e da reserva remunerada.

Parágrafo único. A designação dos Capelães da reserva remunerada será regulamentada pelo Poder Executivo.

Art. 18. Para o ingresso no Quadro de Capelães Militares será condição o prescrito no art. 4º desta Lei, bem como:

I – ser brasileiro nato;

II – ser voluntário;

III – ter entre 30 (trinta) e 40 (quarenta) anos de idade;

**IV – ter uso de <u>formação teológica de nível universitário</u>, reconhecido pela <u>autoridade eclesiástica</u> de sua religião;**

**V – possuir pelo menos 3 (três) anos de <u>atividades pastorais</u>;**

**VI – ter consentimento expresso da autoridade eclesiástica da respectiva religião**;

VII – ser julgado apto em inspeção de saúde;

VIII – receber conceito favorável, atestado por 2 (dois) oficiais superiores da ativa das Forças Armadas.

Vale a pena uma breve comparação entre esta pérola da supremacia cristã assegurada em lei, cotejando-a com outros diplomas normativos que tratam de assistência religiosa em instituições de internação coletiva:

- Lei n. 8.069, de 13 de julho de 1990 – Estatuto da Criança e do Adolescente – ECA:

Art. 94. As entidades que desenvolvem programas de internação têm as seguintes obrigações, entre outras:

(...)

**XII – <u>propiciar assistência religiosa àqueles que desejarem, de acordo com suas crenças</u>**;

Art. 124. São direitos do adolescente privado de liberdade, entre outros, os seguintes:

(...)

**XIV – <u>receber assistência religiosa, segundo a sua crença, e desde que assim o deseje</u>**;

• Lei n. 7.210/84 – Lei de Execução Penal:

Art. 24. **A assistência religiosa, com liberdade de culto**, será prestada aos presos e internados, permitindo-se-lhes a participação nos serviços organizados no estabelecimento penal, bem como posse de livros de instrução religiosa.

§ 1º No estabelecimento haverá local apropriado para os cultos religiosos.

§ 2º Nenhum preso ou internado poderá ser obrigado a participar de atividade religiosa.

• Lei n. 5.027, de 14 de junho de 1966, que "Institui o Código Sanitário do Distrito Federal":

Art. 83. É vedada, quer nos estabelecimentos destinados à assistência a psicopatas, quer fora deles, a prática de quaisquer atos de **religião, culto ou seita** com finalidade terapêutica, ainda que a título filantrópico e exercida gratuitamente.

Impõe-se tecer algumas considerações: a primeira é que, excetuando-se a Lei da Capelania Militar e o Código Sanitário do Distrito Federal (mesmo porque este proíbe a prestação de assistência religiosa nos hospitais psiquiátricos), os demais diplomas condicionam a prestação de assistência religiosa à manifestação de vontade, ao aceite ou à aquiescência do enfermo, infrator ou encarcerado civil ou militar.

Será útil relembrar que **a Constituição de 1934, pioneira no tratamento do tema, permitia a assistência religiosa nas expedições militares mediante solicitação e sem ônus para os cofres públicos** (art. 113, item 4). Detalhando ainda mais a tutela da escolha individual, a Carta de 1946 proibia a imposição de constrangimento aos favorecidos no que dizia respeito à prestação de assistência religiosa às Forças Armadas (art. 141, § 9º), orientação esta acolhida *ipsis literis* pela Constituição de 1967 (art. 150, § 7º), e por sua sucessora, de 1969 (art. 150, § 7º).

Não obstante, ignorando o prestígio com que a disciplina constitucional atual trata a autonomia da vontade em matéria de liberdade de crença, a Lei da Capelania Militar dispensa a manifestação de vontade do militar para a prestação de assistência religiosa, tampouco contém cláusula de resguardo da opção individual, como o faz a Lei de Execução Penal (Lei n. 7.210/84, art. 24, § 2º). Tal característica merece toda a atenção, sobretudo se considerarmos que, conforme enunciado constitucional, as Forças Armadas são "organizadas com base na hierarquia e na disciplina" (Constituição Federal, art. 142, *caput*).

A mesma Constituição fixa os objetivos a que se destinam as Forças Armadas, a saber, "à defesa da Pátria, à garantia dos poderes constitucionais, e, por iniciativa de qualquer destes, da lei e da ordem" (art. 142, *caput*).

Malgrado engano, quer nos parecer que o fervor religioso, a devoção, conversão ou a assiduidade a cultos religiosos impostas pela Lei da Capelania Militar, guardariam minguada ou nenhuma relação de pertinência com uma atividade que implica adestramento e habilidade no manuseio de armas de fogo, tiroteios, dizimação de inimigos e lançamento de mísseis, para ficarmos apenas nas ilustrações mais simplórias do empreendimento militar.

Seria tedioso pôr em realce o **princípio da <u>finalidade</u>**, ao qual a administração pública está inapelavelmente obrigada, conforme disposto na Constituição Federal (art. 37, *caput*) e Lei n. 4.717, de 29 de junho de 1965, que regula a Ação Popular:

> Art. 2º. São nulos os atos lesivos ao patrimônio das entidades mencionadas no artigo anterior, nos casos de:
> 
> a) incompetência;
> 
> b) vício de forma;
> 
> c) ilegalidade do objeto;
> 
> d) inexistência dos motivos;
> 
> e) desvio de finalidade.
> 
> Parágrafo único. Para a conceituação dos casos de nulidade observar-se-ão as seguintes normas:
> 
> a) a incompetência fica caracterizada quando o ato não se incluir nas atribuições legais do agente que o praticou;
> 
> b) o vício de forma consiste na omissão ou na observância incompleta ou irregular de formalidades indispensáveis à existência ou seriedade do ato;
> 
> c) a ilegalidade do objeto ocorre quando o resultado do ato importa em violação de lei, regulamento ou outro ato normativo;
> 
> **d) a inexistência dos motivos se verifica quando a matéria de fato ou de direito, em que se fundamenta o ato, é materialmente inexistente ou juridicamente inadequada ao resultado obtido;**
> 
> **e) o desvio da finalidade se verifica quando o agente pratica o ato visando a fim diverso daquele previsto, explícita ou implicitamente, na regra de competência.**

Leciona Hely Lopes Meirelles:

> O princípio da impessoalidade, referido na Constituição de 1988 (art. 37, *caput*) nada mais é que o clássico princípio da finalidade, o qual impõe ao administrador público que só pratique o ato para o seu fim legal. (...) E a finalidade terá sempre um objetivo certo e inafastável de qualquer ato administrativo: o interesse público. (...) **O que o princípio da finalidade veda é a prática de ato administrativo sem interesse público ou conveniência para a Administra-**

ção, visando unicamente satisfazer interesses privados, por favoritismo ou perseguição dos agentes governamentais, sob a forma de desvio de finalidade[3].

Há ainda um outro aspecto a ser destacado na Lei da Capelania Militar.

O Capelão Militar, agraciado com a patente de Capitão de Mar e Guerra, Coronel Capelão ou Tenente-Coronel Capelão, a depender do caso (Lei n. 6.923/81, art. 8º), é um servidor militar remunerado pelo erário para fazer proselitismo religioso no seio da tropa.

Estamos lidando com uma **forma de financiamento direto a confissões religiosas formadas por sacerdotes, ministros religiosos ou pastores, especificamente aquelas que, nas palavras da lei, não tenham como objetivo atentar "contra a disciplina, a moral e as leis em vigor"** (Lei n. 6.923/81, art. 4º). Salta aos olhos a ofensa frontal e direta à Constituição vigente, notadamente ao preceito que proíbe a subvenção ou aliança entre Estado e religião (Constituição Federal, art. 19, I).

Não fosse o bastante, a Lei da Capelania Militar ambiciona, contrariando o sistema jurídico vigente, regulamentar minuciosamente o ofício de Ministro Religioso, fixando exigências contrárias às normas da Constituição Federal.

Dizemos "ofício" porque em razão de dispositivo do art. 5º, XIII, da Carta Política, "é livre o exercício de qualquer trabalho, ofício ou profissão, atendidas as qualificações profissionais que a lei estabelecer".

De acordo com torrenciais precedentes da Justiça do Trabalho, o ministério religioso possui atributos próprios de ofício, porquanto referida atividade não pressupõe subordinação jurídica, poder diretivo ou contraprestação pecuniária (trabalho), tampouco requer qualificação técnica ou treinamento especializado regulamentado por lei (profissão). Ofício relaciona-se com capacidade ou habilidade inata, destreza intrínseca ao indivíduo ou transmitida por conhecimento tradicional para a execução de determinadas atividades, a exemplo de escultores, artesãos, entre outros.

Isto não significa dizer que o(a) ministro(a) religioso(a) não possa ter sua subsistência suportada pela organização religiosa, o denominado provento ministerial, o qual nem remotamente guarda semelhança jurídica com salário, remuneração ou algo que o valha.

Ademais, o estado laico está terminantemente proibido de definir as regras de funcionamento de confissão religiosa, conforme julgado antológico do Supremo Tribunal Federal:

"<u>Compete exclusivamente à autoridade eclesiástica decidir a questão sobre as normas da confissão religiosa</u>, que devem ser respeitadas

---

[3] MEIRELLES, Hely Lopes. *Direito administrativo brasileiro*, p. 85-86.

por uma associação constituída para o culto" (STF – 2ª Turma, Recurso Extraordinário n. 31179/DF, Rel. Hahnemann Guimarães, j. 8-4-1958).

Em perfeita sintonia com o precedente jurisprudencial em exame, a **Declaração sobre a Eliminação de Todas as Formas de Intolerância e Discriminação Fundadas na Religião ou nas Convicções**, proclamada pela Assembleia Geral das Nações Unidas em 25 de novembro de 1981 – Resolução n. 36/55, estabelece que:

> Art 6º. Conforme o "artigo 1º" da presente Declaração e sem prejuízo do disposto no "§ 3º do art. 1º", o **direito à liberdade de** pensamento, de consciência, de **religião** ou de convicções compreenderá especialmente as seguintes liberdades:
> (...)
> g) A de **capacitar, nomear, eleger e designar** por sucessão os **dirigentes** que correspondam **segundo as** necessidades e **normas de qualquer religião** ou convicção.

Salta aos olhos, deste modo, a inconstitucionalidade da estrambótica Lei da Capelania Militar ao pretender regulamentar, circunscrever e cercear direito fundamental ao qual a Constituição Federal, normas de direito interno e de direito internacional atribuem ampla liberdade – o ofício de ministro(a) religioso(a).

Quanto mais não fosse, restaria indagar se os servidores da área de saúde, notadamente aqueles que trabalham em unidades de tratamento intensivo, os profissionais dos institutos médico-legais e os coveiros, a título de exemplo, também não necessitariam de assistência religiosa financiada com dinheiro público.

Indireta ou diretamente associada a este tema, uma outra lei em vigor, o Decreto-lei n. 3.992, de 30 de dezembro de 1941, que dispõe sobre as estatísticas criminais, prescreve em seu anexo a anotação da confissão religiosa de suspeitos de crimes:

> Art. 3º. O modelo de boletim individual, publicado com o Código de Processo Penal, fica substituído pelo que acompanha a presente Lei.
>
> **II – Do autor**
> Nome ................ Alcunha .................................
> Indiciado como incurso no ....
> Filho ......................... (legítimo, ilegítimo ou legitimado) de .................... e de ...........
> .....................
> Sexo ...... Idade ....... Ano do nascimento .... Estado civil ......
> Nacionalidade ........ Naturalidade ......... Residência ..........
> Profissão ........ Estava desempregado? ......... Instrução .......
> **Religião ou culto** ...... Cor ..... Tem filhos? ..... Quantos? .....

São legítimos, ilegítimos ou legitimados? ............... Estava alcoolizado ou sob a ação de entorpecentes? ........... Iniciado o processo em ... de .. de ..
Preso? ......................(Em flagrante ou preventivamente?) ...... em .../.../... Tem antecedentes criminais? ............. Foi identificado em ..................................................... de ...... de 19.... Recolhido a ................................................
Solto em virtude de *habeas corpus* em ............................
Solto em virtude de fiança no valor de ..........................
Evadiu-se? ................................................

Sobressai desta normativa uma ensurdecedora indagação acerca do cabimento, relevância, intersecção ou conexão possível entre crença/descrença e ânimo delituoso, especialmente se consideramos a redação do art. 6º, IX, do Código de Processo Penal em vigor:

"Logo que tiver conhecimento da prática da infração penal, a **autoridade policial deverá**: averiguar a vida pregressa do indiciado, sob o ponto de vista individual, familiar e social, sua condição econômica, sua **atitude e estado de ânimo** antes e depois do crime e durante ele, e quaisquer outros elementos que contribuírem para a apreciação do seu **temperamento e caráter**".

Temperamento e caráter, como sabemos, constituem fenômenos de natureza psíquica, cujo prognóstico reclama conhecimentos específicos de profissional qualificado e habilitado em lei – um perito, na dicção do art. 159, § 1º, do Código de Processo Penal – seja Psiquiatra ou Psicólogo, donde afigurar-se temerário, para dizer o mínimo, atribuir a um Delegado de Polícia a realização de diagnose desta espécie, bem como **permitir a associação entre crença/descrença e atributos intelectuais ou morais**.

Prosseguindo na análise de ocorrência explícita ou implícita, direta ou oblíqua, de critérios raciais e/ou religiosos indicados ou admitidos pela normativa penal e processual penal em vigor no Brasil, cabe trazer à tona o instituto da busca pessoal, popularmente conhecido como "revista", "enquadro", "blitz", "saculejo", "geral", que diariamente aterroriza jovens negros tanto quanto adeptos das religiões afro-brasileiras, sendo que frequentemente estes últimos assistem maus policiais interrompendo cultos e cerimônias, destruindo, desferindo chutes e vilipendiando símbolos religiosos.

Prevê o Código de Processo Penal que a busca será domiciliar ou pessoal, nestes termos:

Art. 240. A busca será domiciliar ou pessoal.
§ 1º Proceder-se-á à busca domiciliar, quando fundadas razões a autorizarem, para:
(...)
b) apreender coisas achadas ou obtidas por meios criminosos;

c) apreender instrumentos de falsificação ou de contrafação e objetos falsificados ou contrafeitos;

d) apreender armas e munições, instrumentos utilizados na prática de crime ou destinados a fim delituoso;

e) descobrir objetos necessários à prova de infração ou à defesa do réu;

f) apreender cartas, abertas ou não, destinadas ao acusado ou em seu poder, quando haja suspeita de que o conhecimento do seu conteúdo possa ser útil à elucidação do fato;

(...)

h) colher qualquer elemento de convicção.

**§ 2º Proceder-se-á à busca pessoal quando houver fundada suspeita de que alguém oculte consigo arma proibida ou objetos mencionados nas letras *b* a *f* e letra *h* do parágrafo anterior.**

A redação do art. 243 do Código de Processo Penal é inequívoca, cristalina, eloquente e não admite tergiversações, subterfúgios ou contorcionismos interpretativos que pretendem fazer da norma jurídica um mero aconselhamento:

Art. 243. O **mandado de busca** deverá:

I – indicar, o mais precisamente possível, a casa em que será realizada a diligência e o nome do respectivo proprietário ou morador; ou, **no caso de busca pessoal, o nome da pessoa que terá de sofrê-la** ou os sinais que a identifiquem;

II – mencionar o **motivo e os fins da diligência**;

A dispensa do mandado de busca pessoal, uma exceção à regra geral de exigência de ordem judicial, encontra-se disciplinada no art. 244 do Código de Processo Penal:

A **busca pessoal independerá de mandado**, no caso de prisão ou quando houver **fundada suspeita de que a pessoa esteja na posse de arma proibida ou de objetos ou papéis que constituam corpo de delito**, ou quando a medida for determinada no curso de busca domiciliar.

Vale lembrar que por força do disposto no art. 243, do mesmo Código de Processo Penal, ao **expedir mandado de busca domiciliar, busca pessoal ou de apreensão, a autoridade judiciária,** um **Juiz de Direito/Federal é obrigado a fundamentar sua decisão,** indicando o motivo e os fins a que destina a diligência:

"Art. 243. O **mandado de busca deverá**:

I – indicar, o mais precisamente possível, a casa em que será realizada a diligência e o nome do respectivo proprietário ou morador; ou, **no caso de busca pessoal, o nome da pessoa que terá de sofrê-la ou os sinais que a identifiquem;**

**II –** mencionar o motivo e os fins da diligência;

III – ser subscrito pelo escrivão e **assinado pela autoridade que o fizer expedir**".

Não obstante, na via pública um agente de autoridade policial encontra-se aparentemente desonerado de quaisquer cautelas, razões ou explicações objetivas para proceder busca pessoal.

Anote-se que a **primeira parte do art. 244 é límpida ao imprimir um caráter excepcional à busca pessoal sem mandado, de modo que em regra trata-se de diligência que pressupõe, que exige manifestação do Poder Judiciário, por meio de ordem expressa e fundamentada**, inclusive porque **submete o inspecionado a inequívoco e público constrangimento**, conforme deliberado há décadas pelo Supremo Tribunal Federal:

> *Habeas Corpus*. Termo Circunstanciado de ocorrência lavrado contra o paciente. **Recusa a ser submetido a busca pessoal**. Justa causa para a ação penal reconhecida por Turma Recursal de Juizado Especial. Competência do STF para o feito já reconhecida por esta Turma no HC n. 78.317. Termo que, sob pena de excesso de formalismo, não se pode ter por nulo por não registrar as declarações do paciente, nem conter sua assinatura, requisitos não exigidos em lei. **A "fundada suspeita", prevista no art. 244 do CPP, não pode fundar-se em parâmetros unicamente subjetivos, exigindo elementos concretos que indiquem a necessidade da revista, em face do constrangimento que causa**. Ausência, no caso, de elementos dessa natureza, que não se pode ter por configurados na alegação de que trajava, o paciente, um "blusão" suscetível de esconder uma arma, sob risco de **referendo a condutas arbitrárias ofensivas a direitos e garantias individuais e caracterizadoras de abuso de poder**. *Habeas Corpus* **deferido para determinar-se o arquivamento do Termo** (STF – 1ª Turma, HC n. 81305, Rel. Min. Ilmar Galvão, j. 13-11-2001).

Por fim, deve-se notar que face aos princípios constitucionais da dignidade da pessoa humana, legalidade, incolumidade física e moral, impessoalidade/publicidade/fundamentação dos atos da administração e controle social das políticas públicas, o agente de autoridade policial é obrigado por lei a registrar por escrito a realização de busca pessoal, indicando os motivos e fins (CPP, art. 243, II), sob pena de incorrer em crime de prevaricação previsto no art. 319 do Código Penal Militar e art. 319 do Código Penal.

A vulgarização da busca pessoal, conforme deliberado pelo STF, permite que a apreciação subjetiva dos agentes de autoridade policial acerca da cor/raça ou religião do inspecionado como "justificativa" acabe degenerando em violações de direitos, contrariando frontalmente normas expressas da Constituição Federal, de tratados internacionais ratificados pelo Brasil e da norma processual penal.

Recentemente o Supremo Tribunal Federal se debruçou sobre a validade de prova obtida em busca pessoal motivada por raça, tendo fixado a seguinte tese sobre perfilamento racial no julgamento do HC n. 208.240:

"A busca pessoal independente de mandado judicial deve estar fundada em elementos indiciários objetivos de que a pessoa esteja na posse de arma proibida ou de objetos ou papéis que constituam corpo de delito, não sendo lícita a realização da medida com base na raça, sexo, orientação sexual, cor da pele ou aparência física".

Vejamos extratos do iluminador voto do Min. Facchin:

O contexto fático apresentado pelos policiais para a abordagem era o seguinte: um indivíduo negro sentado no meio-fio e um carro de cor clara próximo.

Dois pontos merecem destaque para o exame da justa causa. A primeira circunstância narrada pelos dois policiais foi a cor da pele, a saber, negra. Inicialmente, pode-se supor que essa seria uma mera descrição física do indivíduo a ser abordado; mas, não. Nada mais foi acrescentado. Não se menciona, por exemplo, altura (alto ou baixo), composição corporal ou qualquer outra característica física. É dizer, pelo que se extrai do auto de prisão em flagrante, a cor da pele foi o que primeiramente despertou a atenção dos policiais.

Segundo a Recomendação geral n. 31 (2005), do Comitê para a Eliminação da Discriminação Racial, órgão responsável pela execução da Convenção Internacional sobre a Eliminação de Todas as Formas de Discriminação Racial, sobre a prevenção da discriminação racial na administração e funcionamento do sistema de justiça criminal:

O perfilamento racial praticado por agentes policiais tem consequências de longo alcance em todos os níveis da administração do sistema de justiça, especialmente no sistema de justiça criminal. O perfilamento racial pode levar a) à criminalização excessiva de certas categorias de pessoas protegidas pela Convenção; b) o reforço de associações estereotipadas enganosas entre crime e etnia e o cultivo de práticas operacionais abusivas; c) taxas de encarceramento desproporcionais de grupos protegidos pela Convenção; d) maior vulnerabilidade das pessoas pertencentes a grupos protegidos pela Convenção ao abuso de força ou autoridade por parte de policiais; e) a subnotificação de atos de discriminação racial e crimes de ódio; e f) a condenação pelos tribunais com penas mais duras para as comunidades visadas, entre outros.

Ante o exposto, não conheço do *habeas corpus*, mas concedo a ordem de ofício para o fim de declarar a nulidade da revista pessoal e dos demais atos processuais que dela advieram, e determinar, por conseguinte, o trancamento da ação penal originária.

Por fim, com o escopo de coibir o perfilamento racial em buscas policiais e por caber ao Poder Judiciário assumir papel ativo nessa tarefa, proponho a fixação das seguintes teses:

1) A busca pessoal independente de mandado judicial deve estar fundada em elementos concretos e objetivos de que a pessoa esteja na posse de arma proibida ou de objetos ou papéis que constituam corpo de delito, não sendo lícita a realização da medida com base na raça, cor da pele ou aparência física;

2) A busca pessoal sem mandado judicial reclama urgência para a qual não se pode aguardar uma ordem judicial;

3) Os requisitos para a busca pessoal devem estar presentes anteriormente à realização do ato e devem ser devidamente justificados pelo executor da medida para ulterior controle do Poder Judiciário.

Ainda que seja uma ação de *habeas corpus*, consigno que a fixação de tese em *writ* não é estranha ao Plenário desta Corte. Nesse sentido, cito o julgamento do HC 176473, Rel. Min. Alexandre de Moraes, em 27-4-2020 (STF, HC 208240/SP, voto Ministro Edson Fachin).

Ainda a propósito deste julgamento histórico (independentemente do resultado), o autor destas linhas juntamente com os doutos colegas Paulo Iotti, Sílvia Virgínia de Silva Souza, Isabela Cristine Dario, Anivaldo dos Anjos Filho, Antônio Basílio Filho e Jáder Freire de Macedo Júnior representamos o IDAFRO e o GAdvS na condição de *amici curiae*, sendo que coube à eloquente e proficiente Silvia Souza ocupar a tribuna do STF para a sustentação oral.

Ante o exposto, à luz dessas considerações, e com supedâneo no art. 138 do CPC c/c art. 3º do CPP, **defiro o pedido de admissão, na qualidade de** *amici curiae***, deduzidos por INSTITUTO DE DEFESA DOS DIREITOS DAS RELIGIÕES AFRO- BRASILEIRAS (IDAFRO) e GRUPO DE ADVOGADOS PELA DIVERSIDADE SEXUAL E DE GÊNERO (GADvS), sendo-lhes permitido manifestar, por escrito ou oralmente**, no presente feito (art. 138, § 2º, CPC) (STF, HC 208.240/SP, Relator Ministro Edson Fachin, publicado em 28-2-23).

Outra norma processual penal que requer urgente aprimoramento legislativo e controle rigoroso pelo Poder Judiciário é o soturno auto de resistência (art. 292 do Código de Processo Penal), uma modalidade macabra de ação afirmativa visto que segundo estatísticas de amplo conhecimento inclusive de órgãos internacionais de defesa dos direitos humanos, no Brasil a resistência à ordem de prisão (art. 329 do Código Penal) raramente resulta em lesões no recalcitrante ou nos executores: o resultado é sempre a morte do recalcitrante, em regra, jovens negros.

Uma vez que a norma processual penal prevê, no caso de resistência, a lavratura de auto, cabe à sociedade por meio da Lei de Acesso à Informação e gestões junto ao Ministério Público, assegurar publicidade às circunstâncias e critérios adotados pela administração pública as quais resultam na elevada letalidade policial que recai sobretudo sobre a população negra.

Não será demasiado acentuar que a Convenção Interamericana contra o Racismo, a Discriminação Racial e Formas Correlatas de Intolerância, ratificada pelo Brasil por meio do Decreto n. 10.932/2022 e recepcionada pelo nosso sistema jurídico com *status* de emenda constitucional, preceitua que:

> Art. 1º. Para os efeitos desta Convenção:
> 1. Discriminação racial é qualquer distinção, exclusão, restrição ou preferência, em qualquer área da vida pública ou privada, cujo propósito ou efeito seja anular ou

restringir o reconhecimento, gozo ou exercício, em condições de igualdade, de um ou mais direitos humanos e liberdades fundamentais consagrados nos instrumentos internacionais aplicáveis aos Estados Partes. A discriminação racial pode basear-se em raça, cor, ascendência ou origem nacional ou étnica.

Art. 4º. **Os Estados comprometem-se a <u>prevenir</u>**, eliminar, proibir e punir, de acordo com suas normas constitucionais e com as disposições desta Convenção, todos os atos e manifestações de racismo, discriminação racial e formas correlatas de intolerância, inclusive:

Art. 4º, V – **qualquer ação repressiva fundamentada em qualquer dos critérios enunciados no art. 1.1, em vez de basear-se no comportamento da pessoa ou em <u>informações objetivas que identifiquem seu envolvimento em atividades criminosas</u>**;

Art. 8º. Os Estados Partes comprometem-se a garantir **que a adoção de <u>medidas de qualquer natureza, inclusive aquelas em matéria de segurança</u>, não discrimine direta ou indiretamente pessoas ou grupos** com base em qualquer critério mencionado no art. 1.1 desta Convenção.

Normas de teor similar constam da Lei Federal n. 12.288/2010, o Estatuto da Igualdade Racial:

Art. 53. **O Estado adotará medidas especiais para coibir a violência policial incidente sobre a população negra**.

Art. 54. O Estado adotará medidas para coibir atos de discriminação e preconceito praticados por servidores públicos em detrimento da população negra, observado, no que couber, o disposto na Lei n. 7.716, de 5 de janeiro de 1989.

É premente, portanto, a necessidade de aprimoramento da legislação, adoção de protocolos e especialmente uma ação preventiva que prepare os agentes de segurança pública para não refletirem em sua atuação profissional os estereótipos e o racismo aprendidos socialmente. Não basta que as instituições declarem solenemente que a sociedade é racista, que há muitos negros nas corporações, que a estrutura é racista ou falácias do gênero; cabe a elas reconhecerem o problema e assumirem suas responsabilidades na preparação de seus agentes.

Concluindo este tópico, cabe voltarmos o olhar para o campo do direito estadual, merecendo destaque o fato de que na Bahia a Lei n. 3.097, de 29 de dezembro de 1972, obrigou, até o ano de 1976, as "sociedades de culto afro-brasileiro" a se registrarem na Delegacia de Polícia da circunscrição.

No Estado da **Paraíba**, segundo informações extraídas do *site* da Assembleia Legislativa, **encontrar-se-ia em vigor a Lei n. 3.443, de 6 de novembro de 1966, que condiciona o funcionamento dos "cultos africanos" à autorização concedida pela Secretaria de Segurança Pública, bem como à apresentação de prova de sanidade mental do responsável pelo culto, mediante realização de exame psiquiátrico:**

Art. 1º. É assegurado o livre exercício dos Cultos Africanos em todo o território do Estado da Paraíba, observadas as disposições constantes desta lei.

Art. 2º. **O funcionamento dos cultos** de que trata a presente Lei será em cada caso **autorizado pela Secretaria de Segurança Pública**, mediante a constatação de que se encontram **satisfeitas as seguintes condições preliminares**:

(...)

II – Quanto aos responsáveis pelos cultos:

a) **prova de idoneidade moral**;

b) **prova de perfeita sanidade mental, consubstanciada em laudo psiquiátrico**.

Art. 3º. Autorizado o funcionamento do culto, a autoridade policial nele não poderá intervir, a não ser em casos de infração à lei penal.

(...)

Art. 5º. **Os diversos cultos em funcionamento diligenciarão a fim de ser instituída a Federação dos Cultos Africanos do Estado da Paraíba, à qual estarão subordinados**, cabendo-lhe, entre outras atribuições, disciplinar o exercício desses cultos no Estado e exercer a representação legal das atividades de suas filiadas.

À toda evidência, a edição de norma específica para regulação punitivista de uma única e exclusiva confissão religiosa, a classificação da religiosidade como matéria afeta à segurança pública, a presunção de insanidade mental do(a) sacerdote(isa), a constrangedora, humilhante e degradante obrigatoriedade de submissão deste(a) a exame psiquiátrico – decerto, sob os auspícios do Instituto Médico Legal do estado – e a obrigatoriedade de filiação à indigitada federação, conferem à lei paraibana o estatuto de preciosidade da supremacia jurídica racial e religiosa vigente no Brasil, cuja incompatibilidade com a Constituição de 1988 salta aos olhos.

Eventuais justificativas de que trata-se de norma em desuso não tornam menos ultrajante e racista sua exibição no *site* do Poder Legislativo paraibano, em pleno 2023, divulgada como norma em vigor.

Urge a necessidade de medidas judiciais objetivando a declaração de insuperável incompatibilidade material entre a lei paraibana e a nova ordem constitucional.

Anotada esta breve digressão, evidencia-se a engenhosa e sistemática perseguição a que foram e continuam sendo submetidas as religiões afro-brasileiras no Brasil, sustentada na força da lei, do direito penal mas também das próprias constituições, sem olvidarmos das normas federais e estaduais em vigor.

# Capítulo VI
# LIBERDADE DE CRENÇA, DE CULTO E DE LITURGIA NA CONSTITUIÇÃO DE 1988

A Carta Política de 1988 suprimiu uma cláusula inscrita em todas as constituições republicanas, por força da qual a liberdade de culto e de liturgia subordinava-se ora à moral pública (CF/91, art. 11, § 5º), ora à ordem pública e aos bons costumes (CF/34, art. 113, item 5 e art. 146; CF/37, art. 122, item 4; CF/46, art. 141, § 7º; CF/67, art. 20, § 5º; CF/69, art. 153, § 5º).

A imposição do costume como fonte de direito numa seara intrincada como é a liberdade de culto e de liturgia, decerto acarretava o problema de que aludido instituto não expressa um conteúdo descritivo, mas sim uma apreciação axiológica, um senso de plausibilidade, um juízo de valor suscetível ao arbítrio e ao despotismo, conquanto condicionava o exercício do culto e da liturgia às predileções, preconceitos e idiossincrasias dos detentores do poder.

Conforme lição magistral de John Locke, "(...) cada igreja é ortodoxa para consigo mesma; para as outras, errônea ou herege"[1].

Daí advém a impropriedade da submissão da liberdade de culto e de liturgia a um conceito jurídico indeterminado e arbitrário, nada obstante os casos paradigmáticos envolvendo confissões religiosas nos quais o costume chega a prevalecer sobre leis, a exemplo da supracitada Lei n. 9.294/96, que proíbe propaganda associando consumo de álcool a cerimônia religiosa, norma esta que não inibe o uso de vinho em certas liturgias frequentadas por crianças.

## VI.1. A MENÇÃO A DEUS NO PREÂMBULO DA CONSTITUIÇÃO FEDERAL

Preâmbulo, vocábulo derivado do latim *pre ambulare* (vir antes), é instituto do Processo Legislativo, mais propriamente da Técnica Legislativa, visto que configura um dos elementos constitutivos de um diploma normativo.

Como sabemos, a estrutura de um texto de lei possui três elementos essenciais: preâmbulo, articulado e fecho. Por seu turno, o preâmbulo é composto da epígrafe, ementa e considerandos (Lei Complementar n. 95/98).

---

[1] LOCKE, John. *Carta a respeito da tolerância*. São Paulo: Instituição Brasileira de Difusão Cultural, 1964, p. 12-20.

Um olhar sobre os preâmbulos das Constituições brasileiras desvenda diferentes modos de alusão a divindades, senão vejamos:

- a Constituição de 1824 consigna, no preâmbulo, a seguinte formulação:
  "(...) Dom Pedro Primeiro, por graça de Deos (...) Em nome da Santíssima Trindade".
  Dois registros merecem destaque:
  1. o trabalho de elaboração e promulgação da Constituição teria sido feito como um favor, concessão, benefício, enfim, mercê de Deus, pelo que o texto sugere que a Constituição deve ser tomada como uma concessão divina;
  2. os responsáveis pela elaboração e promulgação teriam operado com a autorização, o consentimento, a permissão da Santíssima Trindade, atuando, portanto, com delegação desta.
- o prefácio da Constituição de 1891, bem como o da Carta de 1937, não invocam nem fazem qualquer referência a divindade alguma;
- o prólogo da Carta de 1934 aduz os seguintes termos: "(...) Nós, os representantes do Povo Brasileiro, pondo a nossa confiança em Deus (...)"; À evidência, o texto sugere uma atitude, um juízo de valor, uma declaração que desvenda a convicção íntima, a crença, enfim, a esperança em Deus depositada pelo constituinte de 1934.
- o texto preambular da Carta de 1946 exibe a seguinte redação: "Nós, os representantes do povo brasileiro, reunidos, sob a proteção de Deus (...)";

Categórico, o texto dispõe uma percepção, uma verificação, enfim, a constatação de um fato – o trabalho de elaboração e promulgação da Constituição terá sido feito sob proteção divina.

- Os prefácios das Cartas de 1967 e 1969 apresentam idêntico conteúdo no que respeita à alusão às divindades: "O Congresso Nacional, invocando a proteção de Deus (...)".

Menos categórica do que a redação da Constituição de 1946, tal formulação sugere uma atitude evocativa, a manifestação de uma expectativa alimentada pela instituição Congresso Nacional em termos de acreditar que o trabalho de elaboração e promulgação daquelas cartas políticas terá sido executado sob a proteção de Deus.

Vejamos os termos do preâmbulo da Constituição de 1988:

> Nós, representantes do povo brasileiro, reunidos em Assembleia Nacional Constituinte para instituir um Estado Democrático, destinado a assegurar o exercício dos direitos sociais e individuais, a liberdade e a segurança, o bem-estar, o desenvolvimento, a igualdade e a justiça como valores supremos de uma sociedade frater-

na, pluralista e sem preconceitos, fundada na harmonia social e comprometida, na ordem interna e internacional, com a solução pacífica das controvérsias, **promulgamos, sob a proteção de Deus**, o seguinte:

Tal como o prefácio da Carta de 1946, o presente texto é enfático, categórico, dispondo uma verificação, a constatação de um fato – o trabalho de elaboração e promulgação da Constituição terá sido feito sob a proteção de Deus.

Ora, forçoso é reconhecer que não se pode admitir que de um juízo de fato possa ser inferida qualquer regra, não apenas porque a estrutura da norma jurídica encerra um dever ser, e não um ser, como também porque o preâmbulo de qualquer diploma normativo não se confunde com o articulado, no sentido de que o preâmbulo não contém norma jurídica propriamente dita.

Tratando-se, *in casu*, de um juízo de fato, o **preâmbulo não possui mesmo remotamente atributos de regra jurídica, resultando daí sua absoluta inidoneidade para elidir o caráter laico do Estado brasileiro – este sim direito positivo, norma jurídica expressamente estatuída no articulado da Carta Política, conforme entendimento pacificado do Supremo Tribunal Federal**:

> "Constitucional. Constituição: preâmbulo. Normas centrais. Constituição do Acre. I – Normas centrais da Constituição Federal: essas normas são de reprodução obrigatória na Constituição do Estado-membro, mesmo porque, reproduzidas, ou não, incidirão sobre a ordem local. Reclamações 370-MT e 383-SP (*RTJ 147/404*). II – **Preâmbulo da Constituição: não constitui norma central. Invocação da proteção de Deus: não se trata de norma de reprodução obrigatória na Constituição estadual, não tendo força normativa**. III – Ação direta de inconstitucionalidade julgada improcedente" (STF – Tribunal Pleno, ADI 2076, Relator Min. Carlos Velloso, j. 15-8-2002).
>
> "Trata-se de mandado de segurança, com pedido de medida liminar, que, impetrado por quatro (4) Deputados Federais, tem por objetivo fazer cessar a tramitação, 'na Câmara dos Deputados, da PEC n. 41/2003, que trata da Reforma Tributária'" (fls. 22).
>
> "**Os ora impetrantes sustentam que a PEC n. 41/2003 estaria em confronto com o preâmbulo da Constituição** (fls. 21). (...) Há que se ter presente, no entanto, considerada a controvérsia em referência, que **o Plenário do Supremo Tribunal Federal, em recente (e unânime) decisão (ADI 2.076/AC, Rel. Min. Carlos Velloso), reconheceu que o preâmbulo da Constituição não tem valor normativo, apresentando-se desvestido de força cogente**. (...) Os preâmbulos não podem assimilar-se às declarações de direitos (...). O preâmbulo não é um conjunto de preceitos (...). **O preâmbulo não pode ser invocado enquanto tal, isoladamente; nem cria direitos ou deveres** (...); **não há inconstitucionalidade por violação do preâmbulo como texto 'a se'**; só há inconstitucionalidade por violação dos

princípios consignados na Constituição". Sob tal aspecto, verifica-se que a **alegada ofensa ao preâmbulo da Constituição não tem o condão de conferir substância à pretensão mandamental ora deduzida pelos impetrantes, eis que, como já assinalado, o conteúdo do preâmbulo não impõe qualquer limitação de ordem material ao poder reformador outorgado ao Congresso Nacional** (STF, MS 24645 MC, Relator Min. Celso de Mello, j. 8-9-2003).

Numa palavra, a invocação do preâmbulo da Constituição Federal como argumento para relativização da laicidade prescrita no articulado da Carta Magna, carece de fundamento jurídico, apresenta natureza indisfarçavelmente ideológica e contrária à reiteradas deliberações de nossa Suprema Corte, guardiã soberana da Lei Fundamental.

## VI.2. ESTADO LAICO

Enunciado do art. 19, I, da Carta da República, encerra a fórmula nuclear encontrada pelo constituinte para fixar as balizas da relação entre Estado e religião, qual seja:

> CF, art. 19. É vedado à União, aos Estados, e ao Distrito Federal e aos Municípios:
> I – Estabelecer cultos religiosos ou <u>igrejas</u>, subvencioná-los, embaraçar-lhes o funcionamento ou manter com eles ou seus representantes relações de dependência ou aliança, ressalvada, na forma da lei, a colaboração de interesse público.

Antes de uma visita ao conteúdo da norma, impõe-se realçar um espasmo cristão do constituinte de 1988, qual seja o emprego do vocábulo igreja, equiparando-o à confissão religiosa.

Igreja, do hebraico *qahal* – assembleia do povo de Deus – e do grego *ekklesia* (assembleia pública), aparece no Novo Testamento designando um ajuntamento de fiéis, num determinado lugar, para adorar a Deus, fortalecer a comunhão cristã e desenvolver o serviço cristão (Epístola aos Efésios, 5, 30-33).

Na linguagem comum, além de significar templo, o termo também é empregado para designar uma diversidade de confissões religiosas, sobretudo cristãs, o que evidencia a associação daquele vocábulo a uma específica confissão religiosa – o cristianismo.

A título de argumentação, uma interpretação estritamente gramatical do dispositivo constitucional em tela permitiria a conclusão de que a Constituição permite financiamento de sinagogas, mesquitas, centros espíritas ou templos budistas ou afro-brasileiros.

Mais apropriado seria, tendo em conta o caráter laico do Estado brasileiro, o uso do termo religião, gênero do qual são espécies as milhares de confissões religiosas professadas pelo povo brasileiro.

Nesta ordem de ideias, uma outra consideração de natureza aparentemente semântica faz-se necessária. A Constituição Federal menciona o vocábulo eclesiástico:

> Art. 143. [...]
> § 2º As mulheres e os eclesiásticos ficam isentos do serviço militar obrigatório em tempo de paz, sujeitos, porém, a outros encargos que a lei lhes atribuir.

Uma vez mais deparamo-nos com um impulso cristão do constituinte de 1988, utilizando uma expressão que certamente pretendeu designar autoridade e/ou ministro religioso de quaisquer confissões religiosas, mas que terminou assumindo uma denotação circunscrita aos sacerdotes do catolicismo.

No Dicionário Aurélio, por exemplo, o verbete eclesiástico ostenta os seguintes significados: "pertencente ou relativo à Igreja; eclesial; membro do clero, sacerdote, clérigo, padre"[2].

Se ainda assim pairassem dúvidas sobre a gênese católica do vocábulo em exame, restar-nos-ia lembrar a existência dos Tribunais Eclesiásticos que figuram na estrutura de todas as dioceses do país.

À evidência, estamos diante de uma obsessão católica do constituinte de 88, que poderia ter sido evitada, entre outros, com o empréstimo dos termos empregados pela Lei dos Registros Públicos, a Lei n. 6.015/73:

> Art. 71º. Os nubentes habilitados para o casamento poderão pedir ao oficial que lhes forneça a respectiva certidão, para se casarem perante **autoridade ou ministro religioso**, nela mencionando o prazo legal de validade da habilitação.

Admitindo-se, insistimos, o caráter laico do Estado brasileiro, a expressão eclesiástico há que ser entendida como autoridade ou ministro religioso de quaisquer organizações religiosas, conforme deliberado pelo Supremo Tribunal Federal:

> Recurso extraordinário. 2. **Imunidade tributária de templos de qualquer culto**. Vedação de instituição de impostos sobre o patrimônio, renda e serviços relacionados com as finalidades essenciais das entidades. Art. 150, VI, *b*, e § 4º, da Constituição. 3. Instituição religiosa. IPTU sobre imóveis de sua propriedade que se encontram alugados. 4. A imunidade prevista no art. 150, VI, *b*, CF, deve abranger não somente os prédios destinados ao culto, mas, também, o patrimônio, a renda e os serviços "relacionados com as finalidades essenciais das entidades nelas mencionadas". 5. O § 4º do dispositivo constitucional serve de vetor interpretativo das alíneas *b* e *c* do inciso VI do art. 150 da Constituição Federal. Equiparação entre

---

[2] FERREIRA, Aurélio Buarque de Holanda. *Aurélio Século XXI* – o novo Dicionário Aurélio da Língua Portuguesa. 3. ed. Rio de Janeiro: Nova Fronteira, 1999, p. 714.

as hipóteses das alíneas referidas. 6. Recurso extraordinário provido (**STF** – Tribunal Pleno, RE 325822, Relator Ministro Ilmar Galvão, Relator p/ Acórdão Ministro Gilmar Mendes, j. 18-12-2002).

Constitucional. Recurso extraordinário. Imunidade tributária. Art. 150, VI, *c*, da Carta Federal. Necessidade de reexame do conjunto fático-probatório. Súmula 279 do STF. Art. 150, VI, *b*, da Constituição da República. **Abrangência do termo "templos de qualquer culto"**. Maçonaria. Não configuração. Recurso extraordinário conhecido em parte e, no que conhecido, desprovido. I – O reconhecimento da imunidade tributária prevista no art. 150, VI, *c*, da Constituição Federal exige o cumprimento dos requisitos estabelecidos em lei. II – Assim, para se chegar-se à conclusão se o recorrente atende aos requisitos da lei para fazer jus à imunidade prevista neste dispositivo, necessário seria o reexame do conjunto fático-probatório constante dos autos. Incide, na espécie, o teor da Súmula 279 do STF. Precedentes. III – A imunidade tributária conferida pelo art. 150, VI, *b*, é restrita aos **templos de qualquer culto religioso**, não se aplicando à maçonaria, em cujas lojas não se professa qualquer religião. IV – Recurso extraordinário parcialmente conhecido, e desprovido na parte conhecida (**STF** – 1ª Turma, RE 562351, Relator Ministro Ricardo Lewandowski, j. 4-9-2012).

Constitucional. Tributário. Imunidade de **igrejas e templos de qualquer crença**. ICMS. Tributação indireta. Guerra fiscal. Concessão de benefício fiscal e análise de impacto orçamentário. Art. 113 do ADCT (redação da EC n. 95/2016). Extensão a todos os entes federativos. Inconstitucionalidade. 1. **A imunidade de templos** não afasta a incidência de tributos sobre operações em que as entidades imunes figurem como contribuintes de fato. Precedentes. 2. A norma estadual, ao pretender ampliar o alcance da imunidade prevista na Constituição, veiculou benefício fiscal em matéria de ICMS, providência que, embora não viole o art. 155, § 2º, XII, *g*, da CF – à luz do precedente da CORTE que afastou a caracterização de guerra fiscal nessa hipótese (ADI 3421, Rel. Min. Marco Aurélio, Tribunal Pleno, julgado em 5-5-2010, *DJ* de 28-5-2010) –, exige a apresentação da estimativa de impacto orçamentário e financeiro no curso do processo legislativo para a sua aprovação. 3. A Emenda Constitucional n. 95/2016, por meio da nova redação do art. 113 do ADCT, estabeleceu requisito adicional para a validade formal de leis que criem despesa ou concedam benefícios fiscais, requisito esse que, por expressar medida indispensável para o equilíbrio da atividade financeira do Estado, dirige-se a todos os níveis federativos. 4. Medida cautelar confirmada e Ação Direta julgada procedente" (**STF** – Tribunal Pleno, ADI 5816, Relator Ministro Alexandre de Moraes, j. 5-11-2019).

De seu turno, dispõe o Código Civil que:

Art. 44. [...]
§ 1º São livres a criação, a organização, a estruturação interna e o funcionamento das organizações religiosas, sendo vedado ao poder público negar-lhes reconhecimento ou registro dos atos constitutivos e necessários ao seu funcionamento.

Precedente do Supremo Tribunal Federal, anteriormente aludido, proclamou que:

> Compete exclusivamente à autoridade eclesiástica decidir a questão sobre as normas da confissão religiosa, que devem ser respeitadas por uma associação constituída para o culto (STF – 2ª Turma, Recurso Extraordinário n. 31179/DF, Rel. Hahnemann Guimarães, j. 8-4-1958).

Retornando ao preceptivo do art. 19, I, da Constituição Federal, a norma proibitiva comete ao Estado uma obrigação de não fazer, uma abstenção, perfazendo uma área de abrangência na qual estão localizadas textualmente, **proibição de**:

- criar, instituir, fundar, firmar ou celebrar qualquer culto ou templo;
- destinar auxílio ou contribuição financeira, permanente ou eventual, para suportar quaisquer tipos de despesas de quaisquer cultos ou confissões religiosas;
- obstruir, impedir, tolher, perturbar ou estorvar o funcionamento de qualquer culto ou templo;
- manter, com quaisquer cultos, templos ou representantes destes, relação de sujeição, subordinação ou anexação;
- realizar qualquer pacto, acordo ou união a qualquer título com culto ou confissão.

No que se refere a estes dois últimos aspectos, a saber, a relação de dependência ou aliança, esta é admissível em caráter excepcional, visando satisfazer interesse público, lembrando que interesse público é conceito jurídico fixado em regra de direito positivo, de modo que apenas e tão somente a lei possui autoridade para determinar os casos em que o interesse público justifica relação de aliança entre Estado e confissão religiosa.

No plano infraconstitucional, a propósito, o Marco Regulatório das Organizações da Sociedade Civil, Lei n. 13.019/2013, fixa balizas para parcerias entre a administração pública e organizações religiosas:

> Art. 1º. Esta Lei institui normas gerais para as **parcerias entre a administração pública e organizações da sociedade civil**, em regime de mútua cooperação, para a consecução de finalidades de interesse público e recíproco, mediante a execução de atividades ou de projetos previamente estabelecidos em planos de trabalho inseridos em termos de colaboração, em termos de fomento ou em acordos de cooperação.
> Art. 2º. Para os fins desta Lei, **considera-se**:
> I – **organização da sociedade civil**:

(...)

c) **as organizações religiosas que se dediquem a atividades ou a projetos de interesse público e de cunho social distintas das destinadas a fins exclusivamente religiosos**;

(...)

Art. 33. Para celebrar as parcerias previstas nesta Lei, as **organizações da sociedade civil** deverão ser regidas por normas de organização interna que prevejam, expressamente:

I – **objetivos voltados à promoção de atividades e finalidades de relevância pública e social**;

(...)

Art. 84-C. Os benefícios previstos no art. 84-B serão conferidos às **organizações da sociedade civil que apresentem entre seus objetivos sociais pelo menos uma das seguintes finalidades**:

I – promoção da assistência social;

II – promoção da cultura, defesa e conservação do patrimônio histórico e artístico;

III – promoção da educação;

IV – promoção da saúde;

V – promoção da segurança alimentar e nutricional;

VI – defesa, preservação e conservação do meio ambiente e promoção do desenvolvimento sustentável;

VII – promoção do voluntariado;

VIII – promoção do desenvolvimento econômico e social e combate à pobreza;

IX – experimentação, não lucrativa, de novos modelos socioprodutivos e de sistemas alternativos de produção, comércio, emprego e crédito;

X – promoção de direitos estabelecidos, construção de novos direitos e assessoria jurídica gratuita de interesse suplementar;

XI – promoção da ética, da paz, da cidadania, dos direitos humanos, da democracia e de outros valores universais;

XII – organizações religiosas que se dediquem a atividades de interesse público e de cunho social distintas das destinadas a fins exclusivamente religiosos;

XIII – estudos e pesquisas, desenvolvimento de tecnologias alternativas, produção e divulgação de informações e conhecimentos técnicos e científicos que digam respeito às atividades mencionadas neste artigo.

Parágrafo único. É vedada às entidades beneficiadas na forma do art. 84-B a participação em campanhas de interesse político-partidário ou eleitorais, sob quaisquer meios ou formas.

Anote-se que a Lei n. 8.429/92 pune a improbidade administrativa, consistente em ato ilegal ou ofensivo aos princípios básicos da administração praticado por agente público. O beneficiário do ato, mesmo não sendo agente público, também está sujeito a penalidades, desde que participe ou obtenha alguma vantagem decorrente da improbidade.

Vejamos extratos dos arts. 2º, 10 e 11 da Lei de Improbidade Administrativa:

> Art. 2º. Para os efeitos desta Lei, consideram-se agente público o agente político, o servidor público e todo aquele que exerce, ainda que transitoriamente ou sem remuneração, por eleição, nomeação, designação, contratação ou qualquer outra forma de investidura ou vínculo, mandato, cargo, emprego ou função nas entidades referidas no art. 1º desta Lei.
>
> Parágrafo único. No que se refere a recursos de origem pública, sujeita-se às sanções previstas nesta Lei o particular, pessoa física ou jurídica, que celebra com a administração pública convênio, contrato de repasse, contrato de gestão, termo de parceria, termo de cooperação ou ajuste administrativo equivalente.
>
> Art. 10. Constitui ato de improbidade administrativa que causa lesão ao erário qualquer ação ou omissão dolosa, que enseje, efetiva e comprovadamente, perda patrimonial, desvio, apropriação, malbaratamento ou dilapidação dos bens ou haveres das entidades referidas no art. 1º desta Lei, e notadamente:
>
> Art. 11. Constitui ato de improbidade administrativa que atenta contra os princípios da administração pública a ação ou omissão dolosa que viole os deveres de honestidade, de imparcialidade e de legalidade, caracterizada por uma das seguintes condutas:

Segundo Celso Antônio Bandeira de Mello:

> O princípio da legalidade, no Brasil, significa que a Administração nada pode fazer senão o que a lei determina. **Ao contrário dos particulares, os quais podem fazer tudo o que a lei não proíbe, a Administração só pode fazer o que a lei antecipadamente autorize**[3].

Ainda segundo o autor, o princípio constitucional da impessoalidade, um dos cânones da Administração Pública,

> (...) traduz a ideia de que a Administração tem que tratar a todos os administrados sem discriminações, benéficas ou detrimentosas. Nem favoritismos nem perseguições são toleráveis. Simpatias ou animosidades pessoais, políticas ou ideológicas não podem interferir na atuação administrativa e muito menos interesses sectários, de facções ou grupos de qualquer espécie[4].

À luz destas normativas e precedentes do Supremo Tribunal Federal, evidencia-se o fato de que ao privilegiar determinada confissão religiosa por meio de ato da administração, excetuando-se aquelas hipóteses previstas expressamente

---

[3] MELLO, Celso Antônio Bandeira de. *Curso de direito administrativo*, p. 76.
[4] *Ibidem*, p. 84.

em lei, o agente público sujeita-se à responsabilização civil por improbidade administrativa, bem como a responsabilização por crime de prevaricação, porquanto o **art. 319, do Código Penal, proíbe o funcionário público de exercer ato de ofício movido por sentimento pessoal**.

No que se refere à improbidade, vale pôr em realce precedentes judiciais emblemáticos:

> Ação Civil Pública Município de Itanhaém – "Semana Cultural Evangélica" – Subvenção do evento pelo município – Lei municipal – Declaração de inconstitucionalidade – Obrigação de não fazer – Possibilidade: – **Declarada a inconstitucionalidade dos dispositivos legais que autorizavam o município de Itanhaém a subvencionar a "Semana Cultural Evangélica", é procedente a ação voltada à imposição de obrigação de não fazer ao poder público, consistente na proibição de contribuir com recursos humanos, materiais ou financeiros para a realização do evento religioso** (TJSP – 10ª Câmara de Direito Público, Apelação Cível 1005943-32.2018.8.26.0266, Relatora Des. Teresa Ramos Marques, j. 25-8-2021).
>
> Apelação. Ação Civil Pública. **Demanda ajuizada pelo Ministério Público visando a declaração incidental da inconstitucionalidade dos arts. 2º e 4º da Lei do Município de Paranapanema n. 860/2007, tornando ineficazes seus efeitos, a fim de proibir o Município de subsidiar eventos públicos voltados à parcela evangélica da população, além da obrigação de não fazer, consistente no fato de a Municipalidade não promover evento público de cunho religioso, sob pena de multa de R$ 20.000,00 por subvenção ou evento promovido** – Possibilidade – **Arts. 2º e 4º da Lei n. 860/2007 devidamente reconhecidos como inconstitucionais pelo C. Órgão Especial desta Corte, nos autos da Arguição de Inconstitucionalidade n. 0.012.666-38.2020.8.26.0000 – <u>Violação ao art. 19, I, da Constituição Federal e ao princípio da laicidade do Estado bem configuradas, em decorrência da possibilidade de criação de eventos religiosos custeados pelo Município de Paranapanema</u>** – Sentença mantida. Recurso não provido (**TJSP** – 3ª Câmara de Direito Público, Apelação Cível 1000236-43.2017.8.26.0420, Relatora Des. Paola Lorena, j. 2-3-2021).
>
> Ação Civil Pública. Santa Barbara D'oeste. Realização de evento religioso denominado Marcha para Jesus. CF, art. 19, I. 1. Evento. Natureza. O evento Marcha para Jesus é promovido em conjunto com as Igrejas Evangélicas e tem caráter eminentemente religioso, conforme se extrai da LM n. 3.136/09 e outras informações juntadas aos autos e obtidas na página eletrônica oficial do evento. 2. Poder Público. Participação. **O art. 19, I, da Constituição Federal veda a subvenção de cultos religiosos e igrejas, não importando se esta se dará de forma contínua ou se resumirá em apenas um evento. Hipótese que não se enquadra na concepção de colaboração por interesse público, que pressupõe o exercício de uma atividade considerada útil**

pelo Estado para alcançar um fim pretendido pela coletividade, sem relação com a crença religiosa preconizada pela instituição. 3. Multa. Os arts. 287, 644 e 645 do CPC não excluem a Fazenda Pública do pagamento da multa pela inexecução da obrigação de fazer. Cabe ao administrador, em isso ocorrendo, adotar as providências administrativas, judiciais e criminais contra o servidor faltoso que a elas deu causa. Procedência. Recurso do Município a que se nega provimento (TJSP – 10ª Câmara de Direito Público, Apelação Cível n. 0011832-03.2011.8.26.0533, Relator Des. Torres de Carvalho, j. 2-9-2013).

Retomando a disciplina constitucional da matéria, devemos sublinhar que o art. 5º da Carta Magna contém dois dispositivos de interesse imediato:

CF, art. 5º. [...]
VI – é inviolável a liberdade de consciência e de crença, sendo assegurado o livre exercício dos cultos religiosos e garantida, na forma da lei, a proteção aos locais de culto e a suas liturgias;
(...)
VIII – ninguém será privado de direitos por motivo de crença religiosa ou de convicção filosófica ou política, salvo se as invocar para eximir-se de obrigação legal a todos imposta e recusar-se a cumprir prestação alternativa, fixada em lei;

A Lei Fundamental dispõe ainda que não será objeto de deliberação a proposta de emenda tendente a abolir direitos e garantias individuais, atribui à União competência legislativa privativa para legislar sobre direito civil, protege as manifestações culturais afro-brasileiras e prescreve a valorização da diversidade étnica (CF, arts. 60, § 4º, IV; 22, I; 215, § 1º, V).

Merece registro o fato de que a única crença religiosa prestigiada expressamente pela Constituição da República, laica, é aquela constante do art. 231, *verbis*:

**São reconhecidos aos índios** sua organização social, costumes, línguas, **crenças** e tradições, e os direitos originários sobre as terras que tradicionalmente ocupam, competindo à União demarcá-las, proteger e fazer respeitar todos os seus bens.

Registre-se que o Texto Constitucional não imprime à República um caráter antirreligioso, tanto que o art. 5º, VII, assegura a prestação de assistência religiosa nas entidades civis e militares de internação coletiva; o art. 150, VI, *b*, prescreve a imunidade tributária de templos de qualquer culto, e o art. 226, § 2º, confere efeitos civis ao casamento religioso.

Ademais, o Código Penal contém um capítulo especialmente destinado à proteção do sentimento religioso (arts. 208 e s.).

Tais normas encerram determinadas condições de possibilidade por meio das quais o sistema jurídico assegura o exercício livre e desembaraçado da liberdade de crença, seja protegendo os cultos (tutela jurídica do sentimento religioso), garantindo o culto em instituições de internação coletiva, ou impedindo que o Estado possa estorvar, por meio de tributos, o funcionamento dos templos religiosos.

Não há dúvida de que é da natureza da ética religiosa, da normativa religiosa, posicionar-se a respeito de temas como aborto, casamento, divórcio, eutanásia, suicídio, transplante de órgãos, inseminação artificial, fertilização *in vitro*, doação de órgãos, cremação, transfusão de sangue, entre outros. Não obstante, ao menos no plano formal, a disciplina jurídica dessas matérias revela a preservação de um amplo espaço de independência do Estado e dos indivíduos em face do ordenamento religioso.

No caso da transfusão de sangue, por exemplo, a jurisprudência registra eloquentes construções:

> 1. Indenizatória. Reparação de danos. Testemunha de Jeová. Recebimento de transfusão de sangue quando de sua internação. **Convicções religiosas que não podem prevalecer perante o bem maior tutelado pela Constituição Federal que é a vida.** Conduta dos médicos, por outro lado, que pautou-se dentro da lei e ética profissional, posto que somente efetuaram as transfusões sanguíneas após esgotados todos os tratamentos alternativos. Inexistência, ademais, de recusa expressa a receber transfusão de sangue quando da internação da autora. Ressarcimento, por outro lado, de despesas efetuadas com exames médicos, entre outras, que não merece acolhida, posto não terem sido os valores despendidos pela apelante (TJ/SP – Apelação Cível n. 123.430-4, 3ª Câmara de Direito Privado, Rel. Flávio Pinheiro, j. 7-5-02);
>
> 2. Omissão de socorro e periclitação de vida. Negativa de autorização para transfusão de sangue por motivos religiosos. Crime impossível. Inocorrência. Inteligência: art. 132 do Código Penal, art. 135 do Código Penal, art. 17 do Código Penal, art. 146, § 3º, I do Código Penal 162(b). **Acusadas que em nome de seita religiosa e das orientações nela recebidas deixam de permitir transfusão de sangue em menor, possibilitando a consumação da omissão de socorro e da periclitação de vida, praticam em tese os delitos dos arts. 132 e 135 do CP,** não havendo falar em expor a perigo a vida de pessoa morta (impropriedade absoluta do objeto) ou em ministração de substância inócua à guisa de veneno (ineficácia absoluta do meio), ou em deixar sem socorro pessoa que dele não necessitasse, hipótese em que se poderia cogitar de crime impossível (TJ/SP – *Habeas Corpus* n. 184.642/5, 9ª Câmara, Rel. Marrey Neto, j. 30-8-89, *RJDTACRIM* 7/175);
>
> 3. Pretendido trancamento de ação penal. Homicídio. **Paciente que influenciou para que a vítima fatal, testemunha de Jeová, não recebesse transfusão de sangue. Alegando os motivos espirituais e de religião.** Fato

típico. Ausente a falta de justa causa (TJ/SP – *Habeas Corpus* n. 253.458-3, 3ª Câmara Criminal, Rel. Pereira Silva, j. 5-5-98).

Interessante observar que nos três julgados aduzidos, o ponto de tangência entre norma jurídica e norma religiosa assumiu aparência de conflito somente até o momento em que o Poder Judiciário manifestou-se, visto que foi inequívoca a afirmação de que em regra a norma religiosa não pode equiparar-se ou sobrepor-se à norma jurídica. Acerca deste tema, recentemente o Supremo Tribunal Federal deliberou que:

> "É permitido ao paciente, no gozo pleno de sua capacidade civil, recusar-se a se submeter a tratamento de saúde, por motivos religiosos. A recusa a tratamento de saúde, por razões religiosas, é condicionada à decisão inequívoca, livre, informada e esclarecida do paciente, inclusive, quando veiculada por meio de diretivas antecipadas de vontade (...)." (STF – Tribunal Pleno, Tema 1069, RE 1.212.272, Relator Min. Gilmar Mendes, j. 25/09/2024).

## VI.3. OBJEÇÃO OU ESCUSA DE CONSCIÊNCIA E PROTEÇÃO DA ÉTICA E SENTIMENTO RELIGIOSOS

Conforme afirmado no parágrafo anterior, a Constituição Federal prevê uma hipótese na qual a norma religiosa sobrepõe-se à norma jurídica; referimo-nos à objeção de consciência, a qual apresenta três registros na Carta Magna:

> Art. 5º, VIII – ninguém será privado de direitos por motivo de confissão religiosa ou de convicção filosófica ou política, salvo se as invocar para eximir-se de obrigação legal a todos imposta e recusar-se a cumprir prestação alternativa, fixada em lei.
>
> Art. 15. É vedada a cassação de direitos políticos, cuja perda ou suspensão só se dará nos casos de: (...) IV – recusa de cumprir obrigação a todos imposta ou prestação alternativa, nos termos do art. 5º, VIII.
>
> Art. 143. O serviço militar é obrigatório nos termos da lei.
>
> § 1º Às Forças Armadas compete, na forma da lei, atribuir serviço alternativo aos que, em tempo de paz, após alistados, alegarem imperativo de consciência, entendendo-se como tal o decorrente de crença religiosa e de convicção filosófica ou política, para se eximirem de atividades de caráter essencialmente militar.
>
> § 2º As mulheres e os eclesiásticos ficam isentos do serviço militar obrigatório em tempo de paz, sujeitos, porém, a outros encargos que a lei lhes atribuir.

Em homenagem aos tratados internacionais, vale lembrar que pelo menos duas convenções fazem menção expressa à objeção de consciência:

• Convenção Americana de Direitos Humanos (Pacto de San José da Costa Rica).

> Art. 6º, item 3, *b*. Não constituem trabalhos forçados ou obrigatórios para os efeitos deste artigo: serviço militar e, nos países em que se admite a isenção por motivo de consciência, qualquer serviço nacional que a lei estabelecer em lugar daquele.

- Pacto Internacional de Direitos Civis e Políticos:

> Art. 8º, c, item II. Para os efeitos do presente parágrafo, não serão considerados "trabalhos forçados ou obrigatórios": qualquer serviço de caráter militar e, nos países em que se admite a isenção por motivo de consciência, qualquer serviço nacional que a lei venha a exigir daqueles que se oponham ao serviço militar por motivo de consciência.

No plano infraconstitucional, a Lei n. 8.239, de 4 de outubro de 1991, regulamentou o aludido art. 143, dispondo sobre a "Prestação de Serviço Alternativo ao Serviço Militar Obrigatório".

Vejamos a dicção do art. 3º do aludido diploma normativo:

> Art. 3º. O Serviço Militar inicial é obrigatório a todos os brasileiros, nos termos da lei.
> § 1º Ao Estado-Maior das Forças Armadas compete, na forma da lei e em coordenação com os Ministérios Militares, atribuir Serviço Alternativo aos que, em tempo de paz, após alistados, alegarem imperativo de consciência decorrente de crença religiosa ou de convicção filosófica ou política, para se eximirem de atividades de caráter essencialmente militar.
> § 2º Entende-se por Serviço Alternativo o exercício de atividades de caráter administrativo, assistencial, filantrópico ou mesmo produtivo, em substituição às atividades de caráter essencialmente militar.
> § 3º O Serviço Alternativo será prestado em organizações militares da ativa e em órgãos de formação de reservas das Forças Armadas ou em órgãos subordinados aos Ministérios Civis, mediante convênios entre estes e os Ministérios Militares, desde que haja interesse recíproco e, também, sejam atendidas as aptidões do convocado.

A Lei de Diretrizes e Bases da Educação, a LDB, igualmente contém um interessante exemplo de objeção ou escusa de consciência. Resultante de alteração impressa pela Lei n. 13.796, de 3 de janeiro de 2019, o art. 7º-A, da LDB, apresenta a seguinte redação:

> Art. 7º-A. **Ao aluno regularmente matriculado em instituição de ensino pública** ou privada, de qualquer nível, é assegurado, no exercício **da liberdade de consciência e de crença, o direito de, mediante prévio e motivado requerimento, ausentar-se** de prova ou **de aula marcada para dia em que, segundo os preceitos de sua religião**, seja vedado o exercício de tais atividades**, devendo-se-lhe atribuir, a critério da instituição e sem custos para o aluno, uma das <u>seguintes prestações alternativas</u>**, nos termos do inciso VIII do *caput* do art. 5º da Constituição Federal:
> I – prova ou aula de reposição, conforme o caso, a ser realizada em data alternativa, no turno de estudo do aluno ou em outro horário agendado com sua anuência expressa;

II – trabalho escrito ou outra modalidade de atividade de pesquisa, com tema, objetivo e data de entrega definidos pela instituição de ensino.

§ 1º A prestação alternativa deverá observar os parâmetros curriculares e o plano de aula do dia da ausência do aluno.

§ 2º O cumprimento das formas de prestação alternativa de que trata este artigo substituirá a obrigação original para todos os efeitos, inclusive regularização do registro de frequência.

Por evidente, o preceptivo constitucional da objeção de consciência utiliza a locução "eximir-se de obrigação legal a todos imposta", sem adjetivar tal obrigação, pelo que contempla não apenas a recusa ao serviço militar obrigatório, atividade escolar ou serviço do Júri (CPP, arts. 438 e s.), mas protege, ainda, ao menos teoricamente, a recusa ao cumprimento de toda e qualquer obrigação legal a todos imposta.

Ora, dispensa maior esforço a percepção de que, **na seara da objeção de consciência, a ética religiosa ou filosófica sobrepõe-se a um dever jurídico, de modo que um imperativo categórico prevalece sobre um imperativo hipotético, a moral prepondera sobre o direito.**

Trata-se de uma regra de exceção ao princípio da legalidade, que visa assegurar ao indivíduo uma reserva de afirmação de seu dever religioso, filosófico ou político, limitando o poder estatal, concretizando o **princípio da não coação**, impedindo a ocorrência de uma violência moral e descortinando a possibilidade de cumprimento de uma prestação alternativa àquela que ofenderia a consciência do objetor.

Vale a pena uma breve visita a um primoroso julgado do STF decompondo o princípio da não coação:

> "Agravo Interno. Recurso extraordinário com agravo. **Pregação religiosa em transporte público, durante o horário de funcionamento do serviço. Inviolabilidade da liberdade religiosa**. Direito fundamental assegurado pela Constituição Federal. Manifestação religiosa em horário e local inapropriados. Abuso de direito. Ponderação com outros direitos fundamentais.
> 
> 1. Trata-se na origem de Ação Civil Pública proposta pelo Ministério Público do Estado do Rio de Janeiro em face de Supervia – Concessionária de Transporte Ferroviário S/A. **Na petição inicial, o *Parquet* informa ter recebido notícia de reclamações de usuários do serviço de transporte por trem prestado pela empresa ré, dando conta de excessos de "pregadores evangélicos, que em voz alta e se utilizando de microfones e Instrumentos musicais prejudicam o sossego dos usuários do serviço de transporte da Supervia, além de obrigá-los, indiscriminadamente, a se submeter a doutrinas religiosas que nem sempre professam (...)"** (v. 1, fl. 3).
> 
> 4. O Poder Público tem a obrigação constitucional de garantir a plena liberdade religiosa. **Entretanto, em face de sua laicidade, não pode ser subser-

viente, ou mesmo conivente com qualquer dogma ou princípio religioso que possa colocar em risco sua própria laicidade ou a efetividade dos demais direitos fundamentais – entre eles, o princípio isonômico no tratamento de todas as crenças e de seus adeptos, bem como dos agnósticos e ateus.

5. Embora a Constituição Federal indubitavelmente consagre a inviolabilidade de liberdade de crença e de culto, esse direito fundamental admite limitações, levando-se em consideração os direitos fundamentais dos indivíduos não praticantes da religião, dos ateus, bem como o local onde esse direito pode ser praticado.

6. No caso concreto, **a forma como o direito à liberdade religiosa está sendo exercido – dentro de vagões de trem, com o uso imoderado de microfones, instrumentos musicais e som alto** – não encontra guarida na jurisprudência desta CORTE, que não ampara o proselitismo religioso, que tem por objetivo a conversão de determinada pessoa para que adira a uma religião.

7. A pretexto de proteger a livre manifestação religiosa, a recorrente, na verdade, permite uma espécie de abuso de direito fundamental, ao defender que, em ambiente inapropriado (vagões de trem), as <u>pessoas sejam forçosamente submetidas à pregação religiosa</u>.

8. A Constituição, ao garantir, na forma da lei, a **proteção aos "locais de culto"**, certamente se referiu a espaços adequados para este fim – no âmbito do qual não se incluem os vagões de trem, no horário de funcionamento do serviço. 9. Agravo Interno a que se nega provimento (**STF** – 1ª Turma, ARE 1315221 AgR, Relator Ministro Alexandre de Moraes, Primeira Turma, j. 17-8-2021).

Vista por outro ângulo, a objeção de consciência consubstancia uma proteção constitucional do sentimento religioso.

A respeito do bem jurídico denominado sentimento religioso, uma definição provisória e inconclusa deste pode ser grafada nos seguintes termos:

> Sentimento religioso consiste em um estado mental, emocional ou passional derivado da crença, filiação ou identidade religiosa, caracterizando-se como **elemento constitutivo da personalidade, dignidade, honra e moral do fiel**[5].

De outro lado, podemos definir ética religiosa como uma atitude, um comportamento privado ou público decorrente de preceito religioso.

O Tribunal de Justiça de São Paulo, a título de exemplo, registra julgados emblemáticos nos quais tutela-se o direito ao preceito alimentar religioso, nomeadamente

---

[5] SILVA JR., Hédio. Definição de sentimento religioso. In: Webinar. *O sentimento religioso e os limites do sagrado alheio*. OAB 57 Subseção Guarulhos, 25 de agosto de 2020. Disponível em: https://oabguarulhos.org.br/transmissao-da-webinar-o-sentimento-religioso-e-os-limites-do-sagrado-alheio/. Última consulta em: 11 fev. 2021.

## Capítulo VI • Liberdade de Crença, de Culto e de Liturgia na Constituição de 1988

em contratos de transporte aéreo internacional nos quais passageiros solicitam dieta religiosa (alimentação kosher, *v.g.*) e são desatendidos pelos transportadores.

> Responsabilidade Civil. Transporte aéreo internacional. Incidência do CDC. **Não atendimento de solicitação de refeição especial (kosher) por passageira judia.** Fato que a obrigou a ficar horas em jejum. Dano moral configurado (TJ-SP – 14ª Câm. Dir. Priv., Apelação n. 1026206-06.2015.8.26.0100, Rel. Des. Paulo Roberto de Santana, j. 19-10-16).

No mesmo sentido a Apelação n. 1033753-97.2015.8.26.0010, 18ª Cam. Dir. Priv., Rel. Des. Edson Luiz de Queiroz, j. 11-10-16 e Apelação n. 1038045-91.2016.8.26.0200, 14ª Cam. Dir. Priv., Rel. Des. Carlos Abrão, j. 19-10-16. São igualmente vastos os precedentes jurisprudenciais atinentes à garantia da Guarda do Sábado observada por Adventistas do Sétimo Dia, Judeus e outros segmentos guardadores do Sábado.

A par do Título V do Código Penal disciplinar a proteção do sentimento religioso, a jurisdição cível registra célebres e controvertidas decisões judiciais atinentes à tutela civil do sentimento religioso, senão vejamos:

> (...) Quanto aos elementos carreados ao bojo dos autos vislumbramos que **as partes autoras como pessoas com crença no homem Jesus Cristo, filho de Deus, se sentiram <u>ofendidas quanto a sua ideologia religiosa cristã</u>, tendo em vista que a documental de fls. 23/24, onde demonstra a divulgação de um evento artístico, em data de 27 de outubro de 2017, às 18h00min, no qual Jesus Cristo estaria representado por um travesti**, de maneira que o elemento chave deste episódio buscava a transformação do olhar diante de identidades marcadas pelo estigma da marginalização. De acordo com as considerações expostas acima, estas demonstraram que as partes autoras sofreram violação dos seus respectivos direitos pela parte demandada.
>
> (...) **Compreendo que não se pode tentar, assim, eliminar os símbolos/crenças religiosos mais tradicionais do povo, com narrativas debochadas e fantasiosas, como que lhe arrancando as raízes.**
>
> (...) À vista do quanto gizado, concedo a tutela provisória de urgência antecipatória antecedente na presente demanda em favor da parte autora, devendo ser expedido o competente mandado nos termos do(s) pedido(s) constante(s) da peça preambular, até ulterior deliberação desta justiça monocrática soteropolitana.
>
> **O não cumprimento do comando judicial de obrigação de não fazer** de tutela provisória de urgência antecipada pela parte acionada, a partir da intimação pessoal do seu respectivo representante legal, a respeito desta decisão, **incidirá multa diária no importe de R$ 1.000.000,00 (um milhão de reais), em favor das partes autoras** (TJBA – 12ª Vara Cível de Salvador, Decisão Interlocutória Processo n. 0566408-05.2017.8.05.0001, Juiz Paulo Albiani Alves, j. 27-10-2017).
>
> (...) Feito esse introito, trata-se de ação de obrigação de fazer cumulada com pedido de antecipação de tutela ajuizada por Virgínia Bossonaro Rampin Paiva Sesc

Jundiaí, perseguindo, em nível de tutela de urgência, a **suspensão da peça teatral "O Evangelho Segundo Jesus, Rainha do Céu"**, ao argumento de que referida exibição vai de encontro à dignidade cristã, posto apresentar Jesus Cristo como um transgênero, <u>expondo ao ridículo os símbolos como a cruz e a religiosidade que ela representa</u>. Pede, em nível de tutela de urgência, a proibição da respectiva apresentação.

(...) De fato, não se olvide da crença religiosa em nosso Estado, que tem Jesus Cristo como o filho de Deus, e em se permitindo uma peça em que este **Homem Sagrado seja encenado como um travesti, a toda evidência, caracteriza-se ofensa a um sem número de pessoas.**

Não se trata aqui de imposição a uma crença e nem tampouco a uma religiosidade. Cuida-se na verdade de impedir um ato desrespeitoso e de extremo mau gosto, que certamente maculará o sentimento do cidadão comum, avesso à esse estado de coisa.

(...) Não se olvida a liberdade de expressão, em referência no caso específico, a arte, mas o que não pode ser tolerado é o desrespeito a uma crença, a uma religião, enfim, a uma figura venerada no mundo inteiro.

Nessa esteira, **<u>levando-se em conta que a liberdade de expressão não se confunde com agressão e falta de respeito</u>** e, malgrado a inexistência da censura prévia, não se pode admitir a exibição de uma peça com um baixíssimo nível intelectual que chega até mesmo a invadir a existência do senso comum, que deve sempre permear por toda a sociedade.

Do exposto, considerando-se que as circunstâncias jurídicas alegadas em a inicial corroboram o fato de ser a **peça em epígrafe <u>atentatória à dignidade da fé cristã</u>, na qual Jesus Cristo não é uma imagem e muito menos um objeto de adoração apenas, mas sim o Filho de Deus, acolho as razões explanadas pela parte autora e assim o faço com o fito de proibir a ré de apresentar a peça "O Evangelho Segundo Jesus, Rainha do Céu"**, prevista para o dia de hoje (15 de setembro de 2017), e também em nenhuma outra data, sob pena do pagamento da multa diária que fixo em R$ 1.000,00 (um mil reais), sem prejuízo da tipificação do crime de desobediência, que acarretará ao(a) responsável a consequência de se ver processado criminalmente (TJSP – 1ª Vara Civil, Processo n. 1016422-86.2017.8.26.0309, Decisão Juiz Dr. Luiz Antonio de Campos Júnior, j. 15-9-2017).

Deste modo, considerando-se a laicidade atribuída pela Constituição Federal à República Federativa do Brasil, acrescida dos princípios constitucionais da igualdade e proibição de discriminação em razão de crença, **a única conclusão possível é que o sentimento religioso dos brasileiros adeptos das religiões de matriz africana possui exatamente o mesmo valor jurídico do sentimento religioso dos brasileiros cristãos**.

Vale anotar ainda a **<u>obrigação de assegurar tratamento igualitário a todas as religiões</u>**, prescrita expressamente na Convenção Relativa ao Estatuto dos Refugiados, ratificada pelo Decreto n. 50.215, de 28 de janeiro de 1961:

Art. 4º. **Os Estados Contratantes proporcionarão** aos refugiados, em seu território, **um tratamento pelo menos tão favorável como o que é proporcionado aos nacionais no que concerne à liberdade de praticar sua religião** e no que concerne à liberdade de instrução religiosa dos seus filhos.

## VI.4. PROTEÇÃO AOS LOCAIS DE CULTO E LITURGIAS

O livre exercício do culto religioso não se restringe às dependências do templo (CF, art. 150, VI, *b*) ou da casa de culto (STF, ADPF 701), sendo assegurada sua realização em espaço privado ou público, conforme elucidativa prescrição da Convenção Interamericana de Direitos Humanos – Pacto de San José da Costa Rica, ratificada pelo Brasil por meio do Decreto n. 678/92:

> Art. 12, item 1. Toda pessoa tem direito à liberdade de consciência e de religião. Esse direito implica a liberdade de conservar sua religião ou suas crenças, ou de mudar de religião ou de crenças, bem como a liberdade de **professar** e divulgar **sua religião** ou suas crenças, individual ou coletivamente, **tanto em público como em privado**.

Ruas, mares, rios, praças e estradas constituem bens de uso comum do povo (Código Civil, art. 99).

As famosas procissões organizadas pela Igreja Católica, a título de exemplo, não apenas ocupam ruas de todo o país como também enfeitam a pavimentação, ficando ao encargo das prefeituras, com emprego de dinheiro público, recolher os rejeitos.

Outro parâmetro de interesse tem a ver com o fato de que o culto, privado ou público, concretiza o direito constitucional de reunião:

> CF, art. 5º, XVI – **todos podem reunir-se pacificamente**, sem armas, **em <u>locais abertos ao público</u>, independentemente de autorização**, desde que não frustrem outra reunião anteriormente convocada para o mesmo local, sendo apenas exigido prévio aviso à autoridade competente;

A Lei Federal n. 1.207, de 25 de outubro de 1950, que "Dispõe sobre o Direito de Reunião", preceitua que:

> Art. 1º. <u>**Sob nenhum pretexto poderá qualquer agente do Poder Executivo intervir em reunião pacífica e sem armas, convocada para casa particular ou recinto fechado de associação**</u>, salvo no caso do § 15 do art. 141 da Constituição Federal, ou quando a convocação se fizer para prática de ato proibido por lei.

Atenção deve ser dedicada também à norma do art. 244, I, do Código de Processo Civil: "**Não se fará a citação**, salvo para evitar o perecimento do direito: <u>**de quem estiver participando de ato de culto religioso**</u>;".

Veja-se o disposto na Lei Antidrogas:

> Art. 2º. **Ficam proibidas, em todo o território nacional, as drogas, bem como o plantio, a cultura, a colheita e a exploração de vegetais e substratos dos quais possam ser extraídas ou produzidas drogas, ressalvada a hipótese de autorização legal ou regulamentar, bem como o que estabelece a Convenção de Viena, das Nações Unidas, sobre Substâncias Psicotrópicas, de 1971, a respeito de <u>plantas de uso estritamente ritualístico-religioso</u>.**

Aludidos preceitos realçam o respeito, o recato, a prudência que o sistema jurídico impõe ao Estado, aos agentes públicos e aos indivíduos, crentes ou descrentes, face ao culto religioso.

A matéria, sem olvidarmos da supracitada Lei Caó, é também disciplinada no Código Penal:

> **Ultraje a culto e impedimento ou perturbação de ato a ele relativo**
> Art. 208. **Escarnecer de alguém publicamente, por motivo de crença ou função religiosa; <u>impedir ou perturbar cerimônia ou prática de culto religioso</u>; <u>vilipendiar publicamente ato ou objeto de culto religioso</u>:**
> Pena – detenção, de um mês a um ano, ou multa.
> Parágrafo único. Se há emprego de violência, a pena é aumentada de um terço, sem prejuízo da correspondente à violência.

Realizado no espaço privado, seja templo ou residência (de que são exemplo as novenas católicas), o culto é protegido com rigor ainda maior pelo sistema jurídico brasileiro, dados o preceito constitucional da inviolabilidade do domicílio, a tutela jurídica das edificações particulares de uso coletivo, bem como os benefícios tributários.

Vale pôr em realce, a propósito, que a jurisprudência do STF consolidou entendimento segundo o qual, do ângulo estritamente tributário, a **residência do(a) sacerdote(isa), constitui uma extensão do templo**, usufruindo, deste modo, das imunidades e isenções fiscais outorgadas pelo ordenamento jurídico a toda e qualquer organização religiosa:

> "Direito tributário. IPTU. Imunidade. **Instituições religiosas**. Imóveis. **Templo e <u>residência</u> de membros**. Constitucionalidade. Precedentes. 1. <u>O fato de os imóveis estarem sendo utilizados como escritório e residência de membros da entidade não afasta a imunidade prevista no art. 150, VI, c, § 4º, da Constituição Federal</u>. 2. Agravo regimental a que se nega provimento" (STF – 1ªTurma, ARE 895972 AgR, Relator Ministro Roberto Barroso, j. 2-2-2016).

> "Constitucional. Tributário. Agravo regimental em agravo de instrumento. IPTU Imunidade de templos. Prédios separados daquele em que se realizam os cul-

tos. Funcionamento e finalidades essenciais da entidade. Recurso protelatório. Multa. Agravo improvido. I – **A imunidade prevista na Constituição que tem como destinatário os templos de qualquer culto deve abranger os imóveis relacionados com a finalidade e funcionamento da entidade religiosa**. Precedentes. II – Recurso Protelatório. Aplicação de multa. III – Agravo regimental improvido" (STF – 1ª Turma, AI 690712 AgR, Relator Ministro Ricardo Lewandowski, j. 23-6-2009).

"Imposto – imunidade – pedido para que seja concedida a imunidade tributária de templo religioso, <u>casa do pastor</u> e salão paroquial – edificações unas – hipótese em que a imunidade alcança o templo como um todo – recurso provido para esse fim". Lê-se ainda do julgado (f. 135): "**A imunidade alcança o templo como um todo, não podendo se partir para fracionar a edificação tributando-a segundo as finalidades de cada uma de suas partes, principalmente quando se considera que nenhuma das atividades é desvinculada do principal objetivo. Ou seja, a <u>casa do pastor</u>, deve-se a necessidade que o mesmo tem de zelar pelo templo e de se encontrar a postos, para qualquer eventualidade, sempre a disposição dos fiéis.** O salão paroquial é ligado à atividade de evangelização e é como parte do templo imune à tributação. O fato de em uma parte do dia, o salão paroquial ser usado como escola infantil (fl. 60), não faz cair a imunidade. Pois isto se depreende do próprio relato administrativo, no qual se afirma que a noite o salão paroquial continua sendo usado para suas finalidades".

Ademais, para reconhecer a inexistência da imunidade tributária tendo em vista o argumento da destinação do imóvel, seria necessário o reexame de fatos e provas, o que é vedado na instância extraordinária (Súmula 279). Nego seguimento ao RE (STF – Decisão Monocrática, RE 253464/SP, Relator Ministro Sepúlveda Pertence, j. 8-3-2005).

No caso das religiões afro-brasileiras, frequentemente os(as) sacerdotes(isas) prestam assistência religiosa em suas próprias residências, lembrando que **assistência religiosa (CF, art. 5º, VII) não se confunde com culto religioso, celebração ou cerimônia,** mas vincula-se, por evidente, à atividade precípua da organização religiosa, qual seja a difusão da crença, auxílio espiritual e zelo pelos adeptos.

Não raro, a residência, a casa do(a) sacerdote(isa) situa-se no mesmo terreno do templo ou este é anexado àquela, fato rotineiro em diferentes confissões religiosas.

À luz do princípio da máxima efetividade dos direitos fundamentais, na hipótese de a residência do(a) sacerdote(isa) ocupar área comum ao templo, entendemos que o conjunto, indivisível, uno (porque vinculados à atividade-fim da confissão religiosa) deve ser protegido em conformidade com a regra constitucional da inviolabilidade do domicílio, ainda que, tomado isoladamente, o templo apresente atributos de edificação particular de uso coletivo.

Um exemplo prático ilustra a relevância da aplicação do princípio da máxima efetividade dos direitos fundamentais aos templos religiosos, nomeadamente aqueles que possuem residência sacerdotal anexa: no mês de junho de 2021, no estado do Goiás e entorno do Distrito Federal, a pretexto de capturar indivíduo suspeito de homicídio e que teria suposta vinculação com as religiões afro-brasileiras (rumoroso caso Lázaro Barbosa), policiais militares e civis do estado de Goiás encetaram dezenas de invasões a templos afro-brasileiros nos municípios de Águas Lindas, Girassol e Edilândia, inclusive no período noturno, desprovidos de mandado judicial e com emprego de arrombamentos, agressões físicas e morais, ameaças, destruição de símbolos religiosos, dano a patrimônio cultural, inspeção ilegal de mobílias, computadores e celulares, captação de imagens e toda sorte de humilhações, constrangimentos e abusos.

Dezenas de policiais militares e civis, sem identificação, perpetraram violação dos templos, e, diante de questionamentos sobre falta de mandado judicial, ameaçaram dar voz de prisão por suposto desacato e inclusive agrediram fisicamente o caseiro de um sítio que abrigava um templo afro-brasileiro.

Conforme amplamente divulgado à época por veículos de comunicação de todo o país, inclusive relatado em Boletim de Ocorrência, pelo menos 10 templos afro-brasileiros foram alvo de incursões policiais ilegais, abusivas e violentas.

Em parceria com os(as) exímios(as) advogados(a) Dra. Silvia Souza, Dr. Antonio Basílio Filho, Dr. Jáder Freire de Macedo Júnior, Dr. Anivaldo dos Anjos Filho e Dra. Elaine Quirino Sousa, impetramos *Habeas Corpus* Coletivo Preventivo pleiteando vedação de buscas em todos os templos afro-brasileiros de Goiás sem a devida observância das formalidades legais (TJ-GO, Proc. n. 5308771-45.2021.8.09.0000).

Neste quadrante, convém sublinhar que a Lei n. 13.869/2019, Lei de Abuso de Autoridade, contém os seguintes dispositivos:

> Art. 1º. Esta Lei define os crimes de abuso de autoridade, cometidos por **agente público, servidor ou não, que, no exercício de suas funções ou a pretexto de exercê-las, abuse do poder que lhe tenha sido atribuído.**
> § 1º As condutas descritas nesta Lei constituem crime de abuso de autoridade quando praticadas pelo agente com a **finalidade específica de prejudicar outrem ou beneficiar a si mesmo ou a terceiro, ou, ainda, por mero capricho ou satisfação pessoal.**
> (...)
> Art. 2º. É sujeito ativo do crime de abuso de autoridade qualquer agente público, servidor ou não, da administração direta, indireta ou fundacional de qualquer dos Poderes da União, dos Estados, do Distrito Federal, dos Municípios e de Territórios, compreendendo, mas não se limitando a:
> (...)

Parágrafo único. Reputa-se **agente público, para os efeitos desta Lei, todo aquele que exerce, ainda que transitoriamente ou sem remuneração, por eleição, nomeação, designação, contratação ou qualquer outra forma de investidura ou vínculo, mandato, cargo, emprego ou função em órgão ou entidade abrangidos pelo *caput* deste artigo**.

Temos assim que agentes fiscais, conselheiros tutelares, além de guardas civis, policiais militares e civis são todos considerados agentes públicos para efeito da lei em exame, cujo art. 22 preconiza:

Art. 22. **Invadir ou adentrar, clandestina ou astuciosamente, ou <u>à revelia da vontade do ocupante, imóvel alheio ou suas dependências</u>**, ou nele permanecer nas mesmas condições, **sem determinação judicial ou fora das condições estabelecidas em lei**:
Pena – detenção, de 1 (um) a 4 (quatro) anos, e multa.
§ 1º Incorre na mesma pena, na forma prevista no ***caput*** deste artigo, quem:
I – **coage alguém, mediante violência ou grave ameaça, a franquear-lhe o acesso a imóvel ou suas dependências**;
II – (VETADO);
III – cumpre mandado de busca e apreensão domiciliar após as 21h (vinte e uma horas) ou antes das 5h (cinco horas).
§ 2º Não haverá crime se o **ingresso for para prestar socorro, ou quando houver fundados indícios que indiquem a necessidade do ingresso em razão de situação de flagrante delito ou de desastre**.

Interessante observar que a lei emprega a expressão "**imóvel alheio e suas dependências**", dilatando, deste modo, o conceito estrito de domicílio tutelado constitucionalmente e pelo Código Penal, em seu art. 150:

CF, art. 5º, XI – a casa é asilo inviolável do indivíduo, ninguém nela podendo penetrar sem consentimento do morador, salvo em caso de flagrante delito ou desastre, ou para prestar socorro, ou, durante o dia, por determinação judicial;

**Violação de domicílio**
CP, art. 150. Entrar ou permanecer, clandestina ou astuciosamente, ou contra a vontade expressa ou tácita de quem de direito, em casa alheia ou em suas dependências:
Pena – detenção, de um a três meses, ou multa.
§ 1º **Se o crime é cometido durante a noite, ou em lugar ermo, ou com o emprego de violência ou de arma, ou por duas ou mais pessoas**:
Pena – detenção, de seis meses a dois anos, além da pena correspondente à violência.
§ 2º <u>(Revogado pela Lei n. 13.869, de 2019)</u>.

**§ 3º Não constitui crime a entrada ou permanência em casa alheia ou em suas dependências:**

**I – durante o dia, com observância das formalidades legais, para efetuar prisão ou outra diligência;**

**II – a qualquer hora do dia ou da noite, quando algum crime está sendo ali praticado ou na iminência de o ser.**

§ 4º A expressão "casa" compreende:

I – qualquer compartimento habitado;

II – aposento ocupado de habitação coletiva;

III – compartimento não aberto ao público, onde alguém exerce profissão ou atividade.

§ 5º Não se compreendem na expressão "casa":

I – hospedaria, estalagem ou qualquer outra habitação coletiva, enquanto aberta, salvo a restrição do n. II do parágrafo anterior;

II – taverna, casa de jogo e outras do mesmo gênero.

O Código Penal Militar, Lei n. 1.001, de 21 de outubro de 1969, capitula, em seu art. 226, infração análoga à transcrita acima.

Retomando os dispositivos da Lei n. 13.869/2019, ao grafar a locução **"imóvel alheio e suas dependências"**, aludido diploma incorporou os templos religiosos, com ou sem habitação sacerdotal anexa, abertos ou não ao público, porquanto detêm natureza de edificações particulares de uso coletivo, cujo acesso de agentes públicos é admissível nas seguintes hipóteses, sem prejuízo de exceções legais que apenas confirmam este regramento básico:

1. com consentimento voluntário, livre e consciente do morador/ocupante, cuja validade depende de declaração assinada pela pessoa que autorizou o ingresso e, sempre que possível, testemunhas do ato (STJ, 6ªT., HC 598.051/SP, j. 2-2-21);

2. havendo fundadas razões, devidamente documentadas, de ocorrência de crime/flagrante delito;

3. em caso de desastre, para prestar socorro;

4. durante o dia, para cumprimento de ordem judicial.

O Código de Processo Penal (art. 245, *caput*) tanto quanto o Código Penal (art. 150, § 3º, I) são silentes quanto à definição de dia, ao contrário do Código de Processo Civil, segundo o qual: "Os atos processuais serão realizados em dias úteis, das 6 (seis) às 20 (vinte) horas" (art. 212, *caput*).

Impende recordarmos o princípio da máxima efetividade dos direitos fundamentais, assim descrito reiteradamente pelo STF:

> "Processual penal militar. *Habeas corpus*. Estelionato – art. 251 do Código Penal Militar. Interrogatório no âmbito da justiça militar. Ato a ser realizado ao final

da instrução criminal. Não incidência do princípio da especialidade. Aplicação da Lei n. 11.719/2008, que deu nova redação ao art. 400 do CPP. Máxima efetividade do contraditório e da ampla defesa (CF, art. 5º, lV). Precedente do plenário do Supremo Tribunal Federal (Ação Penal n. 528, Plenário), que determinou a aplicação do novo rito aos processos regidos pela Lei Especial n. 8.038/90. *Ubi eadem ratio ibi idem jus*. Ordem concedida.

1. O art. 400 do Código de Processo Penal, com a redação dada pela Lei n. 11.719/2008, projetou o interrogatório do réu para o final da instrução criminal, prestigiando **a máxima efetividade das garantias constitucionais** do contraditório e da ampla defesa (CRFB, art. 5º, LV), dimensões elementares do devido processo legal (CRFB, art. 5º LIV) e cânones essenciais do Estado Democrático de Direito (CRFB, art. 1º, *caput*). Por isso que a nova regra do Código de Processo Penal comum também deve ser observada no processo penal militar, em detrimento da norma específica prevista no art. 302 do Decreto-lei n. 1.002/69, conforme precedente firmado pelo Pleno do Supremo Tribunal Federal nos autos da Ação Penal n. 528 AgR, rel. Min. Ricardo Lewandowski, j. em 24-3-2011, *DJe*-109 divulg. 7-6-2011, impondo a observância do novo preceito modificador em relação aos processos regidos pela Lei Especial n. 8.038/90, providência que se impõe seja estendida à Justiça Penal Militar, posto que *ubi eadem ratio ibi idem jus*.

(...)

4. Ordem de *habeas corpus* concedida para determinar a realização de novo interrogatório do paciente, após o término da instrução criminal, à luz da Lei n. 11.719/2008, que deu nova redação ao art. 400 do Código de Processo Penal" (STF – Primeira Turma, HC 121877, Relator Ministro Luiz Fux, j. 3-6-2014).

"Ação direta de inconstitucionalidade. Requerimento de medida cautelar. Direito constitucional. Al. *g* do inc. VII do art. 1º e do art. 8º da Lei Complementar paulista n. 1.199/2013. Emenda parlamentar. Inovação do projeto de lei para tratar de matéria de iniciativa do chefe do poder executivo. Aumento de despesa. Reprodução obrigatória. Inconstitucionalidade. Cômputo de licença à gestante em estágio probatório. **Máxima efetividade de direitos fundamentais**. Constitucionalidade. Ação julgada parcialmente procedente. 1. Compete privativamente ao Chefe do Poder Executivo a iniciativa de leis dispondo sobre as matérias previstas nas als. *a* e *c* do inc. II do § 1º do art. 61 da Constituição da República, sendo vedado o aumento das despesas previstas por emendas parlamentares (inc. I do art. 63 da Constituição da República). 2. É inconstitucional emenda parlamentar que gere aumento de despesas a projeto de lei que compete privativamente ao Chefe do Poder Executivo estadual. 3. O disposto no art. 41 da Constituição da República, pelo qual se estabelece que a obtenção da estabilidade no serviço público ocorre após três anos de efetivo exercício, deve ser interpretado em consonância com os princípios constitucionais da igualdade de gênero, proteção à maternidade, dignidade da mulher e planejamento familiar. 4. É constitucional o cômputo do período de licença à gestante no período do estágio probatório da servidora pública pelo imperativo da máxima efetividade dos direitos fundamentais. 5. Ação direta conhecida e julgada parcialmente inconstitucional o disposto na al. *g* do inc. VII do art. 1º da Lei Complementar paulista n. 1.199/2013, na parte em que incluiu o recebimento da gratificação *pro labore* aos Agentes de Rendas Fiscais quando do 'exercício de mandato eletivo federal, estadual ou municipal e nos termos da Lei Complementar n. 343, de 6-1-1984'" (STF – Tribunal Pleno, ADI 5220, Relatora Ministra Cármen Lúcia, j. 15-3-2021).

Medida cautelar. Ação direta de inconstitucionalidade. Lei do estado do Rio de Janeiro n. 8.008/2018 (art. 1º, § 3º). Vítimas de estupro. Menores de idade do sexo feminino. Perito legista mulher. Obrigatoriedade. Alega ofensa à competência privativa da união (art. 22, I, da CFRB) e normas gerais sobre procedimentos em matéria processual (art. 24, XI, da CFRB). Inexistência. Competência prevista no art. 24, XV, da CFRB. Inconstitucionalidade material por ofensa ao direito de crianças e adolescentes de acesso à justiça e aos princípios da proteção integral e da prioridade absoluta (arts. 5º, XXXV, e 227, *caput*, da CRFB). Suspensão da norma deferida. Interpretação conforme à constituição. Desde que não importe retardamento ou prejuízo da diligência. Efeitos *ex tunc*.

1. A Lei Estadual n. 8.008/2018 do Rio de Janeiro, que impõe a obrigatoriedade de que as crianças e adolescentes do sexo feminino vítimas de estupro sejam examinadas por perito legista mulher, não padece do vício de inconstitucionalidade formal, porque a regra concerne à competência concorrente prevista no art. 24, XV, da CFRB, "proteção à infância e à juventude". 2. Trata-se de regra que reforça o princípio federativo, protegendo a autonomia de seus membros e **conferindo máxima efetividade aos direitos fundamentais,** no caso, o direito da criança e da adolescente à absoluta prioridade na proteção dos seus direitos (CFRB, art. 227). Compreensão menos centralizadora e mais cooperativa da repartição de competências no federalismo brasileiro. A Lei Federal n. 13.431/2017 (Estabelece o sistema de garantia de direitos da criança e do adolescente vítima ou testemunha de violência) reservou espaço à conformação dos Estados. Inconstitucionalidade formal afastada. 3. Lei impugnada em sintonia com o direito fundamental à igualdade material (art. 5º, I, da CRFB), que impõe especial proteção à mulher e o atendimento empático entre iguais, evitando-se a revitimização da criança ou adolescente, mulher, vítima de violência. 4. Risco evidenciado pela negativa de realização de atos periciais às vítimas menores de idade do sexo feminino por legistas homens, o que compromete, concretamente e de modo mais urgente, o direito de crianças e adolescente de acesso à justiça (art. 39 da Convenção sobre os Direitos das Crianças) e os princípios da proteção integral e da prioridade absoluta (arts. 5º, XXXV, e 227 da CRFB). Inconstitucionalidade material concreta. Necessidade de interpretação conforme à Constituição. Desde que não importe retardamento ou prejuízo da diligência. 5. Medida cautelar deferida. Suspensão da norma impugnada. Efeitos excepcionais efeitos *ex tunc*, a fim de resguardar as perícias que porventura tenham sido feitas por profissionais do sexo masculino (STF – Tribunal Pleno, ADI 6039 MC, Relator Ministro Edson Fachin, j. 13-3-2019).

Isto significa dizer que ao restringir a inviolabilidade do domicílio – direito fundamental – supostamente autorizando agentes públicos a ingressarem em "imóvel alheio" no período compreendido entre 5h e 21h, para cumprimento de determinação judicial, o art. 22, § 1º, III, da Lei n. 13.869/2019, redunda em violação direta e frontal à Constituição da República, visto que a **demarcação fundada em critério cronológico, sedimentada há décadas pela doutrina abalizada e precedentes jurisprudenciais, conceitua <u>dia</u> como o interregno entre <u>6h (seis horas) e 18h (dezoito horas)</u>.**

Ainda que se adotasse o denominado "critério físico-astronômico", dispensa maior esforço a percepção de que a aurora, o nascer do sol, o amanhecer ocorre depois das 5h e que o crepúsculo, o pôr do sol, o anoitecer realiza-se muito antes das 21h, fator este que robustece a indisfarçável inconstitucionalidade do dispositivo legal em comento, o qual pretende menoscabar direito fundamental e atribuir-lhe diminuta efetividade.

Em suma, a interpretação do substantivo "dia" deve ser feita em conformidade com a Constituição Federal: intervalo de tempo entre 6h e 18h.

# Capítulo VII
# O ENCAPSULAMENTO DA LEI PELA INTERPRETAÇÃO JURÍDICA CRISTÃ

## VII.1. A FIXAÇÃO DE CRUCIFIXOS EM ESPAÇOS PÚBLICOS

No instante em que grafamos este ensaio, o Supremo Tribunal Federal acaba de deliberar sobre a matéria, tendo fixado o seguinte entendimento:

> Decisão: O Tribunal, por unanimidade, apreciando o tema 1.086 da repercussão geral, negou provimento ao recurso extraordinário e fixou a seguinte tese: "A presença de símbolos religiosos em prédios públicos, pertencentes a qualquer dos Poderes da União, dos Estados, do Distrito Federal e dos Municípios, desde que tenha o objetivo de manifestar a tradição cultural da sociedade brasileira, não viola os princípios da não discriminação, da laicidade estatal e da impessoalidade", nos termos do voto do Relator. O Ministro Edson Fachin acompanhou o Relator com ressalvas. Falaram: pela recorrida, o Dr. Caio Manoel Clementino de Alcântara, Advogado da União; e, pelo *amicus curiae* Associação Nacional de Juristas Evangélicos – ANAJURE, o Dr. Guilherme Joshua Fantini Blake. Plenário, Sessão Virtual de 15.11.2024 a 26.11.2024 (STF – Tribunal Pleno, ARE 1249095, Relator Ministro Cristiano Zanin, j. 27-11-2024).

Ao apreciar esta matéria em 2016 o Conselho Nacional de Justiça entendeu que não haveria incompatibilidade entre fixação de símbolos religiosos em edificações públicas e a laicidade estatal, coadunando-se com precedentes de outras cortes, senão vejamos:

> (...) Diante dos fundamentos acima expostos, verifica-se que **a presença de Crucifixo ou símbolos religiosos em um tribunal não exclui ou diminui a garantia dos que praticam outras crenças, também não afeta o Estado laico, porque não induz nenhum indivíduo a adotar qualquer tipo de religião, como também não fere o direito de quem quer seja**.
>
> Assim, entendo que os símbolos religiosos podem compor as salas do Poder Judiciário, sem ferir a liberdade religiosa, e que não se pode impor a sua retirada de todos os tribunais, indiscriminadamente.
>
> Por isso, merece reparo a decisão do Conselho Superior da Magistratura do Tribunal de Justiça do Estado do Rio Grande do Sul que determinou, de forma discriminatória, a retirada dos Crucifixos.

Ante o exposto, voto no sentido de serem julgados procedentes os pedidos, tornando sem efeito o ato administrativo impugnado (**CNJ** – Decisão Monocrática, Procedimento de Controle Administrativo n. 0001418-80.2012.2.00.0000 e Pedido de Providências n. 0001058-48.2012.2.00.0000, Relator Conselheiro Emmanoel Campelo, j. 31-5-2016).

"Apelação cível. Ação civil pública. Convivência do estado laico com símbolos religiosos. Possibilidade. Recurso desprovido.

1. Ação civil pública ajuizada pelo Ministério Público Federal objetivando a retirada de todos os símbolos religiosos (crucifixos, imagens etc.) ostentados nos locais proeminentes, de ampla visibilidade e de atendimento ao público nos prédios públicos da União Federal, no Estado de São Paulo.

2. **A presença de símbolos religiosos em prédios públicos não colide com a laicidade do Estado brasileiro. Trata-se de reafirmação da liberdade religiosa e do respeito a aspectos culturais da sociedade brasileira.**

3. Apelação desprovida" (**TRF 3ª Região** – 4ª Turma, Apelação Cível n. 1868675-0017604-70.2009.4.03.6100, Rel. Desembargador Federal Marcelo Saraiva, julgado em 7-2-2018).

"Embargos infringentes – Sorocaba – **Placa afixada em espaço público municipal com expressão cristã em Louvor a Jesus Cristo – Não se verifica qualquer associação do Município com organização religiosa específica, a indicar a ausência de neutralidade – Preponderância do caráter cultural da expressão, sem ofensa a laicidade do Estado garantida pela Constituição.** Embargos infringentes rejeitados" (**TJSP** – 11ª Câmara de Direito Público, Embargos Infringentes 3008630-80.2013.8.26.0602, Relator Des. Oscild de Lima Júnior, j. 14-6-2016).

Ocorre que a Constituição da República, em seu art. 5º, LXXIII, refere a expressão patrimônio público, sendo que o art. 23, I, atribui à União, Estados, Distrito Federal e Municípios, competência administrativa comum para conservação do patrimônio público.

Público, segundo prescrição do Código Civil (arts. 98 a 103), é aquele bem pertencente a uma pessoa jurídica de direito público, isto é, União, Estados, Distrito Federal e Municípios, do qual derivam os bens de uso comum do povo, os bens de uso especial (entre os quais as repartições públicas), e os dominicais.

Note-se que a Carta Política equipara ao patrimônio público: a) o patrimônio de entidade de que o Estado participe; b) a moralidade administrativa, que, sendo dever da administração pública (art. 37), constitui direito de todos; c) o meio ambiente, que constitui direito de todos (art. 225); d) o patrimônio histórico e cultural.

Ensinamento do administrativista Toshio Mukai aponta como características do uso comum dos bens públicos:

> a) a generalidade de sua utilização; b) a não denominação dos usuários relativamente ao uso do bem; c) a adequação do uso aos fins normais a que se destina; d) a inexistência de qualquer gravame para permitir a utilização[1].

No que pertine especificamente à administração pública, o enunciado do art. 37, do Texto Constitucional, é cristalino: A administração pública direta e indireta de qualquer dos Poderes da União, dos Estados, do Distrito Federal e dos Municípios, obedecerá aos princípios de legalidade, impessoalidade, moralidade, publicidade e eficiência (...).

Assim, por evidente, os poderes Executivo, Legislativo ou Judiciário, de quaisquer níveis da federação, estão vinculados àqueles princípios nucleares que regem a administração pública, tanto que são igualmente obrigados a licitar (Lei n. 8.666/93), a contratar pessoal mediante concurso público etc.

Examinando o princípio constitucional da legalidade na administração pública, Celso Antônio Bandeira de Mello realça:

> O princípio da legalidade, no Brasil, significa que a Administração nada pode fazer senão o que a lei determina. Ao contrário dos particulares, os quais podem fazer tudo o que a lei não proíbe, a Administração só pode fazer o que a lei antecipadamente autorize[2].

Ainda segundo o autor, o princípio constitucional da impessoalidade, um dos cânones da administração pública,

> traduz a ideia de que **a Administração tem que tratar a todos os administrados sem discriminações, benéficas ou detrimentosas. Nem favoritismos nem perseguições são toleráveis. Simpatias ou animosidades pessoais, políticas ou ideológicas não podem interferir na atuação administrativa e muito menos interesses sectários, de facções ou grupos de qualquer espécie**[3].

Note-se que o Texto Constitucional é taxativo ao arrolar os símbolos da República, nestes termos: São símbolos da República Federativa do Brasil a bandeira, o hino, as armas e o selo nacional (art. 14, § 1º).

---

[1] MUKAI, Toshio. *Direito administrativo sistematizado*. São Paulo: Saraiva, 1999, p. 185.

[2] MELLO, Celso Antônio Bandeira de. *Curso de direito administrativo*, p. 76.

[3] *Ibidem*, p. 84.

No plano infraconstitucional, a matéria é disciplinada na Lei dos Símbolos Nacionais, a Lei n. 5.700, de 1º de setembro de 1971, na qual são indicados os seguintes símbolos:

> Art. 1º. São Símbolos Nacionais:
> I – a Bandeira Nacional;
> II – o Hino Nacional;
> III – as Armas Nacionais; e
> IV – o Selo Nacional.

Postas as razões nestes termos, evidencia-se o fato de que a fixação de crucifixos ou outros símbolos religiosos em edificações públicas não encontra suporte em norma alguma do sistema jurídico brasileiro.

Trata-se de um ato vinculado a interesses metajurídicos, que desconsidera o princípio organizativo da laicidade estatal, dispensa tratamento privilegiado a uma determinada confissão religiosa em detrimento de outras, e, por conseguinte, viola o sentimento religioso e impõe gravame a todos os administrados que professem religião diversa daquela contemplada no símbolo adotado, sem olvidar daqueles que não professam religião.

É lapidar, neste sentido, um raro julgado do Tribunal de Justiça do Estado de São Paulo:

> **Retirada de crucifixo da sala da Presidência da Assembleia, sem aquiescência dos deputados – Alegação de violação ao disposto no art. 5º, VI, da Constituição da República – Inadmissibilidade – Hipótese em que a atitude do Presidente da Assembleia é inócua para violentar a garantia constitucional, eis que a <u>aludida sala não é local de culto religioso</u>** – Carência decretada. Na hipótese, não ficou demonstrado que a presença ou não de crucifixo na parede seja condição para o exercício de mandato dos deputados ou restrição de qualquer prerrogativa. Ademais, a colocação de enfeite, quadro e outros objetos nas paredes é atribuição da Mesa da Assembleia (art. 14, II, Regulamento Interno), ou seja, de âmbito estritamente administrativo, não ensejando violência a garantia constitucional do art. 5º, VI, da Constituição da República (TJ-SP – Mandado de Segurança n. 13.405-0, Rel. Rebouças de Carvalho, j. 2-10-91).

## VII.2. A PREVISÃO DO USO DA BÍBLIA NOS REGIMENTOS DE CASAS LEGISLATIVAS

O Regimento Interno da Câmara dos Deputados contém dois preceitos de interesse imediato: 1. faculta o uso da Bíblia Sagrada pelos parlamentares, estabelecendo que esta deverá estar sempre disponível na mesa da Casa; 2. determina que no procedimento de abertura de cada sessão pública o Presidente da Mesa invoque a proteção de Deus, nestes termos:

Art. 79. [...]
À hora do início da sessão, os Membros da Mesa e os Deputados ocuparão seus lugares.
§ 1º A Bíblia Sagrada deverá ficar, durante todo o tempo da sessão, sobre a mesa, à disposição de quem dela quiser fazer uso.
§ 2º Achando-se presente na Casa pelo menos a décima parte do número total de Deputados, desprezada a fração, o Presidente declarará aberta a sessão, proferindo as seguintes palavras:
"Sob a proteção de Deus e em nome do povo brasileiro, iniciamos nossos trabalhos".

De seu turno, o Regimento Interno do Senado também estabelece que na abertura de cada sessão pública o Presidente evoque a proteção de Deus:

Art. 155. [...]
§ 1º Ao declarar aberta a sessão, o Presidente proferirá as seguintes palavras: "Sob a proteção de Deus, iniciamos nossos trabalhos".

Em princípio, nenhuma objeção poderia ser feita à previsão regimental, no caso da Câmara Federal, facultando aos parlamentares o uso da Bíblia Sagrada.

A própria Constituição prescreve a inviolabilidade parlamentar (art. 53), consistente, segundo lições de José Afonso da Silva, em "A inviolabilidade é a exclusão do cometimento de crime por parte de Deputados e Senadores por suas opiniões, palavras e votos"[4].

Também a liberdade de consciência e de manifestação do pensamento são prestigiadas no Texto Constitucional.

Destarte, a Lei Suprema assegura aos parlamentares o uso da Tora, do Talmude, do Alcorão, do Gohonzon, da Bíblia, dos Brãhmanas, dos Textos de Ifá[5], ou de qualquer outra literatura considerada sagrada ou secular, sem que para isso tenha havido necessidade de disposição regimental sobre a matéria.

Por este ângulo, ao referir-se exclusivamente à Bíblia Sagrada, a regra regimental não apenas desconsidera o princípio da laicidade, como também incorre em flagrante discriminação contra todas as demais confissões religiosas professadas pelo povo brasileiro, seja as que possuem um corpo doutrinário, uma codificação, seja as não codificadas.

De resto, o preceito regimental descura do fato de que o parlamentar é detentor temporário de mandato político representativo, eleito pelo povo, mais

---

[4] SILVA, José Afonso da. *Curso de direito constitucional positivo*, p. 466.
[5] AWOLALU, J.Omosade. *Escritos sagrados dos candomblecistas*. Yorubá Belif and Sacrifices Rites. Senior Lecture Thesis. University of Oxford, 1979, p. 231.

precisamente pelo cidadão, na condição de cidadão e não de fiel, de sorte que também há de ser preservado o direito daquele eleitor que não professa religião alguma, mas que crê, ao votar, que a atuação do congressista estará voltada para os interesses gerais da cidadania, independentemente de qualquer tipo de clivagem ou orientação religiosa.

Quanto mais não seja, a investidura no cargo para o qual foram eleitos pressupõe que os parlamentares prestem compromisso e tomem posse, donde não se pode olvidar do conteúdo do referido compromisso, consignado no art. 4º do Regimento Interno da Câmara dos Deputados:

> Art. 4º, § 3º Examinadas e decididas pelo Presidente as reclamações atinentes à relação nominal dos Deputados, será tomado o compromisso solene dos empossados. De pé todos os presentes, o Presidente proferirá a seguinte declaração: "**Prometo manter, defender e cumprir a Constituição, observar as leis**, promover o bem geral do povo brasileiro e sustentar a união, a integridade e a independência do Brasil". Ato contínuo, feita a chamada, cada Deputado, de pé, ratificará dizendo: "Assim o prometo", permanecendo os demais Deputados sentados e em silêncio.

Disposição análoga pode ser encontrada no Regimento Interno do Senado:

> Art. 4º, § 2º Presente o diplomado, o Presidente designará três Senadores para recebê-lo, introduzi-lo no plenário e conduzi-lo até a Mesa onde, estando de pé, prestará o seguinte compromisso: **Prometo guardar a Constituição Federal e as leis do País**, desempenhar fiel e lealmente o mandato de Senador que o povo me conferiu e sustentar a união, a integridade e a independência do país.
> 
> § 3º Quando forem diversos os Senadores a prestar o compromisso a que se refere o parágrafo anterior, somente um o pronunciará e os demais, ao serem chamados, dirão "Assim o prometo".

Temos assim que as normas regimentais que preveem o uso da Bíblia e a invocação de Deus, não apenas contrariam os termos do compromisso prestado pelos congressistas, igualmente estatuído em norma regimental, como também representam ofensa frontal e direta ao art. 19, I, da Carta Magna, nomeadamente ao princípio da laicidade estatal.

## VII.3. A MENSAGEM RELIGIOSA NAS CÉDULAS DA MOEDA NACIONAL

Nas cédulas de 200, 100, 50, 20, 10, 5 e 1 real, moeda corrente, pode-se ler a seguinte inscrição: "Deus Seja Louvado".

Nos termos do art. 2º da Lei n. 5.895, de 19 de junho de 1973, a fabricação de papel-moeda, de moeda metálica e a impressão de selos postais e fiscais federais, além dos títulos da dívida pública federal, é de competência exclusiva da Casa da Moeda do Brasil, empresa pública vinculada ao Ministério da Fazenda.

Elaboração doutrinária de autoria de Hely Lopes Meirelles assinala que:

> Empresas públicas são pessoas jurídicas de Direito Privado criadas por lei específica, com capital exclusivamente público, para realizar atividades de interesse da Administração instituidora nos moldes da iniciativa particular, podendo revestir qualquer forma e organização empresarial[6].

O art. 3º da aludida lei dispõe que o capital da Casa da Moeda do Brasil pertence integralmente à União Federal.

Por seu turno, a Constituição Federal emprega o termo "publicidade dos atos (...) dos órgãos públicos" (art. 37, § 1º), sendo inequívoca ao elencar os princípios que devem nortear a propaganda dos atos estatais.

Caráter educativo, informativo e de orientação social figuram como escopo indeclinável da atividade publicitária financiada pelo erário:

> Art. 37, § 1º A publicidade dos atos, programas, obras, serviços e campanhas dos órgãos públicos deverá ter caráter educativo, informativo ou de orientação social, dela não podendo constar nomes, símbolos ou imagens que caracterizem promoção pessoal de autoridades ou servidores públicos.

À evidência, a inscrição de propaganda religiosa nas cédulas da moeda corrente é incompatível com o princípio da laicidade, consubstanciando ato administrativo perpetrado à margem do sistema jurídico.

Será útil, para efeito ilustrativo, assinalar preceito consignado na Constituição da Dinamarca: "Ninguém é obrigado a dar contribuições pessoais a um culto que não seja o seu" (art. 68).

Também a Constituição Federal da Confederação Suíça registra um interessante preceito: "Ninguém é obrigado a pagar impostos cujo produto seja especialmente aplicado às despesas de culto de uma comunidade religiosa à qual não pertença" (art. 49).

Ainda no terreno exemplificativo, convém transcrever dispositivo da Lei da Liberdade Religiosa de Portugal, segundo o qual nenhum indivíduo será obrigado a receber propaganda em matéria religiosa:

> Art. 9º.
> Conteúdo negativo da liberdade religiosa
> 1 – Ninguém pode:
> a) Ser obrigado a professar uma crença religiosa, a praticar ou a assistir a actos de culto, a receber assistência religiosa ou propaganda em matéria religiosa.

---

[6] MEIRELLES, Hely Lopes. *Direito administrativo brasileiro*, p. 324.

## VII.4. A QUESTÃO DOS FERIADOS RELIGIOSOS

Segundo norma do art. 215, § 2º, da Constituição da República, "**A lei disporá sobre a fixação de datas comemorativas de <u>alta significação para os diferentes segmentos étnicos nacionais</u>**".

O Texto Constitucional emprega a palavra feriado uma única vez, especificamente no art. 57, § 1º, segundo o qual na hipótese do dia 15 de fevereiro (data designada para o início da sessão legislativa do Congresso Nacional) recair em sábados, domingos ou feriados, a reunião anual de abertura dos trabalhos será transferida para o primeiro dia útil subsequente.

O vocábulo feriado, deriva do latim *feriatu*, e significa o dia em que há férias, em que não se trabalha, consagrado ao lazer, livre.

O aspecto onomasiológico do adjetivo feriado, isto é, o significado atribuído àquele termo pela linguagem comum, encontra plena correspondência com seu aspecto semasiológico, sua significação normativa, visto que a Lei n. 662, de 6 de abril de 1949, prevê que nos feriados nacionais serão permitidas apenas atividades privadas e administrativas absolutamente indispensáveis. A exceção fica por conta da Resolução n. 1.774, de 30 de junho de 1980, do Banco Central, que prevê a possibilidade de decretação de feriado exclusivamente bancário, nas hipóteses de calamidade pública, perturbação da ordem interna, casos de acentuada gravidade, além de outros casos enumerados.

A Lei n. 9.093, de 12 de setembro de 1995, que dispõe sobre Feriados, refere os termos feriado civil e religioso.

Via de regra, durante o ano civil, o país registra onze feriados nacionais, a saber:

- Ano-novo
- Carnaval
- Sexta-Feira Santa
- Tiradentes
- Dia do Trabalho
- Corpus Christi
- Independência do Brasil
- Nossa Senhora Aparecida
- Finados
- Proclamação da República
- Natal

Além destes, registrem-se ainda os feriados bancários ou restrições no horário de expediente bancário na quinta-feira da Semana Santa, Quarta-Feira de

Cinzas, e nos dias 24 de dezembro e 31 de janeiro, além de outras duas hipóteses, conforme previsto na aludida Resolução n. 1.774, do Banco Central.

    Assim, somadas todas as espécies (civis, religiosos e bancários, aqui incluídas as restrições no expediente bancário), chegamos a uma média de **17 feriados, 10 dos quais de natureza religiosa, sendo estes, na sua totalidade, de alta significação – lembrando a locução constitucional – para um único segmento da população brasileira**.

# Capítulo VIII
# CONSTITUIÇÃO FEDERAL PRESCREVE A VALORIZAÇÃO DA DIVERSIDADE E PROTEGE AS MANIFESTAÇÕES CULTURAIS AFRO-BRASILEIRAS, COROLÁRIOS DO PRINCÍPIO CONSTITUCIONAL DO PLURALISMO

A Constituição de 1988 assegurou reconhecimento público à pluralidade étnico-racial e religiosa que caracteriza a sociedade brasileira.

Especialmente demonstrativos do reconhecimento de que falamos são os preceitos transcritos a seguir:

> Art. 215. O Estado garantirá a todos o pleno exercício dos direitos culturais e acesso às fontes da cultura nacional, e apoiará e incentivará a valorização e a difusão das manifestações culturais.
> § 1º **O Estado protegerá as manifestações das culturas** populares, indígenas e **afro-brasileiras**, e das de **outros grupos participantes do processo civilizatório nacional**.
> § 2º A lei disporá sobre a fixação de **datas comemorativas de alta significação para os diferentes segmentos étnicos nacionais**.
> § 3º A lei estabelecerá o Plano Nacional de Cultura, de duração plurianual, visando ao desenvolvimento cultural do País e à integração das ações do poder público que conduzem à:
> (...)
> V – **valorização da diversidade étnica** e regional.
> Art. 216. Constituem patrimônio cultural brasileiro os bens de natureza material e imaterial, tomados individualmente ou em conjunto, portadores de referência à identidade, à ação, à **memória dos diferentes grupos formadores da sociedade brasileira**, nos quais se incluem:
> I – as formas de expressão;
> II – os modos de criar, fazer e viver;
> Art. 216-A. O Sistema Nacional de Cultura, organizado em regime de colaboração, de forma descentralizada e participativa, institui um processo de gestão e promoção conjunta de políticas públicas de cultura, democráticas e permanentes, pactuadas entre os entes da Federação e a sociedade, tendo por objetivo promover o

desenvolvimento humano, social e econômico com pleno exercício dos direitos culturais.

§ 1º O Sistema Nacional de Cultura fundamenta-se na política nacional de cultura e nas suas diretrizes, estabelecidas no Plano Nacional de Cultura, e rege-se pelos seguintes princípios:

I – **diversidade das expressões culturais**;

Art. 242, § 1º O ensino da História do Brasil levará em conta as **contribuições das diferentes culturas e etnias para a formação do povo brasileiro**.

Trata-se de prescrições que conferiram à ideia de cidadão um significado marcadamente plural e diverso, como também reavaliaram o papel ocupado pela cultura indígena e afro-brasileira, no passado e no presente, como elementos fundantes da nacionalidade e do processo civilizatório nacional, ao lado, naturalmente, da cultura de matiz europeu. Por outro lado, configuram enérgica censura a quaisquer investidas totalitárias, sectárias, tirânicas, beligerantes nomeadamente no complexo terreno da religiosidade.

Ademais, a começar pelo preâmbulo, a Constituição Federal erigiu o pluralismo como um valor a ser considerado na interpretação dos princípios e regras constitucionais: "(...) a construção de uma sociedade fraterna, **pluralista** e sem preconceitos (...)".

No articulado, a Lei Maior exibe ainda o preceito do pluralismo político (art. 1º, V) e do pluralismo de ideias (art. 206, VI).

Segundo o *Dicionário Oxford de Filosofia*, deve-se entender por pluralismo:

> a tolerância generalizada para com diferentes tipos de coisas, ou, mais especificamente, para com descrições do mundo diferentes, e talvez incomensuráveis (ver comensurável), sem que se considere nenhuma mais fundamental do que qualquer das outras[1].

Evidencia-se aqui a analogia entre os vocábulos pluralismo e tolerância, matéria a respeito da qual trataremos adiante.

---

[1] BLACKBURN, Simon. *Dicionário Oxford de Filosofia*. Trad. Desidério Murcho et al. Rio de Janeiro: Jorge Zahar Ed., 1997, p. 301.

# Capítulo IX
## HONRA E DIGNIDADE DOS GRUPOS RELIGIOSOS INTEGRAM O PATRIMÔNIO SOCIAL E CULTURAL, CONFORME DISPOSIÇÃO EXPRESSA DA LEI DA AÇÃO CIVIL PÚBLICA

Impende sublinhar que a Lei n. 12.966/2014 alterou a Lei da Ação Civil Pública inscrevendo a honra e dignidade dos grupos religiosos no acervo do patrimônio social e cultural, *in verbis*:

> Lei n. 7.347/85, art. 1º. Regem-se pelas disposições desta Lei, sem prejuízo da ação popular, as ações de responsabilidade por danos morais e patrimoniais causados:
> VII – à **honra** e à **dignidade de grupos** raciais, étnicos ou **religiosos**.

A redação atual da LACP por certo expandiu e atribuiu um sentido dinâmico ao preceito constitucional segundo o qual "ninguém será privado de direitos por motivo de crença religiosa ou de convicção filosófica ou política, salvo se as invocar para eximir-se de obrigação legal a todos imposta e recusar-se a cumprir prestação alternativa, fixada em lei" (CF, art. 5º, VIII).

Igualmente propositiva é a obrigação ético-jurídica inserta na Lei Federal n. 12.288, de 20 de julho de 2010, o Estatuto da Igualdade Racial, que impõe ao Estado e aos particulares o seguinte dever ético-jurídico:

> **Art. 26. O poder público adotará as medidas necessárias para o combate à intolerância com as religiões de matrizes africanas e à discriminação de seus seguidores, especialmente com o objetivo de:**
> **I – coibir a utilização dos meios de comunicação social para a difusão de proposições, imagens ou abordagens que exponham pessoa ou grupo ao ódio ou ao desprezo por motivos fundados na religiosidade de matrizes africanas;**

Conforme proclamado pelo Supremo Tribunal Federal:

> **Nesta República laica, fundada em bases democráticas, o Direito não se submete à religião**, e as autoridades incumbidas de aplicá-lo devem despojar-se de pré-compreensões em matéria confessional, em ordem a não fazer repercutir, sobre o processo de poder, quando no exercício de suas funções (qualquer que seja o domínio de sua incidência), as suas próprias convicções religiosas (grifos no original)" (STF – ADI n. 3.510, Relator Celso de Mello, j. 29-5-2008).

# Capítulo X
# ESTATUTO DA IGUALDADE RACIAL: IGUALDADE JURÍDICA DAS RELIGIÕES AFRO-BRASILEIRAS

O Estatuto da Igualdade Racial (Lei n. 12.288/2010) emprega a expressão "religiões de matrizes africanas" (arts. 2º, 3º, 8º, 17, 18, 19, 20, 22, 24, 25 e 26), utilizando uma locução composta por dois substantivos femininos e um adjetivo.

O emprego do plural aqui cumpre uma relevante função de agregar as centenas de segmentos religiosos que com maior ou menor grau guardam identidade com a confissão religiosa de matriz africana.

Quando dizemos organização religiosa referimo-nos a uma pessoa jurídica, que pode ou não ter uma doutrina organizada, liturgia, cerimônias padronizadas, que se reúne para prestar tributos a uma divindade e promover o enlevo espiritual do adepto ou do fiel.

No caso das religiões afro-brasileiras esse vínculo pode expressar-se de diferentes modos: Congada, Festa do Rosário, Folia de Reis, Lavadeiras, Folias, Catiras, Músicas das Violas, Danças de São Gonçalo, Batuque, Lundus, Sussas, Comunidade Quilombola, Artesanato em Barro dentre outros bens jurídicos adquiridos do conhecimento tradicional.

Vejamos as normas do Estatuto Racial:

Art. 2º. É dever do Estado e da sociedade garantir a igualdade de oportunidades, reconhecendo a todo cidadão brasileiro, independentemente da etnia ou da cor da pele, o direito à participação na comunidade, especialmente nas atividades políticas, econômicas, empresariais, educacionais, culturais e esportivas, defendendo sua dignidade e seus **valores religiosos** e culturais.

Art. 3º. Além das normas constitucionais relativas aos princípios fundamentais, aos direitos e garantias fundamentais e aos direitos sociais, econômicos e culturais, o Estatuto da Igualdade Racial adota como diretriz político-jurídica a inclusão das vítimas de desigualdade étnico-racial, a valorização da igualdade étnica e o **fortalecimento da identidade nacional** brasileira.

Art. 8º. Constituem objetivos da Política Nacional de Saúde Integral da População Negra:

(...)

Parágrafo único. Os moradores das comunidades de remanescentes de quilombos serão beneficiários de incentivos específicos para a garantia do direito à saúde, incluindo melhorias nas condições ambientais, no saneamento básico, na segurança alimentar e nutricional e na atenção integral à saúde.

Art. 17. O **poder público garantirá o reconhecimento das sociedades negras, clubes e outras formas de manifestação coletiva da população negra, com trajetória histórica comprovada, como patrimônio histórico e cultural, nos termos dos arts. 215 e 216 da Constituição Federal**.

Art. 18. É assegurado aos remanescentes das comunidades dos quilombos o direito à preservação de seus usos, costumes, tradições e manifestos religiosos, sob a proteção do Estado.

Parágrafo único. A preservação dos documentos e dos sítios detentores de reminiscências históricas dos antigos quilombos, tombados nos termos do § 5º. do art. 216 da Constituição Federal, receberá especial atenção do poder público.

Art. 19. O poder público incentivará a celebração das personalidades e das datas comemorativas relacionadas à trajetória do samba e de outras manifestações culturais de matriz africana, bem como sua comemoração nas instituições de ensino públicas e privadas.

Art. 20. **O poder público garantirá o registro e a proteção da capoeira, em todas as suas modalidades, como bem de natureza imaterial e de formação da identidade cultural brasileira**, nos termos do art. 216 da Constituição Federal.

Parágrafo único. O poder público buscará garantir, por meio dos atos normativos necessários, a preservação dos **elementos formadores tradicionais da capoeira nas suas relações internacionais**.

Art. 22. A capoeira é reconhecida como desporto de criação nacional, nos termos do art. 217 da Constituição Federal.

§ 1º A atividade de capoeirista será reconhecida em todas as modalidades em que a capoeira se manifesta, seja como esporte, luta, dança ou música, sendo livre o exercício em todo o território nacional.

§ 2º É facultado o ensino da capoeira nas instituições públicas e privadas pelos capoeiristas e mestres tradicionais, pública e formalmente reconhecidos.

Art. 24. O direito à liberdade de consciência e de crença e ao livre exercício dos **cultos religiosos de matriz africana** compreende:

(...)

V – a produção e a divulgação de publicações relacionadas ao exercício e à difusão das religiões de matriz africana;

Art. 25. É assegurada a assistência religiosa aos praticantes de religiões de matrizes africanas internados em hospitais ou em outras instituições de internação coletiva.

Art. 26. O poder público adotará as medidas necessárias para o combate à intolerância com as **religiões de matrizes africanas** e à discriminação de seus seguidores, especialmente com o objetivo de:

(...)

II – inventariar, restaurar e proteger os documentos, obras e outros bens de valor artístico e cultural, os monumentos, mananciais, flora e sítios arqueológicos vinculados às **religiões de matrizes africanas**;

Há um registro de grande importância aqui, numa República em que a Constituição Federal atribui caráter laico ao Estado, recentemente um Juiz Federal do Rio de Janeiro avocou o direito de definir um exótico conteúdo de religião; sentenciou Sua Excelência:

> (...) Com efeito, a retirada dos vídeos referentes a opiniões da igreja Universal sobre a crença afro-brasileira envolve a concorrência não a colidência entre alguns direitos fundamentais, dentre os quais destaco:
> • Liberdade de opinião;
> • Liberdade de reunião;
> • Liberdade de religião.
> Começo por delimitar o campo semântico de liberdade, o qual se insere no espaço de atuação livre de intervenção estatal e de terceiros.
> No caso, ambas manifestações de religiosidade não contêm os traços necessários de uma religião a saber, um texto base (corão, bíblia etc.) ausência de estrutura hierárquica e ausência de um Deus a ser venerado.
> Não se vai entrar, neste momento, no pantanoso campo do que venha a ser religião, apenas, para ao exame da tutela, não se apresenta malferimento de um sistema de fé. **As manifestações religiosas afro-brasileiras não se constituem em religiões**, muito menos os vídeos contidos no Google refletem um sistema de crença – são de mau gosto, mas são manifestações de livre expressão de opinião.
> Quanto ao aspecto do direito fundamental de reunião, os vídeos e bem como os cultos afro-brasileiros, não compõem uma vedação à continuidade da existência de reuniões de macumba, umbanda, candomblé ou quimbanda.
> Não há nos autos prova de que tais "cultos afro-brasileiros" – expressão que será desenvolvida no mérito – estejam sendo efetivamente turbados pelos vídeos inseridos no Google.
> Enfim, inexiste perigo na demora, posto que não há perigo de perecimento de direito, tampouco fumaça do bom direito na vertente da concorrência – não colidência – de regular exercício de liberdades públicas.
> Não há, do mesmo modo, perigo de irreversibilidade, posto que as práticas das manifestações afro-brasileiras são centenárias, e não há prova inequívoca que os vídeos possam colocar em risco a prática cultural profundamente enraizada na cultura coletiva brasileira.
> Isto posto, revogo a decisão de emenda da inicial, indefiro a tutela pelas razões expostas e determino a citação da empresa ré para apresentar a defesa que tiver no prazo legal (**17ª Vara Federal do Rio de Janeiro**, Ação Civil Pública n. 0004747-33.2014.4.02.5101, Juiz Eugenio Rosa de Araujo, j. 28-4-2014).

Este caso serve para ilustrar eloquentemente a recusa da elite e do *status quo* em aceitar o *status* jurídico das religiões afro-brasileiras, depreciando-as, inferiorizando-as, quando não pura e simplesmente ofendendo-as, atacando-as e violentando direitos de seus adeptos.

Há que se ter em mente ainda que o julgamento do RE 494601 o STF deliberou que **as religiões afro-brasileiras constituem patrimônio cultural**:

> Direito Constitucional. Recurso Extraordinário com Repercussão Geral. Proteção ao Meio Ambiente. Liberdade Religiosa. Lei n. 11.915/2003 do Estado do Rio Grande do Sul. Norma que dispõe sobre o sacrifício ritual em cultos e liturgias das religiões de matriz africana. Competência concorrente dos estados para legislar sobre florestas, caça, pesca, fauna, conservação da natureza, defesa do solo e dos recursos naturais, proteção do meio ambiente e controle da poluição. Sacrifício de animais de acordo com preceitos religiosos. Constitucionalidade.
>
> (...) 2. A prática e os rituais relacionados ao sacrifício animal são patrimônio cultural imaterial e constituem os modos de criar, fazer e viver de diversas comunidades religiosas, particularmente das que vivenciam a liberdade religiosa a partir de práticas não institucionais.
>
> (...) Não bastassem as dúvidas sobre a equiparação do sacrifício ao tratamento cruel, é preciso reconhecer que a prática e **os rituais relacionados ao sacrifício animal são "patrimônio cultural imaterial"**, na forma do disposto no art. 2, item 2, *c*, da Convenção para a Salvaguarda do Patrimônio Cultural Imaterial da Unesco. **Além disso, como dispõe o texto constitucional, elas constituem os modos de criar, fazer e viver de diversas comunidades religiosas e se confundem com a própria expressão de sua identidade.**
>
> **Essa diretriz interpretativa decorre, ainda, da obrigação imposta ao Estado brasileiro relativamente às manifestações das culturas populares, indígenas e afro-brasileiras, e das de outros grupos participantes do processo civilizatório nacional, nos termos do art. 215, § 1º, da CRFB.**
>
> **É preciso dar ênfase à perspectiva cultural não apenas porque, de fato, elas constituem os modos de ser e viver de suas comunidades, mas também porque a experiência da liberdade religiosa é, para essas comunidades, vivenciada a partir de práticas não institucionais** (...) (STF – Tribunal Pleno, RE 494601/RS, Relator Min. Marco Aurélio, Relator p/ Acórdão Min. Edson Fachin, j. 28-3-2019).

# Capítulo XI
# DAS GRAVES E CRESCENTES VIOLAÇÕES DE DIREITOS HUMANOS DOS ADEPTOS DAS RELIGIÕES AFRO-BRASILEIRAS

Relatório publicado pela "**Comissão Parlamentar de Inquérito Destinada a Apurar as Causas e Consequências dos Casos de Intolerância Religiosa no Estado do Rio de Janeiro**" (Resolução n. 382/2021), cujo relator foi o eminente Deputado Átila Nunes, concluiu que:

> Entre 2015 a 2019 foram registrados pela Polícia Civil cerca de 6.700 crimes cuja motivação está associada à intolerância religiosa. Em 2019, diante de denúncias de destruição de terreiros na Baixada Fluminense, o Ministério Público Federal cobrou do governo do Estado providências em relação aos ataques sofridos pelas comunidades de terreiros. As denúncias também foram apresentadas à Ordem dos Advogados do Brasil e ao Presidente da Assembleia Legislativa do Estado do Rio de Janeiro (ALERJ), o deputado André Ceciliano.
>
> Em 2020, verificaram-se 1.355 casos, segundo dados do Instituto de Segurança Pública (ISP). No dossiê organizado pelo ISP sobre os crimes raciais aponta-se que, pelo menos, sem considerar as subnotificações, foram duas violações dessa espécie por dia, merecendo atenção ao caráter sexista misógino, já que 58,2% (cinquenta e oito vírgula dois por cento) das vítimas registradas são mulheres.
>
> O diagnóstico que se tinha anteriormente sinalizava que esses crimes se enquadram no campo de natureza moral, como a injúria e a difamação, mas recentes reportagens publicadas na mídia apontam uma mudança de perfil, com o agravamento dos casos, com uma maior intensidade da violência, com sinais de ameaça à integridade da vida das pessoas e evidências de violência física.
>
> É importante frisar que **a cada quinze horas existe uma notícia de discriminação religiosa em nosso país**. Isso demonstra a magnitude desse problema, exigindo da Comissão Parlamentar de Inquérito a elaboração de um diagnóstico com proposições para enfrentar essas ações, traduzidas como crime de ódio (fls. 23).

Trata-se de Inquérito Parlamentar que corrobora o crescente e impune agravamento de depredações e ataques a templos religiosos afro-brasileiros no Rio de Janeiro e outros estados, durante os quais facínoras armados e agindo em grupo torturam psicológica e fisicamente sacerdotes e sacerdotisas, coagindo-os a destruir edificações, símbolos e objetos religiosos.

Em todos os ataques os delinquentes ostentam camisetas estampadas com símbolos religiosos e vociferam frases de ódio religioso, patenteando a motivação de seus atos.

As ações são meticulosamente registradas em vídeos os quais são imediatamente postados e amplamente divulgados nas redes sociais com o visível propósito de aterrorizar, amedrontar e intimidar.

A filmagem e divulgação de cenas de intimidação e tortura de sacerdotes(isas) das Religiões Afro-brasileiras, coagidos, sob a mira de armamentos de grosso calibre, a danificarem artefatos, símbolos e objetos religiosos tem o indisfarçável objetivo de provocar terror social e generalizado, configurando, portanto, o crime capitulado na Lei n. 13.260/2016:

> Art. 2º. **O terrorismo consiste na prática por um ou mais indivíduos dos atos previstos neste artigo, por razões de** xenofobia, **discriminação ou preconceito** de raça, cor, etnia **e religião, quando cometidos com a finalidade de provocar terror social ou generalizado, expondo a perigo pessoa, patrimônio, a paz pública ou a incolumidade pública.**
> § 1º **São atos de terrorismo**:
> (...)
> **V – atentar contra a vida ou a integridade física de pessoa**:
> Pena – reclusão, de **doze a trinta anos**, além das sanções correspondentes à ameaça ou à violência.

Ademais, a Lei de Tortura, Lei n. 9.455/97, apresenta a seguinte redação em seu art. 1º, I, c:

> Lei n. 9.455/97, art. 1º. **Constitui crime de tortura**:
> I – **constranger alguém com emprego de violência ou grave ameaça, causando-lhe sofrimento físico ou mental**:
> c) **em razão de discriminação** racial ou **religiosa**;

À toda evidência, a tortura pode ser empregada com a finalidade de obter informações ou simplesmente ser motivada por discriminação religiosa, como nas invasões de templos religiosos afro-brasileiros.

Nesta segunda hipótese, o torturador age não com o propósito de obter informações ou qualquer outro tipo de vantagem, mas movido pelo ódio que cultiva contra integrantes das religiões afro-brasileiras.

A este respeito, o Estatuto da Igualdade Racial, Lei n. 12.288/2010, corroborado por deliberações do STF tratadas adiante, inscreve os templos religiosos afro-brasileiros no acervo do patrimônio cultural:

> Art. 17. **O poder público garantirá o reconhecimento das sociedades negras, clubes e outras formas de manifestação coletiva da população negra, com trajetória histórica comprovada, como patrimônio histórico e cultural**, nos termos dos arts. 215 e 216 da Constituição Federal.

Deste modo, o ataque e depredação destes templos materializa crime contra o patrimônio cultural, capitulado no art. 62, I, da Lei de Crimes Ambientais, Lei n. 9.605/98, cuja pena pode chegar a três anos de reclusão.

Com efeito, as ações criminosas vulneram bens referentes à história, memória, honra, dignidade e identidade dos adeptos das religiões afro-brasileiras, dos africanos e seus descendentes, circunstâncias estas que desautorizam sua tipificação como mero crime contra patrimônio privado, de pequeno potencial ofensivo, previsto no art. 63, do Código Penal, cuja pena máxima é de seis meses de detenção.

Na Bahia, Ceará, Alagoas, Pernambuco, interior de São Paulo e outros estados, registram-se centenas de casos de invasões e depredações de templos, monumentos, havendo inclusive notícias de assassinatos de sacerdotes que se recusaram a destruir símbolos e objetos religiosos dos templos aos quais pertenciam.

A ação voluntária e planejada dos meliantes reverbera e concretiza o discurso de ódio religioso fomentado diariamente por programas televisivos e radiofônicos, financiados por segmentos religiosos neopentecostais.

O discurso do ódio atribui aos "espíritos do mal", à "macumbaria", aos Orixás/Voduns/Inquices e às entidades umbandistas a responsabilidade pela existência de todas as mazelas sociais, incluindo a pobreza, desemprego, criminalidade, enfermidades físicas e mentais, drogas, desestruturação familiar, vícios, infortúnios etc.

O resultado desta narrativa é o apedrejamento de crianças nas ruas, a profanação de templos e símbolos religiosos, a violência sanguinária pura e simples contra adeptos das religiões afro-brasileiras inclusive no interior de escolas públicas.

É funesta, a propósito, a semelhança entre a narrativa de certos segmentos neopentecostais e a propaganda nazista contra o povo judeu, que culpabilizava-o por todos os males da Alemanha hitleriana.

A violência simbólica, verbal, induz, incita e justifica a violência física, exercida em nome do misericordioso propósito de salvar almas.

A par de configurar-se extremamente oneroso para a sociedade brasileira – milhões de brasileiros professam as religiões afro-brasileiras – o quadro sistêmico de violações de direito aqui reportado deriva também de uma reiterada atuação estatal ilícita, por omissão e não raro também por ação.

É oportuno lembrar que a história da humanidade é repleta de tragédias decorrentes do ódio religioso, a exemplo das guerras, terrorismo, genocídios, massacres, estupros em massa e outras atrocidades, razão pela qual tarda uma resposta efetiva por parte das instituições brasileiras, sob pena inclusive de grave comprometimento da paz social.

Nota deve ser dedicada ainda para assinalar que a virulência e ganância do racismo religioso alcança também aldeias indígenas de todo o país, inclusive no território yanomami, vitimado nos nossos dias por um cenário de horror, mortes, fome e enfermidades: frequentemente financiadas pelo poder público, determinadas confissões neopentecostais invadem as aldeias e violentam a identidade, a cultura e as crenças indígenas.

# Capítulo XII
# DOS ATAQUES AO PATRIMÔNIO CULTURAL AFRO-BRASILEIRO

Não bastassem os ataques morais e físicos aos adeptos e templos afro-religiosos, o racismo religioso constrange, humilha e traumatiza crianças candomblecistas e umbandistas no espaço escolar, dificulta a efetivação do ensino da história e cultura africana nas escolas públicas, hegemoniza conselhos tutelares e se insurge contra o patrimônio cultural afro-brasileiro.

A Carta Magna emprega o enunciado "patrimônio cultural", subdividindo-o em material e imaterial.

O Decreto-lei n. 25, de 30 de novembro de 1937, que: "Organiza a Proteção do Patrimônio Histórico e Artístico Nacional", conceitua didaticamente a significação de patrimônio cultural:

> Art. 1º. **Constitue o patrimônio histórico e artístico nacional** o conjunto dos bens móveis e imóveis existentes no país e cuja conservação seja de interêsse público, **quer por sua vinculação a fatos memoráveis da história do Brasil, quer por seu excepcional valor arqueológico ou <u>etnográfico</u>**, bibliográfico ou artístico.
>
> Art. 17. **As coisas tombadas não poderão, em caso nenhum ser** destruidas, demolidas ou <u>**mutiladas**</u>, nem, sem prévia autorização especial do Serviço do Patrimônio Histórico e Artistico Nacional, ser reparadas, pintadas ou restauradas, sob pena de multa de cincoenta por cento do dano causado.
>
> Art. 21. **Os <u>atentados cometidos contra os bens</u> de que trata o art. 1º desta lei são equiparados aos cometidos contra o patrimônio nacional.**

Ratificada por meio do Decreto n. 80.978, de 12 de dezembro de 1977, a Convenção Relativa à Proteção do Patrimônio Mundial, Cultural e Natural delineia o **conteúdo jurídico de patrimônio cultural material**:

> Art. 1º. Para fins da presente Convenção serão considerados como **patrimônio cultural**:
>
> – os monumentos: obras arquitetônicas, de escultura ou de pintura monumentais, elementos ou estruturas de natureza arqueológica, inscrições, cavernas e grupos de elementos, que tenham um valor universal excepcional do ponto de vista da história, da arte ou da ciência;

– os conjuntos: grupos de construções isoladas ou reunidas que, em virtude de sua arquitetura, unidade ou integração na paisagem, tenham um valor universal excepcional do ponto de vista da história, da arte ou da ciência;

– os lugares notáveis: obras do homem ou obras conjugadas do homem e da natureza, bem como as zonas, inclusive lugares arqueológicos, que tenham valor universal excepcional do ponto de vista histórico, estético, etnológico ou antropológico.

De seu turno, a Convenção para a Salvaguarda do Patrimônio Cultural Imaterial, ratificada pelo Brasil em 12 de abril de 2006, Decreto n. 5.753/2006, apresenta a seguinte dicção:

> Artigo 1: [...]
> b) o respeito ao **patrimônio cultural imaterial das comunidades**, grupos e indivíduos **envolvidos**;
> Artigo 2: Definições
> Para os fins da presente Convenção,
> 1. **Entende-se por "patrimônio cultural imaterial" as práticas, representações, expressões, conhecimentos e técnicas – junto com os instrumentos, objetos, artefatos e lugares culturais que lhes são associados – que as comunidades, os grupos e, em alguns casos, os indivíduos reconhecem como parte integrante de seu patrimônio cultural**. Este patrimônio cultural imaterial, que se transmite de geração em geração, é constantemente recriado pelas comunidades e grupos em função de seu ambiente, de sua interação com a natureza e de sua história, **gerando um sentimento de identidade e continuidade e contribuindo assim para promover o respeito à diversidade cultural e à criatividade humana**. Para os fins da presente Convenção, será levado em conta apenas o patrimônio cultural imaterial que seja compatível com os instrumentos internacionais de direitos humanos existentes e com os imperativos de respeito mútuo entre comunidades, grupos e indivíduos, e do desenvolvimento sustentável.
> 2. O "patrimônio cultural imaterial", conforme definido no parágrafo 1 acima, se manifesta em particular nos seguintes campos:
> a) tradições e expressões orais, incluindo o idioma como veículo do patrimônio cultural imaterial;
> b) expressões artísticas;
> c) práticas sociais, **rituais** e atos festivos;
> d) conhecimentos e práticas relacionados à natureza e ao universo;
> e) técnicas artesanais tradicionais.
> 3. Entende-se por "salvaguarda" as medidas que visam garantir a viabilidade do patrimônio cultural imaterial, tais como a identificação, a documentação, a investigação, a preservação, a proteção, a promoção, a valorização, a transmissão – essencialmente por meio da educação formal e não formal – e revitalização deste patrimônio em seus diversos aspectos.

Assegurando efetividade às normas dos arts. 215, §§ 1º e 2º; 216, *caput,* e § 5º; 216-A, § 1º, I e 242, § 1º, todos da Constituição Federal, a **Lei n. 7.668/88**, que "Autoriza o Poder Executivo a constituir a Fundação Cultural Palmares — FCP e dá outras providências", **densifica a acepção jurídica de patrimônio cultural afro-brasileiro**:

> Art. 1º. Fica o Poder Executivo autorizado a constituir a Fundação Cultural Palmares — FCP, vinculada ao Ministério da Cultura, com sede e foro no Distrito Federal, com a finalidade de promover a **preservação dos valores culturais**, sociais e econômicos **decorrentes da influência negra na formação da sociedade brasileira**.

Consta, também, da Carta Magna, uma norma de observância obrigatória pelo Estado e particulares, segundo a qual **"Os danos e ameaças ao patrimônio cultural serão punidos, na forma da lei"** (CF, art. 216, § 4º).

Acerca do alcance da expressão "dano" ao patrimônio cultural, a **Convenção Relativa à Proteção do Patrimônio Mundial, Cultural e Natural** e a **Carta de Veneza, de 1964**, *inter alia*, fixa parâmetros objetivos que adensam o significado de preservação de bem cultural:

> **Convenção**. Considerando **que a degradação** ou o **desaparecimento de um bem do património cultural e natural constitui um empobrecimento efectivo do património de todos os povos do mundo**;
> Considerando que as convenções, recomendações e resoluções internacionais existentes no interesse dos bens culturais e naturais demonstram a importância que constitui, para todos os povos do mundo, a **salvaguarda de tais bens**, <u>únicos</u> e **insubstituíveis,** qualquer que seja o povo a que pertençam;
> **Carta de Veneza**. **"Portadoras de mensagem espiritual do passado, as obras monumentais de cada povo perduram no presente como o testemunho vivo de suas tradições seculares**. A humanidade, cada vez mais consciente da unidade dos valores humanos, as considera um patrimônio comum e, perante as gerações futuras, se reconhece solidariamente responsável por preservá-las, impondo a si mesma o dever de transmiti-las na plenitude de sua autenticidade.
> Artigo 8º. Os elementos de escultura, pintura ou decoração que são parte integrante do monumento não lhes podem ser retirados a não ser que essa medida seja a única capaz de assegurar sua conservação.
> Artigo 14. Os sítios monumentais devem ser objeto de cuidados especiais que visem a **salvaguardar sua <u>integridade</u>** e assegurar seu saneamento, sua manutenção e valorização. Os trabalhos de conservação e restauração que neles se efetuarem devem inspirar-se nos princípios enunciados nos artigos precedentes.

**Dano ao patrimônio cultural afro-brasileiro implica, como se vê, sua consideração como bem jurídico único, insubstituível, portador de mensagem espiritual do passado, de tradições seculares e conteúdo etnográfico, porquanto cabe ao Poder Público e particulares**

zelar por sua integridade e reprimir toda e qualquer forma de ameaça, mutilação, atentado e degradação (Decreto n. 25/37).

A este respeito, o Código Penal e a Lei de Crimes Ambientais capitulam condutas que adulteram, usurpam e descaracterizam patrimônio cultural:

**Dano em coisa de valor artístico, arqueológico ou histórico**
CP, art. 165. Destruir, inutilizar ou **deteriorar coisa tombada pela autoridade competente** em virtude de valor artístico, arqueológico ou histórico:
(...)
Pena – detenção, de seis meses a dois anos, e multa.
Lei n. 9.605/98, art. 62. Destruir, inutilizar ou **deteriorar**:
I – **bem especialmente protegido por lei, ato administrativo ou decisão judicial**;
(...)
Pena – reclusão, de um a três anos, e multa.

Indiferente ao ordenamento jurídico e quiçá convencido da absoluta impunidade que acoberta seus crimes, diariamente o racismo religioso mutila, degrada, corrompe e violenta patrimônio cultural afro-brasileiro.

O caso da "Roda de Capoeira", patrimônio da humanidade, e do "Ofício dos Mestres de Capoeira", ambos tombados pelo IPHAN, são exemplares desta investida tirânica, violenta e criminosa.

Dossiê subscrito pelo IPHAN em 2014 atesta a associação entre capoeira e religiosidade afro-brasileira:

> Durante a República Velha, **a capoeiragem baiana era uma manifestação de rua, afrodescendente, e muitos dos seus praticantes tinham ligações com candomblé, samba e batuque. O vínculo entre os capoeiras e essas práticas (...) era "desafricanizar as ruas", ou seja, erradicar de Salvador todos os hábitos e costumes do povo que lembrassem a África**[1].

Listados dentre dezenas de bens culturais afro-brasileiros reconhecidos legalmente, a roda de capoeira e o ofício dos seus mestres são protegidos por um leque de normas:

---

[1] *Dossiê* IPHAN, Roda de Capoeira e Ofício dos Mestres de Capoeira, 2014, p. 34 e 35.

## Capítulo XII • Dos Ataques ao Patrimônio Cultural Afro-Brasileiro

| | |
|---|---|
| DECRETO-LEI N. 25, DE 30 DE NOVEMBRO DE 1937 | Organiza a proteção do patrimônio histórico e artístico nacional. |
| DECRETO N. 3.551, DE 4 DE AGOSTO DE 2000 | Institui o Registro de Bens Culturais de Natureza Imaterial que constituem patrimônio cultural brasileiro, cria o Programa Nacional do Patrimônio Imaterial e dá outras providências. |
| UNESCO DECISÃO NOV./2014 INCLUI A RODA DE CAPOEIRA NA LISTA REPRESENTATIVA DO PATRIMÔNIO CULTURAL IMATERIAL DA HUMANIDADE | A capoeira é uma prática cultural afro-brasileira – simultaneamente uma luta e uma dança – que pode ser interpretada como uma tradição, um esporte e até mesmo uma forma de arte. |
| ESTATUTO DA IGUALDADE RACIAL – LEI N. 12.288, DE 20 DE JULHO DE 2010 | **Art. 20.** O poder público garantirá o registro e a proteção da capoeira, em todas as suas modalidades, como bem de natureza imaterial e de formação da identidade cultural brasileira, nos termos do art. 216 da Constituição Federal. Parágrafo único. O poder público buscará garantir, por meio dos atos normativos necessários, a preservação dos elementos formadores tradicionais da capoeira nas suas relações internacionais. |
| | **Art. 22.** A capoeira é reconhecida como desporto de criação nacional, nos termos do art. 217 da Constituição Federal. § 1º A atividade de capoeirista será reconhecida em todas as modalidades em que a capoeira se manifesta, seja como esporte, luta, dança ou música, sendo livre o exercício em todo o território nacional. § 2º É facultado o ensino da capoeira nas instituições públicas e privadas pelos capoeiristas e mestres tradicionais, pública e formalmente reconhecidos. |
| DECRETO N. 5.753, DE 12 DE ABRIL DE 2006 – UNESCO – Convenção para Salvaguarda do Patrimônio Cultural Imaterial, realizada em Paris em 29-9- ao dia 17-10-2003 | **Art. 13.** Outras medidas de salvaguarda Para assegurar a salvaguarda, o desenvolvimento e a valorização do patrimônio cultural imaterial presente em seu território, cada Estado Parte empreenderá esforços para (...): ii) garantir o acesso ao patrimônio cultural imaterial, respeitando ao mesmo tempo os costumes que regem o acesso a determinados aspectos do referido patrimônio; |
| DECISÃO STJ RECURSO ESPECIAL N. 1.012.692 – ABR./2011 | Agravo regimental no recurso extraordinário com agravo. Instrutor de capoeira. Necessidade de registro nos Conselhos de Educação física. Discussão. Legislação infra constitucional. Ofensa reflexa. Precedentes. 1. A discussão acerca da obrigatoriedade do registro de instrutor de capoeira nos quadros do Conselho Regional de Educação Física, porque dependente da análise de normas infraconstitucionais poderia resultar apenas em ofensa reflexa à Constituição Federal. 2. Agravo regimental não provido. |
| DECISÃO TRF 3 – FEV./2015 | I – A Lei n. 9.696/98 não alcança os instrutores de capoeira, cuja orientação tem por base a transferência de conhecimento tático e técnico da luta e não possui relação com a preparação física do atleta profissional ou amador – tampouco, exige que estes sejam inscritos no Conselho Regional de Educação Física para o exercício da profissão. Padece de ilegalidade qualquer ato infralegal que exija a inscrição de instrutor de capoeira/artes marciais nos quadros do CREF. |

Em flagrante desrespeito à legislação e inclusive tratados internacionais ratificados pelo Brasil, o racismo religioso pretende associar a capoeira ao satanismo e à representação do mal, contrapondo-a a uma caricata, grotesca e racista manifestação intitulada "Capoeira Gospel", sem uso de atabaques, berimbaus e substituindo os elementos caracterizadores da capoeira por excrescências sectárias e difusoras de ódio.

Capoeira gospel, maracatu gospel, bloco gospel etc., instaura um discurso dicotômico no qual evangelho (gospel) antepõe-se às "trevas", ao "mal", uma narrativa abjeta que, ao invés de enaltecer as supostas qualidades da própria religião, tenta afirmar sua verdade por meio do insulto e ataque às religiões de matriz africana.

Fenômeno similar atinge o famoso elemento da culinária sacra afro-brasileira, o acarajé, "rebatizado" pelo racismo religioso como "bolinho de Jesus".

Consta na certidão de tombamento expedida pelo IPHAN:

> É a prática tradicional de produção e venda, em tabuleiro, das chamadas comidas de baiana, feitas com azeite de dendê e **ligadas ao culto dos orixás, amplamente disseminadas na cidade de Salvador, Bahia**. Dentre as comidas de baiana destaca-se o acarajé, bolinho de feijão fradinho preparado de maneira artesanal, na qual o feijão é moído em um pilão de pedra (pedra de acarajé), temperado e posteriormente frito no azeite de dendê fervente.
> 
> **Para cumprir suas "obrigações" com os orixás, durante o período colonial, as negras libertas ou negras de ganho preparavam os quitutes e saíam às ruas de noite para vendê-los, dando origem a esse costume.**
> 
> Os bolinhos de feijão fradinho, destituídos do recheio utilizado para o comércio, são, inclusive atualmente, oferecidos nos cultos às divindades do candomblé, especialmente a Xangô e Oiá (Iansã). A produção do acarajé e das outras comidas no universo religioso do candomblé é uma das razões pela qual a receita do acarajé se mantém sem muitas alterações, visto que há uma série de cuidados com a preparação do alimento que é ofertado aos orixás e que, mesmo como produto comercializado para o público em geral mantém o seu elo de comunicação simbólica com as divindades (IPHAN Processo Administrativo n. 01450.008675/2004-01 e Anexos, 21-12-2004).

**Pilhagem, descaracterização, desfiguração, contrafação, adulteração, deturpação, espoliação, conspurcação e ofensa ao sentimento religioso são algumas das condutas criminosas praticadas diariamente pelo racismo religioso contra a identidade, a memória, história, honra e dignidade das manifestações culturais afro-brasileiras, o que configura patente contrariedade à Constituição da Repúblicas e às leis civis e penais.**

Anote-se que o Decreto n. 7.107, de 11 de fevereiro de 2010, que "Promulga o Acordo entre o Governo da República Federativa do Brasil e a Santa Sé relativo ao Estatuto Jurídico da Igreja Católica no Brasil", assegura:

Art. 6º. As Altas Partes reconhecem que o **patrimônio histórico, artístico e cultural da Igreja Católica**, assim como os documentos custodiados nos seus arquivos e bibliotecas, constituem parte relevante do patrimônio cultural brasileiro, e continuarão a cooperar para salvaguardar, valorizar e promover a fruição dos bens, móveis e imóveis, de propriedade da Igreja Católica ou de outras pessoas jurídicas eclesiásticas, que sejam considerados pelo Brasil como parte de seu patrimônio cultural e artístico.

Art. 7º. A República Federativa do Brasil assegura, nos termos do seu ordenamento jurídico, as medidas necessárias para garantir a proteção dos lugares de culto da Igreja Católica e de suas liturgias, **símbolos, imagens e objetos cultuais, contra toda forma de <u>violação</u>, <u>desrespeito</u> e <u>uso ilegítimo</u>**.

À luz dos princípios constitucionais da igualdade e não discriminação, referido **tratado bilateral proíbe violação, desrespeito e uso ilegítimo do patrimônio cultural da Igreja Católica, uma obrigação jurídica assumida pelo Estado brasileiro que obviamente é extensiva a toda e qualquer religião**.

É curioso observar que em vez de criar suas próprias manifestações culturais, o racismo religioso pretende pilhar, desqualificar, desfigurar e, no limite, negar a essência do patrimônio cultural afro-brasileiro, "desafricanizá-lo" e, no limite, "cristianizá-lo", não havendo registro da existência de "quibe, yakisoba, escargot, croissant, judô ou karatê de Jesus", sendo indisfarçável, portanto, a intenção de associar todo e qualquer patrimônio cultural afro-brasileiro à demonização e ao ódio.

A propósito da tutela jurídica do sentimento religioso, assevera o escritor, influenciador digital, Dirigente Umbandista e amigo Rodrigo Queiroz, que seria descomplicado projetarmos o desfecho de um cenário no qual um(a) sacerdote(isa) de Religião Afro-brasileira, devidamente paramentado, montasse uma barraquinha na Avenida Paulista e colocasse à venda uma porção de hóstias intitulando-as como "petiscos de Oxalá".

Finalizando este tópico, consideramos oportuno um olhar panorâmico sobre outros bens culturais afro-brasileiros registrados legalmente:

| PATRIMÔNIO | BEM | REGISTRO ||| DIPLOMA/TITULAÇÃO |
|---|---|---|---|---|---|
| | | LIVRO | DATA | UF ABRANGÊNCIA | |
| CULTURAL IMATERIAL DA HUMANIDADE | Samba de Roda do Recôncavo Baiano | Formas de Expressão | 05/10/2004 | BA / estadual | TITULAÇÃO 11/10/2013 UNESCO 2005 |
| CULTURAL IMATERIAL | Ofício das Baianas de Acarajé | Saberes | 14/01/2005 | AC, AL, AP, AM, BA, CE, DF, ES, GO, MA, MT, MS, MG, PA, PB, PR, PE, PI, RJ, RN, RS, RO, RR, SC, SP, SE, TO / nacional | TITULAÇÃO - 11/06/2008 CERTIDÃO - 21/12/2004 |
| CULTURAL IMATERIAL | Jongo no Sudeste | Formas de Expressão | 15/12/2005 | SP, RJ, ES, MG / regional | TITULAÇÃO - 11/10/2013 CERTIDÃO - 15/12/2005 |
| CULTURAL IMATERIAL | Tambor de Crioula do Maranhão | Formas de Expressão | 29/06/2007 | MA / estadual | TITULAÇÃO - 30/11/2007 CERTIDÃO - 29/11/2007 |
| CULTURAL IMATERIAL | Matrizes do Samba no Rio de Janeiro: partido alto, samba de terreiro e samba enredo | Formas de Expressão | 20/11/2007 | RJ / estadual | TITULAÇÃO - 29/11/2007 CERTIDÃO - 29/11/2007 |
| CULTURAL IMATERIAL | Ofício dos Mestres de Capoeira | Saberes | 21/10/2008 | AC, AL, AP, AM, BA, CE, DF, ES, GO, MA, MT, MS, MG, PA, PB, PR, PE, PI, RJ, RN, RS, RO, RR, SC, SP, SE, TO / nacional | TITULAÇÃO 21/10/2008 CERTIDÃO - 20/11/2008 |
| CULTURAL IMATERIAL DA HUMANIDADE | Roda de Capoeira | Formas de Expressão | 21/10/2008 | AC, AL, AP, AM, BA, CE, DF, ES, GO, MA, MT, MS, MG, PA, PB, PR, PE, PI, RJ, RN, RS, RO, RR, SC, SP, SE, TO / Nacional/Mundial | TITULAÇÃO - 21/10/2008 CERTIDÃO - 20/11/2008 UNESCO - 11/2014 |
| CULTURAL IMATERIAL DA HUMANIDADE | Complexo Cultural do Bumba-meu-Boi do Maranhão | Celebrações | 30/08/2011 | MA / estadual | TITULAÇÃO - 30/08/2011 CERTIDÃO - 31/08/2011 UNESCO - 2019 |
| CULTURAL IMATERIAL | Festa do Senhor Bom Jesus do Bonfim | Celebração | 05/06/2013 | BA / local | TITULAÇÃO - 30/12/2013 CERTIDÃO - 04/06/2013 |
| CULTURAL IMATERIAL | Maracatu Nação | Formas de Expressão | 03/12/2014 | PE / estadual | TITULAÇÃO - 10/09/2015 |
| CULTURAL IMATERIAL | Maracatu Baque Solto | Formas de Expressão | 03/12/2014 | PE / estadual | TITULAÇÃO - 10/09/2015 |
| CULTURAL IMATERIAL | Cavalo-Marinho | Formas de Expressão | 03/12/2014 | PE / estadual | TITULAÇÃO - 10/09/2015 |
| CULTURAL IMATERIAL | Caboclinho pernambucano | Formas de Expressão | 24/11/2016 | PE / local | TITULAÇÃO - 06/12/2016 |
| CULTURAL IMATERIAL | Sistema Agrícola Tradicional de Comunidades Quilombolas do Vale do Ribeira | Saberes | 20/09/2018 | SP / estadual | |
| CULTURAL IMATERIAL | Bembé do Mercado | Celebrações | 13/06/2019 | BA / local | |
| MUNDIAL CULTURAL DA HUMANIDADE | Cais do Valongo | Patrimônio Histórico do RJ (*) | | RJ / local/mundial | UNESCO - 01/03/2017 |
| MATERIAL | Terreiro da Casa Branca constituído de uma área de aproximadamente 6.800 m2, com as edificações, árvores e principais objetos sagrados, situado na Avenida Vasco da Gama s/nº, em Salvador/Bahia | Tombo | 1982-1986 | Salvador-BA | |
| MATERIAL | Terreiro do Axé Opô Afonjá | Tombo | 1998 - 2000 | Salvador-BA | |
| MATERIAL | Terreiro Casa das Minas Jeje, situado na Rua de São Pantaleão nº 857 e 857A. | Tombo | 2000 - 2005 | São Luís - MA | |
| MATERIAL | Terreiro de Candomblé Ilé Iyá Omim Axé Iyamassé, rua Alto das Gantois nº 23, Federação. | Tombo | 2000-2005 | Salvador-BA | |
| MATERIAL | Terreiro do Alaketo, Ilé Maroiá Láji | Tombo | 2001 - 2004 | Salvador - BA | |
| MATERIAL | Terreiro de Candomblé do Bate-Folha, Município de Salvador, Estado da Bahia | Tombo | 2001 - 2005 | Salvador-BA | |
| MATERIAL | Terreiro de Candomblé Ilé Axé Oxumaré | Tombo | 2002 - 2014 | Salvador-BA | |
| MATERIAL | Terreiro Culto aos ancestrais - Omo Ilê Agboulá | Tombo | 2002 - 2015 | Itaparica-BA | |
| MATERIAL | Terreiro Tumba Junsara | Tombo | 2004 - 2018 | Salvador-BA | |
| MATERIAL | Terreiro Obá Ogunté-Sítio Pai Adão | Tombo | 2009 - 2018 | Recife-PE | |
| MATERIAL | Terreiro Zogbo do Male Bogun Seja Unde (Roça do Ventura) | Tombo | 2011 - 2015 | Cachoeira-BA | |
| MATERIAL | Terreiro Aganjú Didé da Nação Nagô-Tedô (Terreiro Ilé Axé Icimimó Aganju Didé) | Tombamento Emergencial | 2016 | Cachoeira-BA | |
| MATERIAL | Quilombo Ambrósio remanescentes | Tombo | 1998 - 2002 | Ibiá-MG | |
| NATURAL ARQUEOLÓGICO | Serra da Barriga, parte mais acantilada, conforme descrição constante na Informação nº 123/95, às fls 146 a 148 e do mapa ... | LIVRO TOMBO Arqueológico, Etnográfico e Paisagístico | 1982 | União dos Palmares-AL | |
| MATERIAL | Acervo do Museu de Magia Negra | LIVRO TOMBO Arqueológico, Etnográfico e Paisagístico | 1938 | Rio de Janeiro-RJ | TOMBADAS 126 PEÇAS. IPHAN ESTUDA EM TOMBAR MAIS 394 |

# Capítulo XIII
# DO ABUSO DA LIBERDADE DE RADIODIFUSÃO, PREVISTO TEXTUALMENTE NO CÓDIGO BRASILEIRO DE TELECOMUNICAÇÕES

Levantamento feito pela Agência Nacional do Cinema – ANCINE demonstra que nos últimos anos os programas religiosos ocupam mais de 21% da grade das TV's abertas no Brasil, figurando como principal gênero, à frente dos telejornais, séries, variedades e telecompras.

Os programas religiosos não representam, por si só, um problema, caso se limitassem ao proselitismo religioso e à afirmação de suas verdades. O problema é que parte significativa, para dizer o mínimo, destes programas destina-se ao discurso de ódio religioso.

Telespectadores dessas emissoras são induzidos a acreditar que se atacarem os fiéis ou destruírem templos religiosos afro-brasileiros terão seu emprego de volta, acesso à casa própria, mansões, carros de luxo etc.

Expressões como **"encosto"**, **"demônios"**, **"espíritos imundos"**, **"pai de encosto"**, **"mãe de encosto"**, **"bruxaria"**, **"feitiçaria"**, **"sessão de descarrego"** etc., são intercaladas com o uso pejorativo do vocábulo **macumbaria**, traduzindo o emprego de metáforas que não disfarçam o endereçamento das ofensas: as confissões religiosas de matriz africana.

Não será demasiado pôr em realce que a Constituição Federal qualifica os meios de comunicação social como serviço público (art. 223), prescrevendo ainda que sua programação deve pautar-se por finalidades educativas, artísticas, culturais e informativas, ao passo que o **Código Brasileiro de Telecomunicações e o Regulamento dos Serviços de Radiodifusão proíbem expressamente campanha discriminatória de religião**, senão vejamos:

CF, art. 221. **A produção e a programação das emissoras de rádio e televisão atenderão aos seguintes princípios:**
**I – preferência a finalidades educativas, artísticas, culturais e informativas**;
(...)
IV – **respeito aos valores éticos e sociais da pessoa** e da família.

Lei n. 4.117/62. "Art. 53. **Constitui abuso**, no exercício de **liberdade da radiodifusão, o emprego desse meio de comunicação para a prática de crime ou contravenção previstos na legislação em vigor no País, inclusive**:

(...)

e) **promover campanha discriminatória de** classe, côr, **raça ou religião**;"

Decreto n. 52.795/63. "Art. 28. **As concessionárias e permissionárias do serviço de radiodifusão, além de outros que o órgão competente do Poder Executivo federal julgue convenientes ao interesse público, estão sujeitas aos seguintes preceitos e obrigações**:

(...)

12 – **na organização da programação:**

(...)

b) **não transmitir programas que atentem contra o sentimento público, expondo pessoas a situações que, de alguma forma, redundem em constrangimento**, ainda que seu objetivo seja jornalístico;"

Decreto n. 52.795/63. "Art. 62. **A liberdade da radiodifusão não exclui a punição dos que praticarem abusos no seu exercício.**"

Decreto n. 52.795/63. "Art. 122. **São consideradas infrações em relação à execução dos serviços de radiodifusão a prática dos seguintes atos pelas concessionárias ou permissionárias:**

(...)

V – **promover campanha discriminatória em razão de** classe, cor, raça ou **religião**;"

Norma de teor análogo consta no Pacto de São José da Costa Rica e no Pacto Internacional sobre Direitos Civis e Políticos, *verbis*:

> **A lei deve proibir** toda propaganda a favor da guerra, bem como toda **apologia ao ódio** nacional, **racial** ou **religioso que constitua incita**ção à discri**minação, à hostilidade, ao crime ou à violência** (Decreto n. 678, de 6 de novembro de 1992, art. 13, item 5).
>
> **Será proibida por lei qualquer apologia do ódio** nacional, **racial** ou **religioso que constitua incitamento à discriminação, à hostilidade ou a violência** (Decreto n. 592, de 6 de julho de 1992, art. 20, item 2).

Por meio do astucioso expediente da "subconcessão", submete-se à concessão de serviço público aos interesses de confissão religiosa.

Ainda que executado por instituições privadas, convém recordar que o serviço de radiodifusão depende de concessão e avaliação de qualidade pelo poder público, subordina-se às normas gerais da comunicação e, na condição de destinatária, a população detém prerrogativas e garantias previstas expressamente na Constituição Federal e numa série de leis.

A natureza pública do serviço de radiodifusão implica que o gestor estatal ou o particular, prestador de serviço público, só pode fazer aquilo que a lei determina.

A Lei de Introdução às Normas do Direito Brasileiro fixa uma regra elementar do princípio da legalidade: "Não se destinando à vigência temporária, a lei terá vigor até que outra a modifique ou revogue"[1]. Numa palavra: lei só pode ser revogada por outra lei.

Isto quer significar que valores, ideologias, credos ou preferências pessoais de gestores e comunicadores sob nenhuma hipótese podem sobrepor-se ou diminuir a vigência e eficácia do direito positivo, no caso, as normas constitucionais e infraconstitucionais que regem a comunicação social.

O princípio da impessoalidade na gestão do serviço público, segundo Celso Antônio Bandeira de Mello, significa que:

> Nem favoritismos nem perseguições são toleráveis. Simpatias ou animosidades pessoais, políticas ou ideológicas não podem interferir na atuação administrativa e muito menos interesses sectários, de facções ou grupos de qualquer espécie[2].

Dúvida não pode haver, portanto, a respeito da natureza pública dos serviços de radiodifusão e dos marcos legais que balizam seu funcionamento.

---

[1] Decreto-lei n. 4.657, de 4 de setembro de 1942, art. 2º, *caput*.

[2] MELLO, Celso Antônio Bandeira de. *Curso de direito administrativo*. 13. ed. São Paulo: Malheiros, 2001, p. 76.

# Capítulo XIV
# LIBERDADE DE EXPRESSÃO, PROSELITISMO RELIGIOSO E DISCURSO DE ÓDIO

Há quase sete décadas, mais precisamente em 1954, o Supremo Tribunal Federal proclamava a prevalência do interesse da coletividade, do convívio social pacífico como limite à liberdade de expressão

> A limitação à liberdade de imprensa, sobrepondo-se ao interesse individual, atende as necessidades superiores do estado, e da coletividade, dentro das exceções que o conceito de liberdade há de juridicamente suportar, como imperativo imanente ao procedimento humano, compatível com o convívio social. Essa limitação, entretanto, não o exerce a autoridade pública de forma arbitrária. A interdição de órgão de publicidade somente se justifica quando se demonstre o incitamento à subversão da ordem pública e social, ou a propaganda de guerra ou de preconceitos de raça ou de classe. Se a esses extremos não autoriza a concluir a prova constante do processo, exaustivamente examinada pelo contexto da decisão recorrida, o apelo constitucional descabe a toda evidência (STF – RE 25348, 1ª T., rel. Min. Ribeiro da Costa, j. 2-12-1954).

Vigente à época deste julgado, a Constituição dos Estados Unidos do Brasil, de 18 de setembro de 1946, promulgada por uma assembleia constituinte é considerada um marco da democratização do país, disciplinava a liberdade de expressão nos seguintes termos:

> Art. 141. [...]
> § 5º É livre a manifestação do pensamento, sem que dependa de censura, salvo quanto a espetáculos e diversões públicas, respondendo cada um, nos casos e na forma que a lei preceituar pelos abusos que cometer. Não é permitido o anonimato. É assegurado o direito de resposta. A publicação de livros e periódicos não dependerá de licença do Poder Público. Não será, porém, tolerada propaganda de guerra, de processos violentos para subverter a ordem política e social, ou de preconceitos de raça ou de classe.

Interessante notar que a Constituição de 1988, conforme transcrito adiante, reproduz e amplifica a disciplina imposta pela Carta de 46 ao exercício da liberdade de expressão, sendo igualmente explícita ao impor limites e restrições que subordinam interesses particulares ao interesse coletivo, senão vejamos:

CF, art. 220. A manifestação do pensamento, a criação, a expressão e a informação, sob qualquer forma, processo ou veículo não sofrerão qualquer restrição, observado o disposto nesta Constituição. [...]

§ 2º É vedada toda e qualquer censura de natureza política, ideológica e artística.

§ 3º Compete à lei federal:

I – regular as diversões e espetáculos públicos, cabendo ao Poder Público informar sobre a natureza deles, as faixas etárias a que não se recomendem, locais e horários em que sua apresentação se mostre inadequada;

II – estabelecer os meios legais que garantam à pessoa e à família a possibilidade de se defenderem de programas ou programações de rádio e televisão que contrariem o disposto no art. 221, bem como da propaganda de produtos, práticas e serviços que possam ser nocivos à saúde e ao meio ambiente.

§ 4º A propaganda comercial de tabaco, bebidas alcoólicas, agrotóxicos, medicamentos e terapias estará sujeita a restrições legais, nos termos do inciso II do parágrafo anterior, e conterá, sempre que necessário, advertência sobre os malefícios decorrentes de seu uso.

Art. 221. A produção e a programação das emissoras de rádio e televisão atenderão aos seguintes princípios:

I – preferência a finalidades educativas, artísticas, culturais e informativas;

II – promoção da cultura nacional e regional e estímulo à produção independente que objetive sua divulgação;

III – regionalização da produção cultural, artística e jornalística, conforme percentuais estabelecidos em lei;

IV – respeito aos valores éticos e sociais da pessoa e da família.

Em homenagem ao regramento constitucional da liberdade de expressão, o STF vem proclamando reiteradamente que inexiste direito ilimitado, absoluto, irrestrito, ainda que se trate de direito ou garantia fundamental, visto como nenhum direito pode ser exercido em detrimento da ordem jurídica ou dos direitos de terceiros.

As liberdades e os direitos de terceiros como limitações da liberdade de expressão figuram expressamente em tratados internacionais ratificados pelo Brasil, cujos extratos destacamos a seguir, precedidos pela transcrição dos princípios e normas estabelecidos pela Constituição Federal:

CF, art. 5º. [...]

IV – é livre a manifestação do pensamento, sendo vedado o anonimato; [...]

V – é assegurado o direito de resposta, proporcional ao agravo, além da indenização por dano material, moral ou à imagem;

VI – é inviolável a liberdade de consciência e de crença, sendo assegurado o livre exercício dos cultos religiosos e garantida, na forma da lei, a proteção aos locais de culto e a suas liturgias; [...]

IX – é livre a expressão da atividade intelectual, artística, científica e de comunicação, independentemente de censura ou licença; [...].

Ainda no plano das normas de dignidade constitucional, vale sublinhar a Convenção Interamericana contra o Racismo, a Discriminação Racial e Formas Correlatas de Intolerância, ratificada pelo Decreto n. 10.932, de 10 de janeiro de 2022, quarto tratado internacional recepcionado pelo sistema jurídico brasileiro com *status* de **emenda constitucional**:

> Art. 1º. [...]
> Item 4. Racismo consiste em qualquer teoria, doutrina, ideologia ou conjunto de ideias que enunciam um vínculo causal entre as características fenotípicas ou genotípicas de indivíduos ou grupos e seus traços intelectuais, culturais e de personalidade, inclusive o falso conceito de superioridade racial. O racismo ocasiona desigualdades raciais e a noção de que as relações discriminatórias entre grupos são moral e cientificamente justificadas. Toda teoria, doutrina, ideologia e conjunto de ideias racistas descritas neste Artigo são cientificamente falsas, moralmente censuráveis, socialmente injustas e contrárias aos princípios fundamentais do Direito Internacional e, portanto, perturbam gravemente a paz e a segurança internacional, sendo, dessa maneira, condenadas pelos Estados Partes.
> [...]
> Item 6. Intolerância é um ato ou conjunto de atos ou manifestações que denotam desrespeito, rejeição ou desprezo à dignidade, características, convicções ou opiniões de pessoas por serem diferentes ou contrárias. Pode manifestar-se como a marginalização e a exclusão de grupos em condições de vulnerabilidade da participação em qualquer esfera da vida pública ou privada ou como violência contra esses grupos.
> [...]
> Art. 4º. Os Estados comprometem-se a prevenir, eliminar, proibir e punir, de acordo com suas normas constitucionais e com as disposições desta Convenção, todos os atos e manifestações de racismo, discriminação racial e formas correlatas de intolerância, inclusive:
> I. apoio público ou privado a atividades racialmente discriminatórias e racistas ou que promovam a intolerância, incluindo seu financiamento;
> II. publicação, circulação ou difusão, por qualquer forma e/ou meio de comunicação, inclusive a internet, de qualquer material racista ou racialmente discriminatórias que:
> a) defenda, promova ou incite o ódio, a discriminação e a intolerância; [...]
> IX. qualquer restrição ou limitação do uso de idioma, tradições, costumes e cultura das pessoas em atividades públicas ou privadas;
> X. elaboração e implementação de material, métodos ou ferramentas pedagógicas que reproduzam estereótipos ou preconceitos, com base em qualquer critério estabelecido no Artigo 1.1 desta Convenção; [...].

Vejamos nesta quadra os tratados internacionais com *status* de normas supralegais:

- **Convenção Relativa ao Estatuto dos Refugiados**, ratificada pelo Decreto n. 50.215, de 28 de janeiro de 1961, que impõe ao Estados e particulares a obrigação de assegurar tratamento igualitário a todas as crenças e confissões religiosas:

Art. 4º. Os Estados Contratantes proporcionarão aos refugiados, em seu território, um tratamento pelo menos tão favorável como o que é proporcionado aos nacionais no que concerne à liberdade de praticar sua religião e no que concerne à liberdade de instrução religiosa dos seus filhos.

- **Convenção Internacional sobre a Eliminação de Todas as Formas de Discriminação Racial** – Decreto n. 65.810, de 8 de dezembro de 1969:

Art. I
Nesta Convenção, a expressão discriminação racial significará qualquer distinção, exclusão, restrição ou preferência baseadas em raça, cor, descendência ou origem nacional ou étnica que tem por objetivo ou efeito anular ou restringir o reconhecimento, gozo ou exercício num mesmo plano (em igualdade de condição), de direitos humanos e liberdades fundamentais no domínio político, econômico, social, cultural ou em qualquer outro domínio de vida pública.
[...]
Art. IV
Os Estados Partes condenam toda propaganda e todas as organizações que se inspirem em ideias ou teorias baseadas na superioridade de uma raça ou de um grupo de pessoas de uma certa cor ou de uma certa origem étnica ou que pretendem justificar ou encorajar qualquer forma de ódio e de discriminação raciais e comprometem-se a adotar imediatamente medidas positivas destinadas a eliminar qualquer incitação a uma tal discriminação ou quaisquer atos de discriminação com este objetivo, tendo em vista os princípios formulados na Declaração Universal dos Direitos do Homem e os direitos expressamente enunciados no art. 5 da presente convenção, eles se comprometem principalmente:
a) a declarar delitos puníveis por lei, qualquer difusão de ideias baseadas na superioridade ou ódio raciais, qualquer incitamento à discriminação racial, as- sim como quaisquer atos de violência ou provocação a tais atos, dirigidos contra qualquer raça ou qualquer grupo de pessoas de outra cor ou de outra origem étnica, como também qualquer assistência prestada a atividades racistas, inclusive seu financiamento;

[...]
Art. V
De conformidade com as obrigações fundamentais enunciadas no art. 2, os Estados Partes comprometem-se a proibir e a eliminar a discriminação racial em todas as suas formas e a garantir o direito de cada um à igualdade perante a lei sem distinção de raça, de cor ou de origem nacional ou étnica, principalmente no gozo dos seguintes direitos: [...]
vii) direito à liberdade de pensamento, de consciência e de religião; [...].

- **Pacto Internacional dos Direitos Civis e Políticos** – Decreto n. 592, de 6 de julho de 1992:

Art. 18. [...]
§ 1º Toda pessoa terá direito à liberdade de pensamento, de consciência e de religião. Esse direito implicará a liberdade de ter ou adotar uma religião ou crença de sua escolha e a liberdade de professar sua religião ou crença, individual ou coletivamente, tanto pública como privadamente, por meio do culto, da celebração de ritos, de práticas e do ensino. [...]
§ 3º A liberdade de manifestar a própria religião ou crença estará sujeita apenas às limitações previstas em lei e que se façam necessárias para proteger a segurança, a ordem, a saúde ou a moral públicas ou os direitos e as liberdades das demais pessoas.

- **Pacto Internacional sobre Direitos Econômicos, Sociais e Culturais** – Decreto n. 691, de 6 de julho de 1992:

Art. 2º. [...]
Item 2 – Os Estados Partes do presente Pacto comprometem-se a garantir que os direitos nele enunciados se exercerão sem discriminação alguma por motivo de raça, cor, sexo, língua, religião, opinião política ou de outra natureza, origem nacional ou social, situação econômica, nascimento ou qualquer outra situação.
[...]
Art. 4º. Os Estados Partes do presente Pacto reconhecem que, no exercício dos direitos assegurados em conformidade com presente Pacto pelo Estado, este poderá submeter tais direitos unicamente às limitações estabelecidas em lei, somente na medida compatível com a natureza desses direitos e exclusivamente com o objetivo de favorecer o bem-estar geral em uma sociedade democrática.

- **Convenção Americana sobre Direitos Humanos (Pacto de San José da Costa Rica)** – Decreto n. 678, 6 de novembro de 1992:

Art. 11. [...]
§ 1º Toda pessoa tem direito ao respeito da sua honra e ao reconhecimento de sua dignidade.

Art. 12. [...]

§ 1º Toda pessoa tem direito à liberdade de consciência e de religião. Esse direito implica a liberdade de conservar sua religião ou suas crenças, ou de mudar de religião ou de crenças, bem como a liberdade de professar e <u>divulgar sua religião ou suas crenças, individual ou coletivamente, tanto em público como em privado</u>. [...]

§ 3º A liberdade de manifestar a própria religião e as próprias crenças está sujeita apenas às limitações previstas em lei e que se façam necessárias para proteger a segurança, a ordem, a saúde ou a moral públicas ou os <u>direitos e as liberdades das demais pessoas.</u>

Art. 13. [...]

§ 1º Toda pessoa tem o direito à liberdade de pensamento e de expressão. Esse direito inclui a liberdade de procurar, receber e difundir informações e ideias de qualquer natureza, sem considerações de fronteiras, verbalmente ou por escrito, ou em forma impressa ou artística, ou por qualquer meio de sua escolha.

§ 2º O exercício do direito previsto no inciso precedente não pode estar sujeito à censura prévia, mas a <u>responsabilidades ulteriores, que devem ser expressamente previstas em lei e que se façam necessárias para assegurar</u>: [...]

§ 3º <u>O respeito dos direitos e da reputação das demais pessoas</u>; [...]

§ 7º <u>A lei deve proibir toda propaganda a favor da guerra, bem como toda apologia ao ódio nacional, racial ou religioso que constitua incitamento à discriminação, à hostilidade, ao crime ou à violência.</u>

- **Convenção 169 da OIT, sobre Povos Indígenas e Tribais** – Decreto n. 5.051, de 19 de abril de 2004:

Art. 5º. Ao se aplicar as disposições da presente Convenção:

a) deverão ser reconhecidos e protegidos os valores e práticas sociais, culturais religiosos e espirituais próprios dos povos mencionados e dever-se-á levar na devida consideração a natureza dos problemas que lhes sejam apresentados, tanto coletiva como individualmente;

b) deverá ser respeitada a integridade dos valores, práticas e instituições desses povos;

[...]

Art. 7º. [...]

Item 1 – Os povos interessados deverão ter o direito de escolher suas, próprias prioridades no que diz respeito ao processo de desenvolvimento, na medida em que ele afete as suas vidas, crenças, instituições e bem-estar espiritual, bem como as terras que ocupam ou utilizam de alguma forma, e de controlar, na medida do possível, o seu próprio desenvolvimento econômico, social e cultural. Além disso, esses povos deverão participar da formulação, aplicação e avaliação dos planos e programas de desenvolvimento nacional e regional suscetíveis de afetá-los diretamente.

[...]

Art. 13. [...]

Item 1 – Ao aplicarem as disposições desta parte da Convenção, os governos deverão respeitar a importância especial que para as culturas e valores espirituais dos povos interessados possui a sua relação com as terras ou territórios, ou com ambos, segundo os casos, que eles ocupam ou utilizam de alguma maneira e, particularmente, os aspectos coletivos dessa relação.

Merecem destaque, ainda, um tratado bilateral e declarações internacionais atinentes à matéria em foco:

- **Acordo Bilateral entre o Governo da República Federativa do Brasil e a Santa Sé** – Decreto n. 7.107, de 11 de fevereiro de 2010:

Art. 6º. [...]
§ 2º A Igreja Católica, ciente do valor do seu patrimônio cultural, compromete-se a facilitar o acesso a ele para todos os que o queiram conhecer e estudar, salvaguardadas as suas finalidades religiosas e as exigências de sua proteção e da tutela dos arquivos.
Art. 7º. A República Federativa do Brasil assegura, nos termos do seu ordenamento jurídico, as medidas necessárias para garantir a proteção dos lugares de culto da Igreja Católica e de suas liturgias, símbolos, imagens e objetos cultuais, contra toda forma de violação, desrespeito e uso ilegítimo.

- **Declaração sobre a Eliminação de Todas as Formas de Intolerância e Discriminação Fundadas na Religião ou nas Convicções** – Resolução n. 36/55, proclamada pela Assembleia Geral das Nações Unidas, em 25 de novembro de 1981:

Art. 1º. [...]
§ 1º Toda pessoa tem o direito de liberdade de pensamento, de consciência e de religião. Este direito inclui a liberdade de ter uma religião ou qualquer convicção a sua escolha, assim como a liberdade de manifestar sua religião ou suas convicções individuais ou coletivamente, tanto em público como em privado, mediante o culto, a observância, a prática e o ensino.
§ 2º Ninguém será objeto de coação capaz de limitar a sua liberdade de ter uma religião ou convicções de sua escolha.
§ 3º A liberdade de manifestar a própria religião ou as próprias convicções estará sujeita unicamente às limitações prescritas na lei e que sejam necessárias para proteger a segurança, a ordem, a saúde ou a moral pública ou os direitos e liberdades fundamentais dos demais.
[...]
Art. 3º. A discriminação entre os seres humanos por motivos de religião ou de convicções constitui uma ofensa à dignidade humana e uma negação dos princípios da Carta das Nações Unidas, e deve ser condenada como uma violação dos direitos humanos e das liberdades fundamentais proclamados na Declaração Universal de

Direitos Humanos e enunciados detalhadamente nos Pactos internacionais de direitos humanos, e como um obstáculo para as relações amistosas e pacíficas entre as nações.

[...]

Art. 5º. [...]

§ 3º A criança estará protegida de qualquer forma de discriminação por motivos de religião ou convicções. Ela será educada em um espírito de compreensão, tolerância, amizade entre os povos, paz e fraternidade universal, respeito à liberdade de religião ou de convicções dos demais e em plena consciência de que sua energia e seus talentos devem dedicar-se ao serviço da humanidade

Neste ponto, convém recordar que declaração, espécie do gênero ato internacional, não possui a força normativa das convenções, dos tratados internacionais, mas nem por isso ocupam lugar desimportante na galeria dos princípios que regem o direito internacional. A este respeito anota, por exemplo, Saulo José Casali Bahia:

> O termo "declaração", embora existam exceções, é reservado ao tratado que signifique manifestação de acordo sobre certas questões. Enumerando muitas vezes princípios, é bastante discutível o valor jurídico desses tratados. Pode também servir para o fim de interpretar algum tratado anteriormente celebrado, notificar um acontecimento ou certas circunstâncias ou servir de um anexo a um tratado[1].

Este apontamento é compartilhado por Hildebrando Accioly, segundo o qual:

> A declaração, como ajuste internacional, é usada em mais de um sentido. Assim, ou serve para proclamar certas regras ou princípios de direito internacional; ou para esclarecer ou interpretar algum ato internacional anterior; ou para outros efeitos restritos[2].

Há que se ter em vista, portanto, que as declarações internacionais, embora não tenham força de lei, isto é, não vinculem, nem obriguem juridicamente o Estado aderente, obrigam-no moralmente e devem servir como referencial persuasório e diretivas para a interpretação do direito internacional e interno, de que são exemplos inúmeros precedentes do Supremo Tribunal Federal lastreados em declarações internacionais.

De outro lado, na seara das leis federais, devemos realçar a Lei n. 12.966/2014 que alterou a Lei da Ação Civil Pública, inscrevendo a honra e a dignidade dos grupos religiosos no acervo do patrimônio social e cultural:

---

[1] BAHIA, Saulo José Casali. *Tratados internacionais no direito brasileiro*, p. 9.
[2] ACCIOLY, Hildebrando. *Manual de direito internacional público*, p. 121.

## Capítulo XIV • Liberdade de Expressão, Proselitismo Religioso e Discurso de Ódio 151

> Lei n. 7.347/85, art. 1º. Regem-se pelas disposições desta Lei, sem prejuízo da ação popular, as ações de responsabilidade por danos morais e patrimoniais causados: [...]
> VII – à honra e à dignidade de grupos raciais, étnicos ou religiosos.

A redação atual da LACP, por certo, expandiu e atribuiu um sentido dinâmico ao preceito constitucional segundo o qual "ninguém será privado de direitos por motivo de crença religiosa ou de convicção filosófica ou política, salvo se as invocar para eximir-se de obrigação legal a todos imposta e recusar-se a cumprir prestação alternativa, fixada em lei" (CF, art. 5º, VIII).

Igualmente propositiva é a obrigação ético-jurídica inserta na Lei Federal n. 12.288, de 20 de julho de 2010 (Estatuto da Igualdade Racial), que impõe ao Estado e aos particulares a seguinte obrigação:

> Lei n. 12.288/2010, art. 16. O poder público adotará as medidas necessárias para o combate à intolerância com as religiões de matrizes africanas e à discriminação de seus seguidores, especialmente com o objetivo de:
> I – coibir a utilização dos meios de comunicação social para a difusão de proposições, imagens ou abordagens que exponham pessoa ou grupo ao ódio ou ao desprezo por motivos fundados na religiosidade de matrizes africanas; [...].

Tomadas em conjunto essas prescrições constitucionais e infraconstitucionais, não se discute que a liberdade discursiva, o ato comunicativo, a liberdade de manifestar, de propagar livremente ideias, ideologias ou doutrinas religiosas, aqui incluído o direito de dissentir, de discordar, de criticar, conforme um dos pilares das sociedades democráticas, sem a qual o povo, titular de todo o poder (CF, art. 1º, parágrafo único), tornar-se-ia subjugado, manietado pelo Estado e pelos governantes de ocasião.

Não obstante, o próprio sistema jurídico distingue liberdade de expressão, proselitismo religioso e discurso de ódio.

A respeito, por exemplo, do proselitismo religioso, os tratados internacionais prescrevem o direito de "divulgar suas religiões ou crenças", "manifestar a própria religião e as próprias crenças" (art. 12, §§ 1º e 2º, do Pacto de San José).

Consiste, portanto, o proselitismo em um enunciado cujo cerne é o autoelogio, o autoenaltecimento, a exaltação, a valorização e a propagação das próprias qualidades, predicados e apanágios, porquanto, do ângulo jurídico, o proselitismo tem como foco a própria religião ou crença do proselitista e não crenças ou religiões alheias. Isso não quer significar a proibição do dissenso, da discordância, da reprovação, da censura, da crítica. Dispensa maior esforço intelectual, entretanto, divisar a linha que separa o ato de manifestar desaprovação e o emprego de expressões, vocábulos, imagens, representações ou palavras que:

1. denotem desprezo, rejeição, desrespeito; defendam, promovam ou incitem ao ódio ou reproduzam estereótipos ou preconceitos (Convenção Interamericana contra o Racismo);

2. encorajam ou incitem discriminação ou ódio (Convenção Internacional sobre a Eliminação de Todas as Formas de Discriminação Racial);

3. expressem apologia ou incitação à hostilidade, discriminação ou ódio religioso ou racial (Convenção Americana de Direitos Humanos);

4. agridam valores religiosos ou o bem-estar espiritual (Convenção n. 169 da OIT);

5. ofendam a honra e dignidade de grupos religiosos (Lei da Ação Civil Pública);

6. exponham a pessoa ou grupo ao desprezo ou ao ódio (Estatuto da Igualdade Racial).

Neste sentido, a Lei n. 7.716/89 é induvidosa:

> Art. 1º. Serão punidos, na forma desta Lei, os crimes resultantes de discriminação ou preconceito de raça, cor, etnia, religião ou procedência nacional.
> [...]
> Art. 20. Praticar, induzir ou incitar a discriminação ou preconceito de raça, cor, etnia, religião ou procedência nacional. [...]
> § 2º Se qualquer dos crimes previstos no *caput* é cometido por intermédio dos meios de comunicação social ou publicação de qualquer natureza:
> Pena: reclusão de dois a cinco anos e multa.

Entendimento acolhido pelo Tribunal de Justiça de São Paulo oferece elementos úteis para a compreensão da indução e da incitação:

> No conceito de instigação acham-se compreendidas tanto a influência psíquica, representada pela determinação (induzimento) que se concretiza em fazer surgir em terceiros um propósito criminoso antes inexistente, quanto a instigação que é o reforçar propósito já existente. Instigar, como é cediço, indica cogitar, fazer com que outros se decidam a executar um ato, ou ao menos reforçar-lhes o propósito. Isto se faz provocando motivos impelentes, quer os consolidando, quer anulando ou reduzindo a rejeição. Além disso, sabe-se que a publicidade constitui elemento essencial do tipo, sem a qual ele não se aperfeiçoa, sendo o crime formal, ou seja, consuma-se com a incitação pública, desde que percebida por um número indeterminado de pessoas (TJSP – AC n. 147.301-3/8, Rel. Jarbas Mazzoni, *RT 718*/378).

Nestas hipóteses, à toda evidência, materializa-se **abuso da liberdade de expressão, o que é substancialmente diferente do exercício regular da livre manifestação do pensamento**.

Merecem realce ainda os seguintes diplomas normativos:

- Lei do Genocídio – Lei n. 2.889/56

Art. 1º. Quem, com a intenção de destruir, no todo ou em parte, grupo nacional, étnico, racial ou religioso, como tal: [...]
b) causar lesão grave à integridade física ou mental de membros do grupo; [...]
Art. 3º. Incitar, direta e publicamente alguém a cometer qualquer dos crimes de que trata o art. 1º:
§ 1º A pena pelo crime de incitação será a mesma de crime incitado, se este se consumar.
§ 2º A pena será aumentada de 1/3 (um terço), quando a incitação for cometida pela imprensa.

- Código Penal

Art. 140. Injuriar alguém, ofendendo-lhe a dignidade ou o decoro:
Pena: detenção, de um a seis meses, ou multa. [...]
§ 3º Se a injúria consiste na utilização de elementos referentes a religião ou à condição de pessoa idosa ou com deficiência:
Pena: reclusão, de 1 (um) a 3 (três) anos, e multa.
Ultraje a culto e impedimento ou perturbação de ato a ele relativo
Art. 208. Escarnecer de alguém publicamente, por motivo de crença ou função religiosa; impedir ou perturbar cerimônia ou prática de culto religioso; vilipendiar publicamente ato ou objeto de culto religioso:
Pena: detenção, de um mês a um ano, ou multa.
Parágrafo único. Se há emprego de violência, a pena é aumentada de um terço, sem prejuízo da correspondente à violência.

- Lei Federal n. 13.260/2016 – Lei do Terrorismo

Art. 2º. O terrorismo consiste na prática por um ou mais indivíduos dos atos previstos neste artigo, por razões de xenofobia, discriminação ou preconceito de raça, cor, etnia e religião, quando cometidos com a finalidade de provocar terror social ou generalizado, expondo a perigo pessoa, patrimônio, a paz pública ou a incolumidade pública.
§ 1º São atos de terrorismo: [...]
V – atentar contra a vida ou a integridade física de pessoa:
Pena: reclusão, de doze a trinta anos, além das sanções correspondentes à ameaça ou à violência.

- Lei Federal n. 9.455/97 – Lei da Tortura

Art. 1º. [...]
I – constranger alguém com emprego de violência ou grave ameaça, causando-lhe sofrimento físico ou mental:

(...)
c) em razão de discriminação racial ou religiosa;

A respeito dos tipos penais abertos "lesão à integridade mental" (Lei do Genocídio), "terror social" (Lei do Terrorismo) e "sofrimento mental" (Lei da Tortura), visto que a lei penal admite interpretação analógica, cabe aplicação das Leis n. 11.340/2006 e n. 14.188/2021:

> Art. 7º. São formas de violência doméstica e familiar contra a mulher, entre outras: [...]
> II – a violência psicológica, entendida como qualquer conduta que lhe cause dano emocional e diminuição da autoestima ou que lhe prejudique e perturbe o pleno desenvolvimento ou que vise degradar ou controlar suas ações, comportamentos, crenças e decisões, mediante ameaça, constrangimento, humilhação, manipulação, isolamento, vigilância constante, perseguição contumaz, insulto, chantagem, violação de sua intimidade, ridicularização, exploração e limitação do direito de ir e vir ou qualquer outro meio que lhe cause prejuízo à saúde psicológica e à autodeterminação; [...].
> CP, Violência psicológica contra a mulher
> Art. 147-B. Causar dano emocional à mulher que a prejudique e perturbe seu pleno desenvolvimento ou que vise a degradar ou a controlar suas ações, comportamentos, crenças e decisões, mediante ameaça, constrangimento, humilhação, manipulação, isolamento, chantagem, ridicularização, limitação do direito de ir e vir ou qualquer outro meio que cause prejuízo à sua saúde psicológica e autodeterminação: [...].

Fosse necessário acrescentar algum argumento para evidenciar o despautério da tese de direito absoluto de expressão, caberia mencionar que, além dos famosos crimes contra a honra, a norma penal incrimina a palavra nos delitos de indução ou instigação ao suicídio (CP, art. 122), ameaça (CP, art. 147), incitação ao crime (CP, art. 286), apologia de crime ou criminoso (CP, art. 287) e corrupção passiva (CP, art. 317, parte inicial), para ficarmos apenas nestes.

Em conclusão, apesar do extenso volume de texto, vale a pena, pelo didatismo e exemplaridade, a transcrição de precedentes jurisprudenciais a respeito dos temas que acabamos de abordar:

**TRF3**

> Constitucional e Processual civil. Ação Civil Pública. Sentença *Extra Petita*. Inocorrência. Chamadas televisivas. Possibilidade. Direito de resposta coletivo. Garantia à liberdade de consciência e de crença. Serviço público de radiodifusão. Supremacia do interesse público. Programa televisivo. Caráter pejorativo e discriminatório. Desonra. Grupo religioso ou cultural. Configuração. Multa. Embargos de declaração protelatórios. Possibilidade. Multa diária. Meio coercitivo. Cumprimento de obrigação de fazer. Razoabilidade. Inquestionável capacidade econômica dos ofensores. Lei n. 13.188/2015. Procedimento especial. Inaplicabilidade às ações civis públicas em curso. [...]

11. Não restam dúvidas de que chamar "mães e pais de santo" de "mães e pais de encosto" tem um nítido caráter pejorativo e discriminatório, sendo fundamental o respeito e a preservação das manifestações culturais dos afrodescendentes, por fazerem parte do processo civilizatório nacional e merecerem, por essa razão, a tutela constitucional dispensada pelo art. 215, *caput* e § 1º, da Constituição da República.

12. O menosprezo às religiões afro-brasileiras, constrangendo seus adeptos e imputando-lhes expressões ofensivas, configura verdadeiro desrespeito à liberdade de crença, bem como à dignidade da pessoa humana. [...]

16. Apelações improvidas (TRF3 – Sexta Turma, AC n. 0034549-11.2004.4.03.6100, Rel. Des. Federal Consuelo Yoshida, j. 5-4-2018).

**TRF3**

Direito processual civil e constitucional. Embargos de declaração. Ação civil pública. Bloqueio da Rodovia Federal. Manifestação do Sindicato dos Metalúrgicos. Obrigação de não fazer. Dano moral coletivo configurado. Inexistência de omissão, contradição e obscuridade. Caráter protelatório do recurso. Multa. [...]

3. No tocante ao mérito, a suposta alegação de que o acórdão conferiu interpretação diversa da esposada pelo julgado do Supremo Tribunal Federal, citado no voto, não merece prosperar, uma vez que, tanto o RE 610.290, quanto o presente caso, tratam de direito de reunião e de livre manifestação de pensamento, no entanto, cada qual dentro de um contexto fático, tendo o acórdão embargado destacado que "é cristalina a ilegalidade que permeia o ato de invadir e bloquear o trânsito de rodovia federal e, além disso, atear fogo a pneus e objetos, colocando em risco a integridade física, inclusive, dos próprios trabalhadores a quem o Sindicato alega estar protegendo", e que "a pretexto de defender seus associados, o Sindicato olvidou-se que o exercício da cidadania pressupõe o respeito ao direito dos demais indivíduos, o que não ocorreu *in casu*".

8. Embargos declaratórios rejeitados, com a aplicação da multa pelo caráter protelatório do recurso (TRF3 – Terceira Turma, ED em AC n. 0006421-54.2013.4.03.6103, Rel. Des. Federal Carlos Muta, j. 3-3-2016).

**TRF5**

Penal e Processual Penal. Crime de Racismo. Induzimento e instigação através da internet. Internacionalidade. Convenção internacional sobre eliminação de todas as formas de discriminação racial. Competência da Justiça Federal (art. 109, III e V, da CF). Denúncia que atende aos requisitos do art. 41 do CPP. Constitucionalidade do art. 20 da Lei n. 7.716/89. Pena devidamente fixada. Sentença que não é nula. Materialidade e autoria sobejamente comprovados. Dolo evidenciado. Desclassificação de racismo para injúria racial. Incabível. Provimento negado. [...]

5. É certo que a Constituição Federal, em seu art. 5º, IX, garante a livre expressão da atividade intelectual, artística, científica e de comunicação, independentemente de censura ou licença, e no art. 220 dispõe que a

manifestação do pensamento, a criação, a expressão e a informação, sob qualquer forma, processo ou veículo não sofrerão restrição, porém não há como interpretar tais dispositivos de forma a desconsiderar os próprios objetivos fundamentais postos na CF/88, especialmente o que se refere à promoção do bem de todos, sem preconceitos de origem, raça, sexo, idade e quaisquer outras formas de discriminações (art. 3º, IV, da CF/88).

6. A liberdade de expressão, como os demais direitos fundamentais, não é um direito absoluto, mas sim um direito que deve ser exercido no contexto dos demais postos no ordenamento jurídico, sendo plenamente compatível com a preservação de determinados valores e princípios constitucionais, mais ainda quando se trata da própria dignidade da pessoa humana, não havendo que se falar em inconstitucionalidade do art. 20, da Lei n. 7.716/89, por violar os princípios da liberdade de expressão e pensamento e da legalidade.

[...]

10. Apelação da DPU e da defesa constituída pelo acusado a que se nega provimento (TRF5 – Primeira Turma, ACR 7738/CE, Rel. Des. Federal Manoel Erhardt, j. 16-2-2012).

### STJ

*Habeas Corpus* substitutivo de recurso próprio. Impossibilidade. Art. 2º, § 2º, Lei n. 7.716/89. Discriminação Religiosa. Racismo. Violação ao princípio da correlação. Inocorrência. Atipicidade da conduta. Ausência de dolo de discriminação. Revisão de contexto fático-probatório. Impossibilidade. Exercício dos direitos de liberdade de culto e de religião. Limites excedidos. Subsunção da conduta ao tipo penal em comento. Caso que diverge do precedente invocado. *Habeas Corpus* não conhecido. 1. Diante da hipótese de *habeas corpus* substitutivo de recurso. [...] 3. As premissas firmadas pelas instâncias ordinárias dão conta de que não se trata apenas de defesa da própria religião, culto, crença ou ideologia, mas, sim, de um ataque ao culto alheio, que põe em risco a liberdade religiosa daqueles que professam uma fé diferente a do paciente. O acórdão impugnado expressamente considerou que o paciente pregava "o fim das Igrejas Assembleia de Deus e igualmente pratica a intolerância religiosa contra judeus". *Habeas corpus* não conhecido (STJ – Quinta Turma, HC 388.051, Rel. Min. Joel Ilan Paciornik, j. 25-4-2017).

### STJ

Processual-Penal. Denúncia. Delitos dos arts. 19, 20 e 21 da Lei de Imprensa. Aditamento. Imputação da prática de racismo. *Mutatio libelli*. [...] Crime do art. 20, § 2º, da Lei n. 7.716/89. Condenação. Alegada atipicidade da conduta. Matéria fático-probatória. Desnecessidade de incursão. Súmula 7 deste STJ. Não incidência. Tipo penal que exige a presença de dolo específico. Vontade livre e consciente de praticar, induzir ou incitar a prática de preconceito ou discriminação racial. Ausência do elemento subjetivo. Absolvição devida. Exegese do art. 386, III, do CPP. Recurso especial provido. [...]

2. Na esteira da intenção protecionista da Constituição de 1988, o que a lei penal busca reprimir é a defesa e difusão de ideias preconceituosas e segregacionistas que afrontam a dignidade daqueles pertencentes a toda uma raça, cor, etnia, religião ou procedência nacional. [...]
8. Recurso especial conhecido e provido parcialmente para, acolhendo a ofensa ao art. 20, § 2º, da Lei n. 7.716/89, com fundamento no art. 386, III, do CPP, absolvendo o recorrente (STJ – Quinta Turma, REsp 911.183/SC, Rel. Min. Felix Fischer, j. 4-12-2008).

**STJ**

Constitucional e Processual Civil. Agravo regimental no *Habeas Corpus*. Servidores em greve. Direito de ir e vir e de manifestação. Obediência a limites morais e jurídicos. Limitação das manifestações a mais de 200 metros de repartições públicas, para evitar danos ao patrimônio público. Razoabilidade. [...]
4. Com efeito, os direitos fundamentais entre os quais os de onde virão manifestação não são absolutos, mas, sim, relativos, devendo obedecer a limites morais e jurídicos (Precedente: STF – HC 82.424/RS, Relator para o Acórdão Ministro Maurício Corrêa, Pleno, *DJ* 19-3-2004).
7. Agravo Regimental a que se nega provimento (STJ – Segunda Turma, AgRg no HC 279.813, Rel. Min. Og Fernandes, j. 5-11-2013).

**STF**

A liberdade de expressão, em ambos os casos, deve ser protegida apenas enquanto meio para a comunicação de ideias – a palavra não é acobertada pela garantia constitucional para veicular, por exemplo, um discurso de ódio. Mais ainda, não se pode admitir a barbárie a pretexto de transmitir uma mensagem ou proposta (STF – RCL 15.887, Rel. Min. Luiz Fux, j. 19-6-2013).

**STF**

Irrecusável, contudo, que o direito de dissentir, que constitui irradiação das liberdades do pensamento, não obstante a sua extração eminentemente constitucional, deslegitima-se quando a sua exteriorização atingir, lesionando-os, valores e bens jurídicos postos sob a imediata tutela da ordem constitucional, como sucede com o direito de terceiros à incolumidade de seu patrimônio moral.

É por tal razão que a incitação ao ódio público contra qualquer pessoa, povo ou grupo social não está protegida pela cláusula constitucional que assegura a liberdade de expressão (STF – 1ª Turma, ROHC n. 146.303, Voto do Min. Celso de Mello, j. 6-3-2018).

**STF**

Recurso ordinário em *Habeas Corpus*. Denúncia. Princípio da correlação. Observância. Trancamento da ação penal. Descabimento. Liberdade de manifestação religiosa. Limites excedidos. Recurso ordinário não provido.

1. Inexiste violação do princípio da correlação quando há relação entre os fatos imputados na denúncia e os motivos que levaram ao provimento do pedido da condenação.

2. O direito à liberdade religiosa é, em grande medida, o direito à existência de uma multiplicidade de crenças/descrenças religiosas, que se vinculam e se harmonizam – para a sobrevivência de toda a multiplicidade de fé protegida constitucionalmente – na chamada tolerância religiosa.

3. <u>Há que se distinguir entre o discurso religioso (que é centrado na própria crença e nas razões da crença) e o discurso sobre a crença alheia, especialmente quando se faça com intuito de atingi-la, rebaixá-la ou desmerecê-la (ou a seus seguidores). Um é tipicamente a representação do direito à liberdade de crença religiosa; outro, em sentido diametralmente oposto, é o ataque ao mesmo direito.</u>

4. Como apontado pelo Superior Tribunal de Justiça no julgado recorrido, a conduta do paciente não consiste apenas na "defesa da própria religião, culto, crença ou ideologia, mas, sim, de um ataque ao culto alheio, que põe em risco a liberdade religiosa daqueles que professam fé diferente da(o) paciente".

5. Recurso ordinário não provido (STF – 2ª Turma, RHC 146.303, Rel. Min. Edson Fachin, Relator p/ Acórdão Min. Dias Toffoli, j. 6-3-2018).

**STF**

*Habeas Corpus.* Publicação de livros: antissemitismo. Racismo. Crime imprescritível. Conceituação. Abrangência constitucional. Liberdade de expressão. Limites. Ordem denegada.

1. Escrever, editar, divulgar e comerciar livros "fazendo apologia de ideias preconceituosas e discriminatórias" contra a comunidade judaica (Lei n. 7.716/89, art. 20, na redação dada pela Lei n. 8.081/90) constitui crime de racismo sujeito às cláusulas de inafiançabilidade e imprescritibilidade (CF, art. 5º, XLII).

2. Aplicação do princípio da prescritibilidade geral dos crimes: se os judeus não são uma raça, segue-se que contra eles não pode haver discriminação capaz de ensejar a exceção constitucional de imprescritibilidade. Inconsistência da premissa.

3. Raça humana. Subdivisão. Inexistência. Com a definição e o mapeamento do genoma humano, cientificamente não existem distinções entre os homens, seja pela segmentação da pele, formato dos olhos, altura, pêlos ou por quaisquer outras características físicas, visto que todos se qualificam como espécie humana. Não há diferenças biológicas entre os seres humanos. Na essência são todos iguais.

4. Raça e racismo. A divisão dos seres humanos em raças resulta de um processo de conteúdo meramente político-social. Desse pressuposto origina-se o racismo que, por sua vez, gera a discriminação e o preconceito segregacionista.

5. Fundamento do núcleo do pensamento do nacional-socialismo de que os judeus e os arianos formam raças distintas. Os primeiros seriam raça inferior, nefasta e infecta, características suficientes para justificar a segregação e o extermínio: inconfiabilidade com os padrões éticos e morais definidos na Carta Política do Brasil

e do mundo contemporâneo, sob os quais se ergue e se harmoniza o estado democrático. Estigmas que por si só evidenciam crime de racismo. Concepção atentatória dos princípios nos quais se erige e se organiza a sociedade humana, baseada na respeitabilidade e dignidade do ser humano e de sua pacífica convivência no meio social. Condutas e evocações éticas e imorais que implicam repulsiva ação estatal por se revestirem de densa intolerabilidade, de sorte a afrontar o ordenamento infraconstitucional e constitucional do País.

6. Adesão do Brasil a tratados e acordos multilaterais, que energicamente repudiam quaisquer discriminações raciais, aí compreendidas as distinções entre os homens por restrições ou preferências oriundas de raça, cor, credo, descendência ou origem nacional ou étnica, inspiradas na pretensa superioridade de um povo sobre outro, de que são exemplos a xenofobia, "negrofobia", "islamofobia" e o antissemitismo.

7. A Constituição Federal de 1988 impôs aos agentes de delitos dessa natureza, pela gravidade e repulsividade da ofensa, a cláusula de imprescritibilidade, para que fosse, *ad perpetuam rei memoriam*, verberado o repúdio e a abjeção da sociedade nacional à sua prática.

8. Racismo. Abrangência. Compatibilização dos conceitos etimológicos, etnológicos, sociológicos, antropológicos ou biológicos, de modo a construir a definição jurídico-constitucional do termo. Interpretação teleológica e sistêmica da Constituição Federal, conjugando fatores e circunstâncias históricas, políticas e sociais que regeram sua formação e aplicação, a fim de obter-se o real sentido e alcance da norma.

9. Direito comparado. A exemplo do Brasil as legislações de países organizados sob a égide do estado moderno de direito democrático igualmente adotam em seu ordenamento legal punições para delitos que estimulem e propaguem segregação racial. Manifestações da Suprema Corte Norte-Americana, da Câmara dos Lordes da Inglaterra e da Corte de Apelação da Califórnia nos Estados Unidos que consagraram entendimento que aplicam sanções àqueles que transgridem as regras de boa convivência social com grupos humanos que simbolizam a prática de racismo.

10. A edição e publicação de obras escritas veiculando ideias antissemitas, que buscam resgatar e dar credibilidade à concepção racial definida pelo regime nazista, negadoras e subversoras de fatos históricos incontroversos como o holocausto, consubstanciadas na pretensa inferioridade e desqualificação do povo judeu, equivalem à incitação ao discrímen com acentuado conteúdo racista, reforçadas pelas consequências históricas dos atos em que se baseiam.

11. Explícita conduta do agente responsável pelo agravo revelador de manifesto dolo, baseada na equivocada premissa de que os judeus não só são uma raça, mas, mais do que isso, um segmento racial atávico e geneticamente menor e pernicioso.

12. Discriminação que, no caso, se evidencia como deliberada e dirigida especificamente aos judeus, que configura ato ilícito de prática de racismo, com as consequências gravosas que o acompanham.

13. Liberdade de expressão. Garantia constitucional que não se tem como absoluta. Limites morais e jurídicos. O direito à livre expressão não pode abrigar, em sua abrangência, manifestações de conteúdo imoral que implicam ilicitude penal.

14. As liberdades públicas não são incondicionais, por isso devem ser exercidas de maneira harmônica, observados os limites definidos na própria Constituição Federal (CF, art. 5º, § 2º, primeira parte). O preceito fundamental de liberdade de expressão não consagra o "direito à incitação ao racismo", dado que um direito individual não pode constituir-se em salvaguarda de condutas ilícitas, como sucede com os delitos contra a honra. Prevalência dos princípios da dignidade da pessoa humana e da igualdade jurídica.

15. "Existe um nexo estreito entre a imprescritibilidade, este tempo jurídico que se escoa sem encontrar termo, e a memória, apelo do passado à disposição dos vivos, triunfo da lembrança sobre o esquecimento." No estado de direito democrático devem ser intransigentemente respeitados os princípios que garantem a prevalência dos direitos humanos. Jamais podem se pode apagar da memória dos povos que se pretendam justos os atos repulsivos do passado que permitiram e incentivaram o ódio entre iguais por motivos raciais de torpeza inominável.

16. A ausência de prescrição nos crimes de racismo justifica-se como alerta grave para as gerações de hoje e de amanhã, para que se impeça a restauração de velhos e ultrapassados conceitos que a consciência jurídica e histórica não mais admitem. Ordem denegada (STF – Tribunal Pleno, HC 82.424, Rel. Min. Moreira Alves, Relator p/ Acórdão Min. Maurício Corrêa, j. 17-9-2003).

## XIV.1. DIREITO DE DIVULGAR A PRÓPRIA CRENÇA INCLUI APOLOGIA AO INFANTICÍDIO, FEMINICÍDIO, EXTERMÍNIO DE HOMOSSEXUAIS, ESTUPRO COLETIVO, DENTRE OUTRAS PRESCRIÇÕES BÍBLICAS?

Conforme referido anteriormente, considerado sob a ótica dos tratados internacionais, o **proselitismo religioso** contempla o direito de "**divulgar suas religiões ou crenças**", "**manifestar a própria religião e as próprias crenças**" (art. 12, §§ 1º e 2º, do Pacto de San José).

Na seara do discurso de ódio, a limitação prevista pelo sistema jurídico refere-se à observância da legalidade como meio para a proteção do "direito do outro" bem jurídico pertencente a terceiros "protegido em lei", tanto quanto o direito do proselitista.

No presente tópico, interessa-nos, no entanto, **problematizar aquelas hipóteses em que o dogma, a doutrina religiosa é intrinsecamente ilícita, de modo que sua propagação, sua difusão materializa apologia, indução ou incitação a <u>crimes como infanticídio, feminicídio, extermínio de homossexuais, estupro coletivo, sujeição da mulher ao homem, canibalismo, assassinato de adúlteros, tortura, apedrejamento de</u>**

**prostitutas até a morte**, além da qualificação da menstruação como pecado, entre outros, senão vejamos:

- **Infanticídio e feminicídio**

> Agora matem todos os meninos. E matem também todas as mulheres que se deitaram com homem, mas poupem todas as meninas virgens (NÚMEROS 31:17-18).
>
> E o Senhor disse a Josué: "Não tenha medo deles, porque amanhã a esta hora os entregarei todos mortos a Israel. A você cabe cortar os tendões dos cavalos deles e queimar os seus carros" (JOSUÉ 11:6).

- **Extermínio de homossexuais**

> O homem que cometer adultério com a mulher do seu próximo deverá morrer, tanto ele como sua cúmplice. O homem que se deitar com a mulher de seu pai, descobriu a nudez de seu pai. Ambos deverão morrer; seu sangue cairá sobre eles. O homem que se deitar com sua nora será morto juntamente com ela. Estão contaminados, e seu sangue cairá sobre eles. O homem que se deitar com outro homem como se fosse uma mulher, ambos cometeram uma abominação, deverão morrer, e seu sangue cairá sobre eles. Se um homem tomar uma mulher e a mãe dela por esposas, comete perversidade. Tanto ele quanto elas serão queimados vivos, a fim de que não se perpetue o incesto no meio de vós. O homem que se deitar com um animal deverá morrer, e matareis também o animal. A mulher que se aproximar de um animal qualquer, para se unir sexualmente a ele, será também morta, assim como o animal. Deverão morrer, e seu sangue cairá sobre eles (LEVÍTICO 20:10-16).
>
> Vocês não sabem que os perversos não herdarão o Reino de Deus? Não se deixem enganar: nem imorais, nem idólatras, nem adúlteros, nem homossexuais passivos ou ativos, nem ladrões, nem avarentos, nem alcoólatras, nem caluniadores, nem trapaceiros herdarão o Reino de Deus. Assim foram alguns de vocês. Mas vocês foram lavados, foram santificados, foram justificados no nome do Senhor Jesus Cristo e no Espírito de nosso Deus (1 CORÍNTIOS 6:9-11).
>
> Por causa disso Deus os entregou a paixões vergonhosas. Até suas mulheres trocaram suas relações sexuais naturais por outras, contrárias à natureza. Da mesma forma, os homens também abandonaram as relações naturais com as mulheres e se inflamaram de paixão uns pelos outros. Começaram a cometer atos indecentes, homens com homens, e receberam em si mesmos o castigo merecido pela sua perversão (ROMANOS 1:26-27).
>
> Não se deite com um homem como quem se deita com uma mulher; é repugnante (LEVÍTICO 18:22).
>
> Fujam da imoralidade sexual. Todos os outros pecados que alguém comete, fora do corpo os comete; mas quem peca sexualmente, peca contra o seu próprio corpo (1 CORÍNTIOS 6:18).

• **Estupro coletivo**

Quando estavam entretidos, alguns vadios da cidade cercaram a casa. Esmurrando a porta, gritaram para o homem idoso, dono da casa: "Traga para fora o homem que entrou em sua casa para que tenhamos relações com ele!" O dono da casa saiu e lhes disse: "Não sejam tão perversos, meus amigos. Já que esse homem é meu hóspede, não cometam essa loucura. Vejam, aqui está minha filha virgem e a concubina do meu hóspede. Eu as trarei para vocês, e vocês poderão usá-las e fazer com elas o que quiserem. Mas, nada façam com esse homem, não cometam tal loucura!" Mas os homens não quiseram ouvi-lo. Então o levita mandou a sua concubina para fora, e eles a violentaram e abusaram dela a noite toda. Ao alvorecer a deixaram. Ao romper do dia a mulher voltou para a casa onde o seu senhor estava hospedado, caiu junto à porta e ali ficou até o dia clarear. Quando o seu senhor se levantou de manhã, abriu a porta da casa e saiu para prosseguir viagem, lá estava a sua concubina, caída à entrada da casa, com as mãos na soleira da porta. Ele lhe disse: "Levante-se, vamos!" Não houve resposta. Então o homem a pôs em seu jumento e foi para casa. Quando chegou, apanhou uma faca e cortou o corpo da sua concubina em doze partes, e as enviou a todas as regiões de Israel (JUÍZES 19:22-29).

• **Sujeição da mulher ao homem**

[...] permaneçam as mulheres em silêncio nas igrejas, pois não lhes é permitido falar; antes permaneçam em submissão, como diz a Lei. Se quiserem aprender alguma coisa, que perguntem a seus maridos em casa; pois é vergonhoso uma mulher falar na igreja (1 CORÍNTIOS 14:34).

A mulher deve aprender em silêncio, com toda a sujeição. Não permito que a mulher ensine nem que tenha autoridade sobre o homem. Esteja, porém, em silêncio (1 TIMÓTEO 2:11-12).

Do mesmo modo, mulheres, sujeite-se cada uma a seu marido, a fim de que, se ele não obedece à palavra, seja ganho sem palavras, pelo procedimento de sua mulher, observando a conduta honesta e respeitosa de vocês. A beleza de vocês não deve estar nos enfeites exteriores, como cabelos trançados e joias de ouro ou roupas finas. Ao contrário, esteja no ser interior, que não perece, beleza demonstrada num espírito dócil e tranquilo, o que é de grande valor para Deus. Pois era assim que também costumavam adornar-se as santas mulheres do passado, cuja esperança estava em Deus. Elas se sujeitam cada uma a seu marido, como Sara, que obedecia a Abraão e o chamava senhor. Dela vocês serão filhas, se praticarem o bem e não derem lugar ao medo (1 PEDRO 3:1-6).

• **Canibalismo**

Quando eu cortar o suprimento de pão, dez mulheres assarão o pão num único forno e repartirão o pão a peso. Vocês comerão, mas não ficarão satisfeitos. Se, apesar disso tudo, vocês ainda não me ouvirem, mas continuarem a opor-se a mim, então com furor me oporei a vocês, e eu mesmo os castigarei sete vezes mais por causa dos seus pecados. Vocês comerão a carne dos seus filhos e das suas filhas (LEVÍTICO 26:26-29).

Por causa do sofrimento que o seu inimigo infligirá sobre vocês durante o cerco, vocês comerão o fruto do seu próprio ventre, a carne dos filhos e filhas que o Senhor, o seu Deus, deu a vocês (DEUTERONÔMIO 28:53).

## • Assassinato de adúlteros

O homem que cometer adultério com a mulher do seu próximo deverá morrer, tanto ele como sua cúmplice. O homem que se deitar com a mulher de seu pai, descobre a nudez de seu pai. Ambos deverão morrer; seu sangue cairá sobre eles. O homem que se deitar com sua nora será morto juntamente com ela. Estão contaminados, e seu sangue cairá sobre eles. O homem que se deitar com outro homem como se fosse uma mulher, ambos cometeram uma abominação, deverão morrer, e seu sangue cairá sobre eles. Se um homem tomar uma mulher e a mãe dela por esposas, comete perversidade. Tanto ele quanto elas serão queimados vivos, a fim de que não se perpetue o incesto no meio de vós. O homem que se deitar com um animal deverá morrer, e matareis também o animal. A mulher que se aproximar de um animal qualquer, para se unir sexualmente a ele, será também morta, assim como o animal. Deverão morrer, e seu sangue cairá sobre eles (LEVÍTICO 20:10-16).

## • Tortura

Se alguém ferir seu escravo ou escrava com um pedaço de pau e como resultado o escravo morrer, será punido; mas, se o escravo sobreviver um ou dois dias, não será punido, visto que é sua propriedade (ÊXODO 21:20-21).

Meras palavras não bastam para corrigir o escravo; mesmo que entenda, não reagirá bem (PROVÉRBIOS 29:19).

Os seus escravos e as suas escravas deverão vir dos povos que vivem ao redor de vocês; deles vocês poderão comprar escravos e escravas. Também poderão comprá-los entre os filhos dos residentes temporários que vivem entre vocês e entre os que pertencem aos clãs deles, ainda que nascidos na terra de vocês; eles se tornarão sua propriedade (LEVÍTICO 25:44-45).

## • Apedrejamento de prostitutas até a morte

Se, contudo, a acusação for verdadeira e não se encontrar prova de virgindade da moça, ela será levada à porta da casa do seu pai e ali os homens da sua cidade a apedrejarão até a morte. Ela cometeu um ato vergonhoso em Israel, prostituindo-se enquanto estava na casa de seu pai. Eliminem o mal do meio de vocês (DEUTERONÔMIO 22:20-21).

## • Qualificação da menstruação como pecado

Quando um homem se deitar com uma mulher e lhe sair o sêmen, ambos terão que se banhar com água e estarão impuros até a tarde. Quando uma mulher tiver fluxo de sangue que sai do corpo, a impureza da sua menstruação durará sete dias, e quem nela tocar ficará impuro até a tarde. Tudo sobre o que ela se deitar durante a sua menstruação ficará impuro, e tudo sobre o que ela se sentar ficará impuro. Todo aquele que tocar em sua cama lavará as suas roupas e se banhará com água, e ficará impuro até a tarde. Quem tocar em alguma coisa sobre a qual ela se sentar lavará as suas roupas, se banhará com água e estará impuro até a tarde. Quer seja a cama, quer seja qualquer coisa sobre a qual ela esteve sentada, quando alguém nisso tocar, estará impuro até a tarde. Se um homem se deitar com ela e a menstruação dela nele tocar, estará impuro por sete dias; qualquer cama sobre a qual ele se deitar estará impura. Quando uma mulher tiver um fluxo de sangue por muitos dias fora da sua menstruação normal, ou um fluxo que continue além desse período, ela ficará impura enquanto durar o corrimento, como nos dias da sua menstruação. Qualquer cama em que ela se deitar enquanto continuar o seu fluxo estará impura, como acontece com a sua cama durante a sua menstruação, e tudo sobre o que ela se sentar estará impuro, como durante a sua menstruação. Quem tocar em alguma dessas coisas ficará impuro; lavará as suas roupas, se banhará com água e ficará impuro até a tarde. Quando sarar do seu fluxo, contará sete dias e depois disso estará pura. No oitavo dia pegará duas rolinhas ou dois pombinhos e os levará ao sacerdote, à entrada da Tenda do Encontro. O sacerdote sacrificará um como oferta pelo pecado e o outro como holocausto, e assim fará propiciação em favor dela, perante o Senhor, devido à impureza do seu fluxo. "Mantenham os israelitas separados das coisas que os tornam impuros, para que não morram por contaminar com sua impureza o meu tabernáculo, que está entre eles." Essa é a regulamentação acerca do homem que tem fluxo e daquele de quem sai o sêmen, tornando-se impuro, da mulher em sua menstruação, do homem ou da mulher que têm fluxo e do homem que se deita com uma mulher que está impura (LEVÍTICO 15:18-33).

Diante de preceitos deste jaez, não há dúvida de que pertence ao livre-arbítrio, ao âmbito da autonomia individual, à inexpugnável esfera da liberdade interna, acreditar ou não em proposições desta índole.

Nada obstante, o ato de propagá-los, difundi-los, tangencia irremediavelmente a fronteira da licitude, da legalidade, do mínimo ético essencial à vida em sociedade, pelo que terminantemente desautorizado pelo ordenamento jurídico. No estado laico, lembremos, a regra é que sobrevindo conflito entre a norma religiosa e a norma jurídica, prevalece esta última, notadamente na hipótese de a primeira atentar contra princípios elementares da convivência social, da paz pública.

# Capítulo XV
# RESPONSABILIDADE PELO RACISMO É DO ESTADO, DAS INSTITUIÇÕES PÚBLICAS E PRIVADAS E DOS INDIVÍDUOS

A Convenção Interamericana contra o Racismo, a Discriminação Racial e Formas Correlatas de Intolerância, ratificada pelo Brasil por meio do Decreto n. 10.932/2022, inseriu no sistema jurídico a **previsão constitucional de que a responsabilidade pelo racismo, incluindo o racismo religioso, deve ser atribuída primordialmente ao estado, às instituições e aos indivíduos.**

Trata-se, conforme anotaremos a seguir, de atribuição jurídica de responsabilidades estabelecidas pela normativa jurídica interna e internacional desde os anos sessenta.

A novidade é que referida Convenção foi ratificada pelo Brasil obedecendo o rito previsto no § 3º do art. 5º da Constituição Federal segundo o qual: "**Os tratados e convenções internacionais sobre direitos humanos que forem aprovados, em cada Casa do Congresso Nacional, em dois turnos, por três quintos dos votos dos respectivos membros, serão <u>equivalentes às emendas constitucionais</u>**".

Vejamos a norma do art. 7º da referida Convenção:

Art. 7º. **Os Estados Partes comprometem-se a adotar legislação que defina e proíba expressamente o racismo, a discriminação racial e formas correlatas de intolerância, aplicável a todas as <u>autoridades públicas</u>, e a todos os <u>indivíduos ou pessoas físicas e jurídicas</u>, <u>tanto no setor público como no privado</u>**, especialmente nas áreas de emprego, participação em organizações profissionais, educação, capacitação, moradia, saúde, proteção social, exercício de atividade econômica e acesso a serviços públicos, entre outras, bem como revogar ou reformar toda legislação que constitua ou produza racismo, discriminação racial e formas correlatas de intolerância.

Desde os anos sessenta, tratados internacionais ratificados pelo Brasil e outros instrumentos internacionais estabelecem a mesma escala de responsabilidades.

Vejamos por exemplo a dicção da Convenção Internacional sobre a Eliminação de Todas as Formas de Discriminação Racial, ratificada pelo Brasil por meio do Decreto n. 65.810, de 8 de dezembro de 1969:

Art. II, item 1. **Os Estados Partes** condenam a discriminação racial e **comprometem-se** a adotar, por todos os meios apropriados, e sem tardar, uma política de eliminação da discriminação racial em todas as suas formas e de promoção de entendimento entre todas as raças e, para este fim:
(...)
b) Cada Estado Parte compromete-se a não encorajar, defender ou apoiar a **discriminação racial praticada por uma pessoa** ou uma **organização qualquer**;
(...)
d) Cada Estado Parte deverá, por todos os meios apropriados, inclusive se as circunstâncias o exigirem, as medidas legislativas, **proibir e por fim à discriminação racial praticada por pessoa, por grupo ou organizações**;

Prescrição análoga consta da Declaração sobre a Raça e os Preconceitos Raciais, aprovada e proclamada pela Conferência Geral da Organização das Nações Unidas para a Educação, a Ciência e a Cultura, reunida em Paris em sua 20ª reunião, em 27 de novembro de 1978:

Art. 2º. [...]
§ 1º Toda teoria que invoque uma superioridade ou uma inferioridade intrínseca de grupos raciais ou étnicos que dê a uns o direito de dominar ou de eliminar os demais, presumidamente inferiores, ou que faça juízos de valor baseados na diferença racial, carece de fundamento científico e é contrária aos princípios morais étnicos da humanidade.
§ 2º O racismo engloba as ideologias racistas, as atitudes fundadas nos preconceitos raciais, os comportamentos discriminatórios, as disposições estruturais e as práticas institucionalizadas que provocam a desigualdade racial, assim como a falsa ideia de que as relações discriminatórias entre grupos são moral e cientificamente justificáveis; manifesta-se por meio de disposições legislativas ou regulamentárias e práticas discriminatórias, assim como por meio de crenças e atos antissociais; cria obstáculos ao desenvolvimento de suas vítimas, perverte a quem o põe em prática, divide as nações em seu próprio seio, constitui um obstáculo para a cooperação internacional e cria tensões políticas entre os povos; é contrário aos princípios fundamentais ao direito internacional e, por conseguinte, perturba gravemente a paz e a segurança internacionais.
§ 3º O preconceito racial historicamente vinculado às desigualdades de poder, que tende a se fortalecer por causa das diferenças econômicas e sociais entre os indivíduos e os grupos humanos e a justificar, ainda hoje, essas desigualdades, está solenemente desprovido de fundamento.
[...]
Art. 6º. [...]
§ 1º **Os Estados assumem responsabilidades primordiais** na aplicação dos direitos humanos e das liberdades fundamentais por todos os indivíduos e por todos os grupos humanos em condições de plena igualdade de dignidade e direitos.

Art. 8º. [...]

§ 1º **Os indivíduos**, levando em conta os direitos que possuem a que impere nos planos nacional e internacional uma ordem econômica, social, cultural e jurídica que lhes permita exercer todas as suas faculdades com plena igualdade de direitos e oportunidades, **possuem deveres correspondentes para com seus semelhantes, para com a sociedade em que vivem e para com a comunidade internacional. Possuem, por conseguinte, o dever de promover a harmonia entre os povos, de lutar contra o racismo e contra os preconceitos raciais e de contribuir com todos os meios de que disponha para a eliminação de todas as formas de discriminação racial.**

Face a estas obrigações ético-jurídicas atualmente impostas inclusive pela Constituição da República, mas que remontam aos anos sessenta – insistimos – é imperioso advertir que a atribuição do racismo a uma intangível "estrutura" não encontra qualquer amparo no sistema jurídico brasileiro e, o que é mais grave, presta o ignominioso serviço de desonerar o Estado, as instituições e os indivíduos de suas obrigações para a superação do racismo, aqui incluído o racismo religioso.

Postas estas razões, afigura-se teratológica, improvisada, paralisante, inconsequente e desmobilizadora a atribuição do racismo a uma intangível estrutura, uma narrativa que desonera Estado e particulares de assumirem suas responsabilidades pela reprodução e perpetuação do racismo e oferece um caricato e burlesco álibi para que indivíduos racistas apresentem-se como vítimas de uma estrutura que condiciona o arbítrio individual, exime instituições e corporações e sobretudo isenta o Estado do múnus que justifica sua existência, qual seja, responsável imediato pelo bem estar da sociedade.

A propósito, exemplo altamente significativo de repartição normativa de responsabilidades pelo racismo diz respeito ao reconhecimento legal da discriminação racial contra crianças negras e a obrigação de intervenção preventiva cometida pelo ECA ao Estado.

Com efeito, o ECA registra preceitos que atribuem ao Estado brasileiro, especialmente à política educacional, o dever de intervenção preventiva, compreendida como medida ou ação capaz de evitar a exposição da criança a qualquer forma de discriminação, violência, tratamento vexatório ou constrangedor[1].

---

[1] CF, art. 227. É dever da família, da sociedade e do Estado assegurar à criança, ao adolescente e ao jovem, com absoluta prioridade, o direito à vida, à saúde, à alimentação, à educação, ao lazer, à profissionalização, à cultura, à dignidade, ao respeito, à liberdade e à convivência familiar e comunitária, além de colocá-los a salvo de toda forma de negligência, discriminação, exploração, violência, crueldade e opressão. ECA, art. 5º Nenhuma criança ou adolescente será objeto de qualquer forma de negligência, discriminação, exploração, violência, crueldade e opressão, punido na forma da lei qualquer atentado, por ação ou omissão, aos seus direitos fundamentais.
Art. 53. A criança e o adolescente têm direito à educação, visando ao pleno desenvolvimento de sua pessoa, preparo para o exercício da cidadania e qualificação para o trabalho, assegurando-se-lhes:

Na esteira da abordagem preventiva, o ECA estipula que a política de atendimento dos direitos da criança e do adolescente deve contemplar campanhas de estímulo à adoção, especificamente interracial e que os postulantes à adoção devem participar de programas para preparação psicológica, orientação e estímulo à adoção interracial:

Estatuto da Criança e do Adolescente

Art. 87. São linhas de ação da política de atendimento: [...]
VII – campanhas de estímulo ao acolhimento sob forma de guarda de crianças e adolescentes afastados do convívio familiar e à adoção, especificamente interracial, de crianças maiores ou de adolescentes, com necessidades específicas de saúde ou com deficiências e de grupos de irmãos.
[...]
Art. 197-C. [...]
§ 1º É obrigatória a participação dos postulantes em programa oferecido pela Justiça da Infância e da Juventude preferencialmente com apoio dos técnicos responsáveis pela execução da política municipal de garantia do direito à convivência familiar, que inclua preparação psicológica, orientação e estímulo à adoção interracial, de crianças maiores ou de adolescentes, com necessidades específicas de saúde ou com deficiências e de grupos de irmãos.

Trata-se de interessante diretriz de intervenção preventiva visto que, para evitar que crianças negras sejam discriminadas em processos de adoção, a lei obriga os interessados em adoção a participarem de programas de preparação psicológica, orientação e estímulo à adoção interracial.

O eufemismo "interracial" tem como alvo um fato sobejamente conhecido, qual seja, a maioria dos indivíduos interessados em adoção recusa-se a adotar uma criança negra.

Subjaz a essa normativa um axioma imprescindível para a compreensão do fenômeno racial no Brasil e, sobretudo, para a formulação de políticas para sua superação: cabe ao Estado coordenar o esforço de mudança, incidindo em condutas conscientes por parte dos indivíduos, o que é muito diferente, repetimos, da balsâmica atribuição do problema a uma incorpórea estrutura.

---

I – igualdade de condições para o acesso e permanência na escola; II – direito de ser respeitado por seus educadores; [...].
Art. 17. O direito ao respeito consiste na inviolabilidade da integridade física, psíquica e moral da criança e do adolescente, abrangendo a preservação da imagem, da identidade, da autonomia, dos valores, ideias e crenças, dos espaços e objetos pessoais.
Art. 18. É dever de todos velar pela dignidade da criança e do adolescente, pondo-os a salvo de qualquer tratamento desumano, violento, aterrorizante, vexatório ou constrangedor.

Outra importante anotação relacionada com a Convenção Interamericana consiste no fato de que além da dimensão sancionatória, repressiva, aludido tratado, uma emenda constitucional, inscreve o princípio promocional, a promoção da igualdade (adotada já na redação original da Carta Magna e tratados internacionais), como obrigação ética e jurídica, nestes termos:

> Art. 6º. Os Estados Partes comprometem-se a formular e implementar políticas cujo propósito seja proporcionar tratamento equitativo e gerar igualdade de oportunidades para todas as pessoas, em conformidade com o alcance desta Convenção; entre elas políticas de caráter educacional, medidas trabalhistas ou sociais, ou qualquer outro tipo de **política promocional**, e a divulgação da legislação sobre o assunto por todos os meios possíveis, inclusive pelos meios de comunicação de massa e pela internet.

Trata-se de escopo constitucional de elevada importância, visto que no caso do racismo religioso, como do racismo *lato sensu*, como veremos a seguir, os vetores de antirracismo, antidiscriminação, respeito ou a ênfase na dimensão sancionatória são comprovadamente insuficientes para a superação do problema.

# Capítulo XVI
# DA TOLERÂNCIA COMO PRINCÍPIO DE POLÍTICA PÚBLICA

Um dos maiores patrimônios do Brasil consiste na rica geografia de identidades culturais, étnicas e religiosas que o caracterizam, ilustrada pelos milhões de mesquitas, sinagogas, catedrais, templos evangélicos, budistas, templos afro-brasileiros dentre outros.

O país também abriga, é verdade, ativas organizações de brasileiros ateus e agnósticos, aos quais a Constituição brasileira assegura a liberdade de não crer e de serem respeitados em sua identidade e dignidade.

No estado laico, a questão da liberdade de crença – de ter ou não uma religião – situa-se na esfera da autonomia privada. É decisão de foro íntimo, que o Estado não deve imiscuir-se, privilegiar determinada confissão religiosa ou coagir alguém a professar ou não qualquer crença religiosa.

Já a questão da cidadania religiosa, da igualdade e do respeito entre todas as religiões, da convivência entre as várias religiões, diz respeito ao Estado: assegurar um espaço de coexistência, de convivência harmoniosa, pacífica, num clima de paz social.

A preservação deste patrimônio requer do Poder Público respostas eficazes às crescentes denúncias de racismo religioso como também uma intervenção preventiva, capaz de fomentar uma cultura de respeito recíproco, convivência harmoniosa e paz entre todos os cidadãos, crentes ou descrentes.

Dados da realidade comprovam a insuficiência de uma postura estatal passiva – esperar que a discriminação religiosa/violência aconteça e agir somente depois – com um vetor meramente repressivo.

O vetor da política pública, inovador – preventivo – impõe uma atuação estatal que evite a ocorrência de violação de direitos em função de crença ou descrença religiosa.

Ação preventiva cujo principal escopo é evitar a propagação do ódio, ataques verbais ou físicos entre cidadãos, motivados por convicções ou crenças religiosas.

Trata-se de uma obrigação ética e jurídica imposta ao Estado – mas também à sociedade e aos indivíduos – uma vez que a tolerância afigura-se como princípio constitucional, republicano, um sustentáculo da democracia e da cidadania previsto em tratados internacionais, leis ordinárias e inclusive na Lei de Diretrizes e Bases da Educação Nacional – LDB.

Mais do que declarações solenes e reiteração de princípios jurídicos, faz-se necessária uma intervenção preventiva, pedagógica, educativa, destinada a dissociar a diferença de inferioridade e valorizar a convivência harmoniosa entre brasileiros de todas as convicções e crenças.

O objetivo central deve ser preservar e cultivar a coexistência como instrumento de afirmação da dignidade humana e proteção da paz social.

Anote-se que a Lei de Diretrizes e Bases da Educação adota expressamente a tolerância como princípio de política educacional, nestes termos:

> LDB, art. 3º. **O ensino será ministrado com base nos seguintes princípios**:
> (...)
> IV – respeito à liberdade e **apreço à tolerância**;
> LDB, art. 32. **O ensino fundamental obrigatório**, com duração de 9 (nove) anos, gratuito na escola pública, iniciando-se aos 6 (seis) anos de idade, **terá por objetivo a formação básica do cidadão**, mediante:
> IV – o **fortalecimento** dos vínculos de família**, dos laços** de solidariedade humana e de **tolerância** recíproca em que se assenta a vida social.

Norma de teor análogo consta do Estatuto da Igualdade Racial:

> Art. 13. O Poder Executivo federal, por meio dos órgãos competentes, incentivará as instituições de ensino superior públicas e privadas, sem prejuízo da legislação em vigor, a:
> (...)
> IV – **estabelecer programas de cooperação técnica, nos estabelecimentos de ensino públicos**, privados e comunitários, com **as escolas de educação infantil, ensino fundamental, ensino médio** e ensino técnico, para a **formação docente baseada em princípios** de equidade, de **tolerância** e de respeito às diferenças étnicas.

Diretivas similares são igualmente prescritas no Estatuto da Criança e do Adolescente e em diversos tratados internacionais ratificados pelo Brasil, dentre os quais a Convenção sobre os Direitos da Criança, Convenção Relativa à Luta Contra a Discriminação no Campo do Ensino, Convenção 169 sobre os Povos Indígenas e Tribais, Convenção sobre a Proteção e Promoção da Diversidade das Expressões Culturais, sem olvidarmos da Declaração Universal dos Direitos Humanos, Declaração sobre a Raça e os Preconceitos Raciais, Declaração sobre os Direitos das Pessoas Pertencentes às Minorias Nacional ou Étnicas, Religiosas e Linguísticas, para citarmos apenas estas.

Incisiva e eloquente, a Declaração de Princípios sobre a Tolerância preceitua que **"A educação é o meio mais eficaz de prevenir a intolerância"** (art. 4º).

Não obstante o fato de que no ano corrente a LDB completa 28 anos de vigência, dentre outros diversos instrumentos jurídicos que atribuem à educação escolar a obrigação de promover a tolerância e a cultura de paz, inexistem matrizes, diretrizes, orientações ou propostas curriculares, materiais de apoio, didáticos ou paradidáticos capazes de informar e subsidiar educadores, gestores, funcionários, pais de alunos e alunos acerca desta importante baliza da educação escolar, da democracia e da cidadania.

Ao leitor atento não escapa, a propósito, a gravidade do silêncio e omissão dos sistemas de ensino – aqui incluídos os conselhos municipais, estaduais e nacional da educação – face à matéria de tamanha relevância, sobretudo num contexto em que discursos de ódio (religioso e político) proliferam em certos meios de comunicação, na internet, nas escolas públicas, no poder público etc.

Tomadas estas considerações em conjunto, evidencia-se a necessidade e relevância de programas e ações, especialmente no campo da educação escolar, que pautem a temática da tolerância compreendida como vetor de intervenção estatal destinado à salvaguarda da dignidade humana e da paz social.

Adotada pela Unesco em 16 de novembro de 1995, a **Declaração de Princípios sobre a Tolerância** possui uma definição sobre tolerância que dispensa considerações suplementares e justifica a longa transcrição:

"Art. 1º. Significado da tolerância. **A tolerância é o respeito, a aceitação e o apreço da riqueza e da diversidade das culturas de nosso mundo, de nossos modos de expressão e de nossas maneiras de exprimir nossa qualidade de seres humanos**. É fomentada pelo conhecimento, a abertura de espírito, a comunicação e a liberdade de pensamento, de consciência e de crença. **A tolerância é a harmonia na diferença**. Não só é um dever de ordem ética; é igualmente uma necessidade política e jurídica. A tolerância é uma virtude que torna a paz possível e contribui para substituir uma cultura de guerra por uma cultura de paz".

"A tolerância não é concessão, condescendência, indulgência. A tolerância é, antes de tudo, uma atitude ativa fundada no reconhecimento dos direitos universais da pessoa humana e das liberdades fundamentais do outro. Em nenhum caso a tolerância poderia ser invocada para justificar lesões a esses valores fundamentais. A tolerância deve ser praticada pelos indivíduos, pelos grupos e pelo Estado."

"**A tolerância é o sustentáculo dos direitos humanos, do pluralismo (inclusive o pluralismo cultural), da democracia e do Estado de Direito. Implica a rejeição do dogmatismo e do absolutismo** e fortalece as normas enunciadas nos instrumentos internacionais relativos aos direitos humanos."

"Em consonância ao respeito dos direitos humanos, praticar a tolerância não significa tolerar a injustiça social, nem renunciar às próprias convicções, nem fazer concessões a respeito. **A prática da tolerância significa que toda pessoa tem a livre escolha de suas convicções e aceita que o outro desfrute da mesma liberdade. Significa aceitar o fato de que os seres humanos, que se caracterizam naturalmente pela diversidade de seu aspecto físico, de sua situação, de seu

**modo de expressar-se, de seus comportamentos e valores têm o direito de viver em paz e ser tais como são.** Significa também que ninguém deve impor suas opiniões a outrem."

A nota característica da promoção da tolerância como valor republicano distingue-se, portanto, por um comportamento ativo do Estado, em termos de fomentar uma cultura de paz, de convivência harmoniosa e de respeito recíproco entre todas as convicções filosóficas e crenças religiosas.

Vale dizer, o conteúdo positivo da tolerância impõe ao Estado o dever de esforçar-se para favorecer a criação de condições que permitam a todos beneficiar-se da liberdade de convicção e de crença e eliminar qualquer fonte de discriminação direta ou indireta.

Trata-se de um esforço de mobilização e execução de políticas públicas, de instrumentos de intervenção estatal, dentre os quais a educação escolar, a indústria cultural, os meios de comunicação, a publicidade e propaganda em defesa da paz e da tolerância como desiderato republicano e sustentáculo da democracia e da cidadania.

O objetivo último é difundir, preservar, fomentar e cultivar a tolerância como instrumento de afirmação da dignidade humana e proteção da paz social.

É absolutamente inadiável e premente um esforço que assegure concretude ao direito constitucional à liberdade de crença e de culto – uma liberdade pública fundamental – e com o primado ético e jurídico da tolerância como pré-requisitos para a promoção dos direitos humanos, da democracia e da cidadania, bem como diretriz de política pública que deve orientar a implementação de programas e ações favoráveis à criação de uma cultura de coexistência e de convivência harmoniosa entre todos os grupos de convicção filosófica e de crença religiosa.

Não basta respeitar, é imperioso coexistir.

# REFERÊNCIAS

AWOLALU, J. Omosade. *Escritos sagrados dos candomblecistas*. Yoruba Beliefs and Sacrifices Rites. Senior Lecture Thesis. University of Oxford, 1979.

BLACKBURN, Simon. *Dicionário Oxford de Filosofia*. Trad. Desidério Murcho et al. Rio de Janeiro: Jorge Zahar Ed., 1997.

ECCLES, Peter R. Culpados até prova em contrário: os negros, a lei e os direitos humanos no Brasil. *Cadernos Cândido Mendes*. Rio de Janeiro: Estudos Afro-Asiáticos, n. 20, jun./1991.

ECHAVE, Delia Teresa; URQUIJO, María Eugenia; GUIBOURG, Ricardo A. *Lógica, proposición y norma*. 4. ed. Buenos Aires: Astrea, 1995.

FARIA, Antonio Bento. *Annotações theorico-praticas ao Código Civil Penal do Brasil*. Rio de Janeiro: Ed. Jacinto Ribeiro dos Santos, v. I, 1929.

FERREIRA, Aurélio Buarque de Holanda. *Dicionário Aurélio da língua portuguesa*. Coordenação: Marina Baird Ferreira, Margarida dos Anjos. 5. ed. Curitiba: Editora Positivo, 2010.

FERREIRA, Aurélio Buarque de Holanda. *Aurélio Século XXI – o novo Dicionário Aurélio da Língua Portuguesa*. 3. ed. Rio de Janeiro: Nova Fronteira, 1999.

FERREIRA, Aurélio Buarque de Holanda. *Novo Dicionário Aurélio da Língua Portuguesa*. 5. ed. São Paulo: Positivo, 2010.

LOCKE, John. *Carta a respeito da tolerância*. São Paulo: Instituição Brasileira de Difusão Cultural, 1964.

MATHER, George A.; NICHOLS, Larry A. Texto sagrado dos budistas. *Dicionário de religiões, crenças e ocultismo*. São Paulo: Vida, 2000.

MEIRELLES, Hely Lopes. *Direito administrativo brasileiro*. 39. ed. São Paulo: Malheiros, 2013.

MELLO, Celso Antônio Bandeira de. *Curso de direito administrativo*. 13. ed. São Paulo: Malheiros, 2001.

MUKAI, Toshio. *Direito administrativo sistematizado*. São Paulo: Saraiva, 1999.

NOGUEIRA, Sidnei. *Intolerância religiosa*. São Paulo: Sueli Carneiro. Pólen, 2020.

SCHRITZMEYR, Ana Lúcia Pastore. Direito e antropologia: uma história de encontros e desencontros – Julgamentos de curandeirismo e charlatarismo – (Brasil – 1900/1990), *Revista Brasileira de Ciências Criminais*, São Paulo: Revista dos Tribunais, n. 18, abr./jun., 1997.

SILVA, José Afonso da. *Curso de direito constitucional positivo*. 40. ed. São Paulo: Malheiros, 2017.

SILVA JR., Hédio. *Direito de igualdade racial*: aspectos constitucionais, civis e penais. São Paulo: Ed. Juarez de Oliveira, 2002.

SILVA JR., Hédio. *A liberdade de crença como limite à regulamentação do ensino religioso.* Tese de Doutorado. Pontifícia Universidade Católica de São Paulo, 2003.

SILVA JR., Hédio. *Discriminação racial como sinônimo de maus-tratos:* o papel do ECA na proteção das crianças negras. CEERT, 2017.

SILVA JR., Hédio. Definição de sentimento religioso. In: Webinar. *O sentimento religioso e os limites do sagrado alheio,* OAB 57 Subseção Guarulhos, 25 de agosto de 2020. Disponível em: https://oabguarulhos.org.br/transmissao-da-webinar-o-sentimento-religioso-e-os-limites-do-sagrado-alheio/. Acesso em: 11 fev. 2021.

SOARES, Francisco Sergio Mota et al. *Documentação jurídica sobre o negro no Brasil:* 1800-1888. Secretaria da Cultura Bahia. Departamento de Bibliotecas. Salvador: Empresa Gráfica da Bahia, 1989.

SOUZA, Ellen. *Experiências de infâncias com produções de culturas no Ilê Axé Omo Oxé Ibá Latam.* São Carlos: UFSCar, 2016.

SOUZA, Ellen; NOGUEIRA, Sidnei; TEBET, Gabriela (Orgs.). *Giro epistemológico para uma educação antirracista.* São Carlos: Pedro & João Editores, 2022.